講談社選書メチエ
646

ヨハネス・コメニウス

汎知学の光

相馬伸一

MÉTIER

目次

凡　例

・コメニウスの生涯については、ミラダ・ブレカシュタットの『コメニウス――ヤン・アモス・コメンスキーの人生・活動・運命の概括の試み』(Milada Blekastad, *Comenius. Versuch eines Umrisses von Leben, Werk und Schicksal des Jan Amos Komenský*, Praha: Academia, 1969）および藤田輝夫の「コメニウス小史」全六回（『日本のコメニウス』第一五―二〇号、日本コメニウス研究会、二〇〇五―一〇年）を参照した。

・コメニウスの著作の邦題については、さまざまな見解を参照し、著者の判断に従って決定した。

・人名表記は『岩波世界人名大辞典』（岩波書店、二〇一三年）、地名表記は『コンサイス外国地名事典』第三版（三省堂、一九九八年）に収載されているものは原則としてそれらに従い、他のものは諸研究を参照の上、著者の判断で決定した。歴史的に変遷することが多い大学名は地名で表記した。

・チェコについては、プラハを中心とした西部のボヘミア地方、ブルノを中心とした東部のモラヴァ地方、オストラヴァを中心とした北東部のスレスコ地方の三地域、またはボヘミアとモラヴァにまたがる領域を指す場合は「チェコ地域」と表記した。イギリスについては必要に応じて「イングランド」、「スコットランド」などと、オランダについては必要に応じて「ネーデルランド」と表記した。

・日本語文献および邦訳文献からの引用にあたっては、訳語や用語を変更したほか、人名および地名の表記の統一、原語表記の削除、表記法の訂正を施した場合がある。また、旧字体・旧かな遣いによる文献については、読みやすさに配慮して、新字体・新かな遣いに改めたほか、一部の漢字はかなにし、適宜ルビを付した。

・コメニウスの著作からの引用にあたっては、イタリックや強調などは原則として訳文に反映させず、原語の補足も必要最小限にとどめた。また、注は巻末「文献一覧」に示す原典の略号および巻数と頁数のみを示した。主に参照した邦訳は以下のとおりである（このほか、藤田輝夫の遺稿に多くを学んでいる）。

鈴木秀勇訳『大教授学』全二巻、明治図書出版（世界教育学選集）、一九六二年。

藤田輝夫訳『母親学校の指針』玉川大学出版部、一九八六年。

井ノ口淳三訳『世界図絵』平凡社（平凡社ライブラリー）、一九九五年。

藤田輝夫訳、相馬伸一監修『地上の迷宮と心の楽園』東信堂（コメニウスセレクション）、二〇〇六年。

讃井太望・伊藤周史訳『光の道』第一—一三章、『日本のコメニウス』第一六、一八号、日本コメニウス研究会、二〇〇六、〇八年。

太田光一訳『パンパイデイア——生涯にわたる教育の改善』東信堂（コメニウスセレクション）、二〇一五年。

太田光一訳『覚醒から光へ——学問、宗教、政治の改善』東信堂（コメニウスセレクション）、二〇一六年。

・巻末「文献一覧」には本文中で引用および参照した文献だけを示し、邦訳文献の原書の書誌情報は割愛した。
・引用文中の〔　〕は引用者による補足・注記である。

『教授学著作全集』第一巻の扉絵。自然を手本に導かれる教育はあらゆる技術の中の技術である、というコメニウスの視点が表象されている（本書、第三章を参照）。

序章　コメニウスに光を

『世界図絵』（ニュルンベルク、1660 年版）の挿絵より「思慮深さ」

「あれはどういうことだったかな」と気になったことはないだろうか。そんなとき、私たちは頼りになる情報源を探して参照する。インターネット社会である現在、私たちは世界中のさまざまな分野の情報を参照できる。何かを参照するとき、私たちには自分の意見を確認したり、他者の意見とのずれを調整したりできるのではないか、という期待があるだろう。

この参照(リファレンス)という行為は、歴史的に見れば、長いあいだ、権力や知識を有したひと握りの人間にしか許されないものだった。それを子供にも可能にしたのが、本書が取り上げる一七世紀チェコの思想家ヨハネス・アモス・コメニウス(一五九二―一六七〇年)である。

言語の学習をいかに楽しくできるかを試行錯誤した末、コメニウスは一六五八年に『世界図絵』を出版する。そこでは「世界全体と言語のすべての概要」が一五〇項目に分類され、それぞれの項目に対応した絵が挿入されている。絵の中の主要な事物には番号がふられ、それぞれの事物についての説明が母語と外国語で示されている。実際に使ってみると、挿絵と照らし合わせることで母語の説明を理解し、それを基に外国語の意味も類推できるようになっていて、その便利さにうならされる。

それればかりではない。読んでいるうちに自然、社会、人間について、ひととおりの知識や処世術が学べるようになっている。コメニウスは、言葉が依拠する事柄を挿絵で示して対応させることで、世界全体をこの上なく明瞭に一冊の書物の中に表してみせたのである。『世界図絵』以来、彼の発想は事典や図解に応用され、それは今日のインターネットの検索機能にまで及んでいる。私たちは今もコメニウスのもたらした恩恵に浴して生きているのだ。

ところが、ここに一つの問題がある。私たちの生活にこれほど重要な影響を与えているコメニウスという人物について日本語で参照できる情報源が意外なほど乏しいのである。そこで、彼の人生と思想を容易に参照できるようにするために、本書を執筆した。

「諸国民の教師」コメニウス

コメニウスは教育学では必ず取り上げられる人物である。大学の教職課程では教育の思想や歴史について学ぶが、彼は近代的な教授学あるいは教育学の祖として紹介される。ヨーロッパでは「諸国民の教師」と称され、彼の誕生日である三月二八日はチェコ共和国では「教師の日」になっている。確かに『大教授学』（一六三八年頃完成、五七年刊）に示された「あらゆる者に、あらゆることを、あらゆる手段を駆使して学ばせよう」という彼の主張は、一九世紀以降、欧米諸国で公教育制度が確立する中で、先駆的なモデルとして注目された。特に「あらゆる者に」という理想は、一八七二（明治五）年に発布された「学制序文」（被仰出書《おおせいだされしょ》）に見られる「邑《むら》に不学の戸なく、家に不学の人なからしめん」という「国民皆学」の理念を先取りするものとされた。

コメニウスが教育の歴史で繰り返し参照されるのは、実際に教育の改善に取り組んだことが大きい。生前、彼は『開かれた言語の扉』（一六三一年）の著者として知られた。これは『世界図絵』の元となった教科書で、一七世紀には聖書に次いで読まれたと言われるほど普及した。さらに彼は演劇を通して言語を学ぶ『遊戯学校』（一六五六年）を著して実際に上演している。これは私たちが学習発表会（学芸会）で経験した学校劇の起源と言ってよい。そして、『世界図絵』は挿絵や構成に改訂が加えられながら普及し、一八世紀ドイツの文豪ヨハン・ヴォルフガング・フォン・ゲーテ（一七四九―

レンブラント派の画家ユルゲン・オーヴェンスによるコメニウスの肖像（アムステルダム国立美術館）

一八三二年）の幼少期の愛読書ともなった。彼は大文豪の才能の開花にも一役買ったわけである。

コメニウスが教育関係の著作を集成した『教授学著作全集』全四巻（一六五七―五八年）は、A4判よりやや大きい二つ折り判で、多くの頁は二段組みで段ごとに頁数がふられ、二一〇〇頁を超える大作である。彼は、私たちが知識を得てそれを活かしていく手法の基礎を約三世紀半も前に確立したのだ。

コメニウスの貢献は知識習得の方法に限られない。再び『世界図絵』を見よう。この書物は一七世紀半ばの作だが、下手な自己啓発書よりはるかに含蓄がある。人間が身につけるべき徳として彼が特に重視した「思慮深さ（prudentia）」に関する一節を引いてみよう。

　思慮深さ[1]は、あらゆる事柄を蛇[2]のように見まわし、何一つ無駄なく行い、語り、考える。鏡[4]の中を見るように過去の事柄を顧《かえり》みて、[3]望遠鏡[7]で見るように未来や結末[6]を予見する。[5]そして、なされたことと残されたことを見通す。正直で有益で、できうることなら楽しい目標を行動に結びつける。結末を見通したら、結末に至る道[8]としての手段を吟味する。その手段は、確実で容易であり、妨げになるように多すぎることなく厳選される。（額《ひたい》には毛があるが、[10]頭頂[11]には毛がなく、その上、翼[12]があるために容易に逃げてしまう）機会[9]に注意を向けて、それをつかまえる。思慮

深さは、躓《つまず》いたり迷ったりしないように用心深く進む。（OP, 224-225）

「思慮深さ」のイメージは、古来、鏡と蛇を手にしている図像で示されるのが一般的だった。『世界図絵』の挿絵（本章の扉を参照）で女性が右手に鏡をもっているのは古来のイメージどおりだが、左手にもっているのはコメニウスの時代に発明されたばかりの望遠鏡である。彼の言う「思慮深さ」は時代の最先端の技術を取り入れようとする積極的なものだった。

女性像の横に描かれているのは「あとからはつかむことができない」機会だ。私たちは慎重なあまりチャンスを逃してしまうことがある。コメニウスは、結局チャンスをつかめないのなら、いくら思慮深くても無意味だと言う。もちろん、蛮勇ではいけない。そこで鏡である。鏡に映る顔には私たちの過去が刻まれている。過去を鏡として歴史に学ぶことをおろそかにし、時流に合わせるだけでは、いつか足元をすくわれる。意味ある決断には過去への参照が不可欠だとコメニウスは言うのだ。

コメニウスがこれほど魅力ある作品を残せたのは、彼が教育学者という狭い枠には収まらないヨーロッパ一七世紀の大立者だったからである。彼が残した作品をあえて分類すれば、宗教、文学、哲学、教育、言語、自然学、政治など、きわめて多岐にわたる。青年時代には故郷の地図も出版しているし、彼の作詞・作曲によると言われる子守歌まで伝えられている。私たちが思慮深く生きるために過去に目を向けようと思うなら、コメニウスは間違いなく参照すべき人物の一人である。

以下、コメニウスの多様な側面を主要著作の概要と合わせて駆け足で見ておこう。

宗教改革者コメニウス

まず、コメニウスが教育学者であるという一種の常識をカッコに入れよう。彼は教育関係の著作を集成した際、次のように明言しているのだから。――「私は青少年のために書いたが、教育学者としてではなく神学者として書いた」（OD 4, 27）。コメニウスは、マルティン・ルター（一四八三―一五四六年）やジャン・カルヴァン（一五〇九―六四年）らによるプロテスタント宗教改革に先立って教会改革の必要性を訴え、コンスタンツ宗教会議で異端とされて火刑に処せられたヤン・フス（一三七〇頃―一四一五年）の系譜に連なる「チェコ兄弟教団」（以下、「兄弟教団」と略記）の指導者にして神学者だった。

日本では豊臣秀吉による朝鮮出兵が始まった一五九二年、コメニウスは現在のチェコ共和国東部のモラヴァ（モラヴィア）に生まれた。青年期に最大にして最後の宗教戦争と言われる三十年戦争（一六一八―四八年）に巻き込まれ、宗教的信念を貫くために母国を去ることを余儀なくされる。以降、二度と故郷の土を踏むことはなかった。当時、チェコ地域は農奴制のもとで社会的危機に陥っていた。若き牧師だったコメニウスは、貧者と富者が神に訴え、それに神が応える、という構成をとった『天への手紙』（一六一九年）を著す。彼は宗教を社会に生きるものとして捉えていた。

三十年戦争が始まると、チェコ地域は神聖ローマ皇帝軍に制圧される。コメニウスは追跡を逃れるために転々と居場所を変えなければならなかった。妻子を失い、多くの同志たちも厳しい状況に置かれる中、彼は「慰めの書」と呼ばれる一連の宗教著作に取り組む。それは自身の信仰を問い直し、自身と同志の魂を癒そうとする著作だった。

コメニウスの著作では、社会への視点と自身の内面に向かう視点が交互に現れる。その心の揺れが示された傑作が、天職を求めて世界を遍歴する旅人を主人公とする小説『地上の迷宮と心の楽園』（一六二三年執筆、三一年刊、六三年にこの表題で再刊）である。この作品はチェコ語文学の古典とされ、日本語を含む各国語に訳されている。その他、肉親を失った人々の心の傷からの回復を意図して著された『孤児について』（一六二二―二四年執筆、三四年刊）、神という中心から逸れてしまう人間の自己中心性を考察した『平安の中心』（一六二六年執筆、三三年刊）などは、宗教著作という枠を超えて読まれうるものである。

兄弟教団の指導的立場にあったコメニウスが自身の立場を主張し続けたのは当然だが、その一方で彼は宗派間の和解を模索してもいる。諸教派の国際的な会議体である「教会平和会議」の創設を提唱したのは、エキュメニズム（教会一致促進運動）の先駆的な試みに数えられる。もっとも、絶対主義が興隆し始める中で、彼の希望は実現されなかった。最晩年に著された『必須の一事』（一六六八年）には、彼の深い諦観が示されている。

コメニウスは神秘主義や予言に傾倒し、晩年には『闇の中の光』（一六五七年）、『闇からの光』（一六六五年）といった著作の普及に精力を費やした。私的なノートである『エリアの叫び』にも神秘的な記述が見られる。人間というのは不思議なもので、合理的と思われる人でも、神仏や占いに頼ったり、確率的には期待薄なギャンブルに手を出したりする。人間をそうした現実に即して捉えようとするとき、コメニウスのような振り幅のある人生は興味深い対象と言える。

政治活動家コメニウス

社会のさまざまな問題に積極的に関与したことで、コメニウスは政治的人間でもあった。その際、彼がチェコ地域に生まれたことは無視できない。チェコ人は民族的にはロシア人やポーランド人と同じスラヴ系だが、チェコ地域はドイツ文化圏に食い込むような位置にある。それゆえ、古来、この地域は多様な文化が往来する一方で、政治的対立に巻き込まれざるをえなかった。イギリス、フランス、ドイツといった西ヨーロッパ諸国を近代化のモデルとしてきた日本では、中央ヨーロッパの歴史と文化への理解が十分には行き届いていない。「新冷戦」とも呼ばれる状況があらわになる中で民族問題を考えようとする際、中央ヨーロッパの歴史はぜひとも参照すべき対象である。

三十年戦争の結果、チェコ地域は、中世以来、神聖ローマ帝国の中の王国として得ていた一定の自律性を失った。コメニウスは戦争末期にプラハまで侵攻したスウェーデンに期待していたが、ウェストファリア条約による講和は故郷への帰還がかなわなくなることを意味した。ここから彼は祖国の解放を意図して、さまざまな政治工作に関与する。その具体的な戦略は、有力なプロテスタント国だったスウェーデンと現在のハンガリー東部からルーマニア西部にかけて勢力を有していたトランシルヴァニア公国を連携させて反ハプスブルク陣営を再構築し、チェコ地域の解放を図るというものだった。一六五〇年代半ば、ポーランドにはスウェーデンとトランシルヴァニアの軍勢が繰り返し進出したが、そこにはスウェーデンの宰相アクセル・オクセンシャーナ（一五八三—一六五四年）やトランシルヴァニア公ジェルジ二世（一六二一—六〇年）に対するコメニウスの献策が影響を与えている。

コメニウスには、君主や諸侯を啓蒙することを意図した『運命の建造者』（一六三七年執筆、五七年刊、六一年改訂版刊）や『民族の幸福』（一六五四年執筆、五九年刊）といった著作がある。また、プロテスタント国であるイギリスとオランダが繰り返し戦火を交えたことに胸を痛め、オランダのブレダで行われていた平和交渉のために『平和の天使』（一六六七年）を提出して、双方の和解を促したこともあった。さらには「平和法院」という国際紛争の調停機関の創設も提案している。宗教者であるコメニウスがこれだけの政治活動を行ったという事実を意外に思われるかもしれないが、同時代の日本で戦国武将が合従連衡した背後に安国寺《あんこくじ》恵瓊《えけい》（生年不詳―一六〇〇年）のような外交僧の活動があったことを思えば、「政治は政治、宗教は宗教」というのは、さまざまな文化領域が機能分化した近代の見方であることに気づかされるだろう。

哲学者コメニウス

コメニウスが宗教者でもあり政治活動家でもあるという特定の枠を超えた思想家であることができたのは、当時普及していた既成の知識を単に受容するのではなく、それらを根本的に問い直した哲学者だったことが大きい。彼は一六一〇年代に現在のドイツのヘルボルンにあったカルヴァン改革派のアカデミアとハイデルベルク大学で学んだ。そこではルネサンス後期の諸学問が集積され、新プラトン主義的な世界観に基づく知の変革が思い描かれていた。彼はそれを具現化することを自身の課題とし、流浪の人生の中で多くが失われてしまったものの、『チェコ語宝典』や全二八巻に及ぶという『事柄の普遍的世界の劇場』といった著作に取り組んだ。

一六三〇年代に入ると、コメニウスはあらゆる事柄を独自の世界観で再構成した知の体系を描くことを構想し、それを「パンソフィア(汎知学)」と呼んだ。これは、脚光を浴びた『開かれた言語の扉』に対して、事柄そのものを学ぶことができる教科書として『開かれた事柄の扉』という表題でも執筆された(死後の一六八一年刊)。また、自然的世界観を扱った『神の光に向けて改革された自然学綱要』(一六三三年)(以下、『自然学綱要』と略記)のような著作も物している。

『開かれた言語の扉』で教授学者としての名声を博したコメニウスがユニークな哲学体系を構想しているという話は、彼の構想が記された『パンソフィアの先駆け』(一六三七年刊、三九年にこの表題で再刊)が発刊されたことでヨーロッパ知識人の関心を引き、一六四一年にコメニウスはロンドンを訪れることになる。折から内戦が始まり、九ヵ月で去らざるをえなかったが、ロンドン滞在中に著した『光の道』では、世界の改善のために、普遍的な書物、普遍的な学校、普遍的なコレギウム(学寮)、普遍的な言語の必要性が説かれている。

最晩年のコメニウスはパンソフィア大系の全七部をほぼ完成させた。ところが、一部は出版されたものの、膨大な草稿は行方知れずになってしまう。それが発見され、出版されたのは、実に一九六六年のことである。その表題は『人間的事柄の改善についての総合的熟議』(以下、『総合的熟議』と略記)と言い、二つ折り判の二巻本で全二六〇〇頁に及ぶ。構成は、全体の序文に始まり、普遍的な改革の必要性を説く第一部「パンエゲルシア」、認識論が示される第二部「パンアウギア」、世界像が記述される第三部「パンソフィア」(全体の四割に及ぶ)、彼の教育思想の集大成と言える第四部「パンパイデイア」、普遍言語構想が考察される第五部「パングロッティア」、学問、政治、宗教の改革のための国際機関が提唱される第六部「パンオルトシア」、普遍的な改革の再度の訴えが示される第七部

「パンヌテシア」、そして主要な用語の定義が収められた「パンソフィア事典」である。彼は人間社会の改善の課題は特に哲学、教育、言語、宗教、政治の改革にあるとした。

コメニウスは学校教育の改革者とみなされているが、より広く人生全体を学校と見て、各時期の課題を考察している。これは生涯教育論の最初期の構想と言える。また、言語が民族の相互理解を妨げているという認識から、現実の言語教育の改善を追求しつつ、普遍言語の構想にも取り組んだ。『言語の最新の方法』（一六四六年）は、言語の哲学的考察から説き起こし、その教授法を論じた著作である。さらに、学問の改善のために提唱した会議体「光のコレギウム」は国際的な教育・文化機関の最初期の提案であり、それゆえ彼は「ユネスコの父」とも称される。ユネスコとチェコ共和国政府は、教育の研究や革新に貢献のあった人物に「コメニウス・メダル」を贈っている。

チェコ人コメニウス

三十年戦争下でコメニウスが去ったのちのチェコ地域は、以前にもまして他民族、特にドイツ人の影響下に置かれ、チェコ語の使用も制限されるような苦難の歴史を歩むことになった。一八世紀末、ヨーロッパ各地で民族主義が台頭する中、チェコ地域でも民族の自覚を取り戻そうとする動きが芽生えた。哲学者トマーシュ・マサリク（一八五〇―一九三七年）のもとで第一次世界大戦後に成立したチェコスロヴァキアは、わずか二〇年でナチス・ドイツの支配下に置かれ、第二次世界大戦後は一九八九年のビロード革命による政権交代まで、共産主義国家として旧ソ連の強い影響下に置かれた。

こうした中、カトリック、プロテスタント、啓蒙主義、民族主義、帝国主義、ナチズム、共産主義といったさまざまな思想が、ある時は結びつき、ある時は離反して、互いを分裂させてきた。この過程は、陰影に富んだ個性ある文化だけでなく、恒常的な不安をも生み出し、チェコ地域ではアイデンティティの基盤をどこに求めるかが常に課題になった。

その中で注目されたのが、コメニウスだった。彼は宗教改革者フスの後継者であり、三十年戦争後も祖国の解放を模索し続け、『死に逝く母なる兄弟教団の遺言』（一六五〇年）でチェコ人はいつの日か祖国の統治を取り戻すと書きとどめた。他方で『地上の迷宮と心の楽園』のようなチェコ語の模範となる作品を残し、『大教授学』や『世界図絵』といった教育史上の画期的な業績がチェコ地域以外でも広く認められる第一級の知識人だった。ドイツ人とのあいだに複雑な関係があるチェコ地域にあって、ドイツ人の抑圧に抗した愛国者として国際的にも認知されるコメニウスは、チェコ民族再生運動の中で不可欠の存在となる。

そうして一九世紀後半から、コメニウスの作品はチェコ地域で続々と出版された。絵画や音楽の題材にもなり、第一次世界大戦後にチェコ地域がスロヴァキアとともに共和国として独立を果たす中で、紙幣や切手の肖像として表象されたり、街路や広場や学校の名称に使われたり、銅像やモニュメントが建立されたりした。彼についての研究は「コメニオロギエ」と呼ばれ、専門分野として認知される。また、彼と同じくモラヴァに生まれ、チェコスロヴァキア共和国の初代大統領となった哲学者マサリク以降、為政者たちは折に触れてコメニウスの名に言及した。

チェコ共和国の国歌は、劇作家ヨゼフ・カイエターン・ティル（一八〇八―五六年）の戯曲の中で視力を失った老楽士が故郷を想って歌う劇中歌《我が家何処や？《クデ・ドモフ・ムーイ》》である。世界中の国歌の中で自国

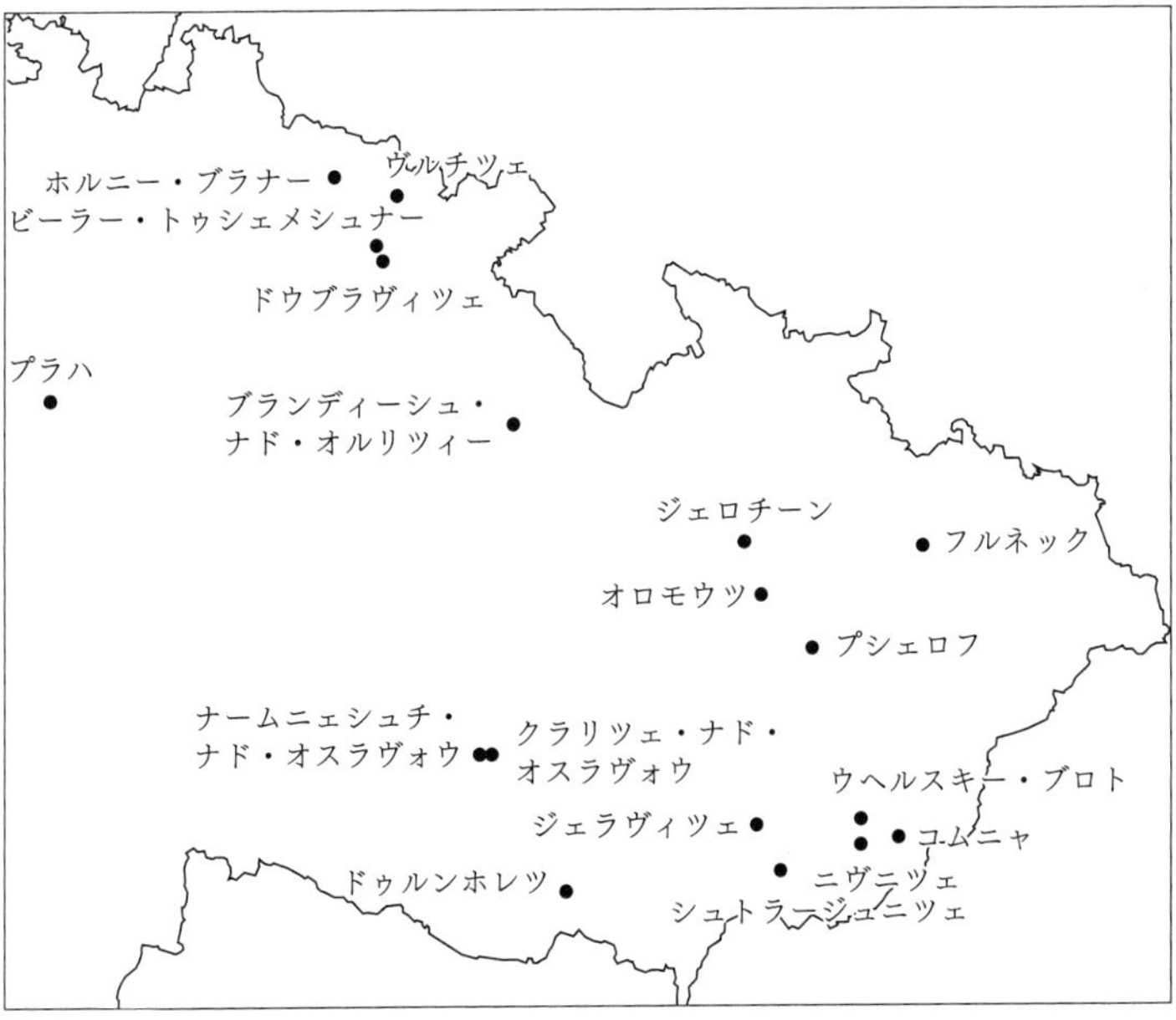

チェコ共和国内のコメニウスゆかりの地

がどこにあるのかと歌い出す曲は他にないだろうが、この歌詞は流浪の人生の中で常に故郷を想ったコメニウスの姿と重なる。コメニウスはチェコ人のアイデンティティの一部として肉化されていると言えるかもしれない。

ヨーロッパ人コメニウス

このようにコメニウスは愛国者ではあったものの、一民族の利害に固執する人間ではなかった。そこには、彼がヨーロッパ各地を股にかけて人生を送らなければならなかったことが反映している。

チェコを離れたコメニウスが最も長く住んだのは、現在のポーランド中部のレシノである。この間、バルト海沿岸のハンザ都市エルブロンクにも滞在し、ギムナジウム（中等学校）の教師として教えるとともに、教育について助言したほか、宗派間の和解にも関わっている。

「パンソフィア」の構想が注目されたコメニウスは、短い期間ではあったがロンドンにも滞在している。イギリス内戦期は、政治や宗教にとどまらず、科学や教育について、さまざまな考察が展開された興味深い時代だが、彼の滞在はロンドン王立協会の成立に影響を与えた。

コメニウスはポーランドに次いでオランダに長く暮らした。彼は青年期にドイツで修学した折に、おそらく初めてオランダを訪れた。その後、彼の手になるモラヴァの地図がオランダから出版されていることを考えると、亡命以前にもオランダを訪ねたものと思われる。オランダは当時のヨーロッパで最も思想的な自由が認められた地域だった。イギリスを離れたコメニウスはオランダに立ち寄り、近世哲学の祖ルネ・デカルト（一五九六—一六五〇年）と四時間にわたる会談をもっている。

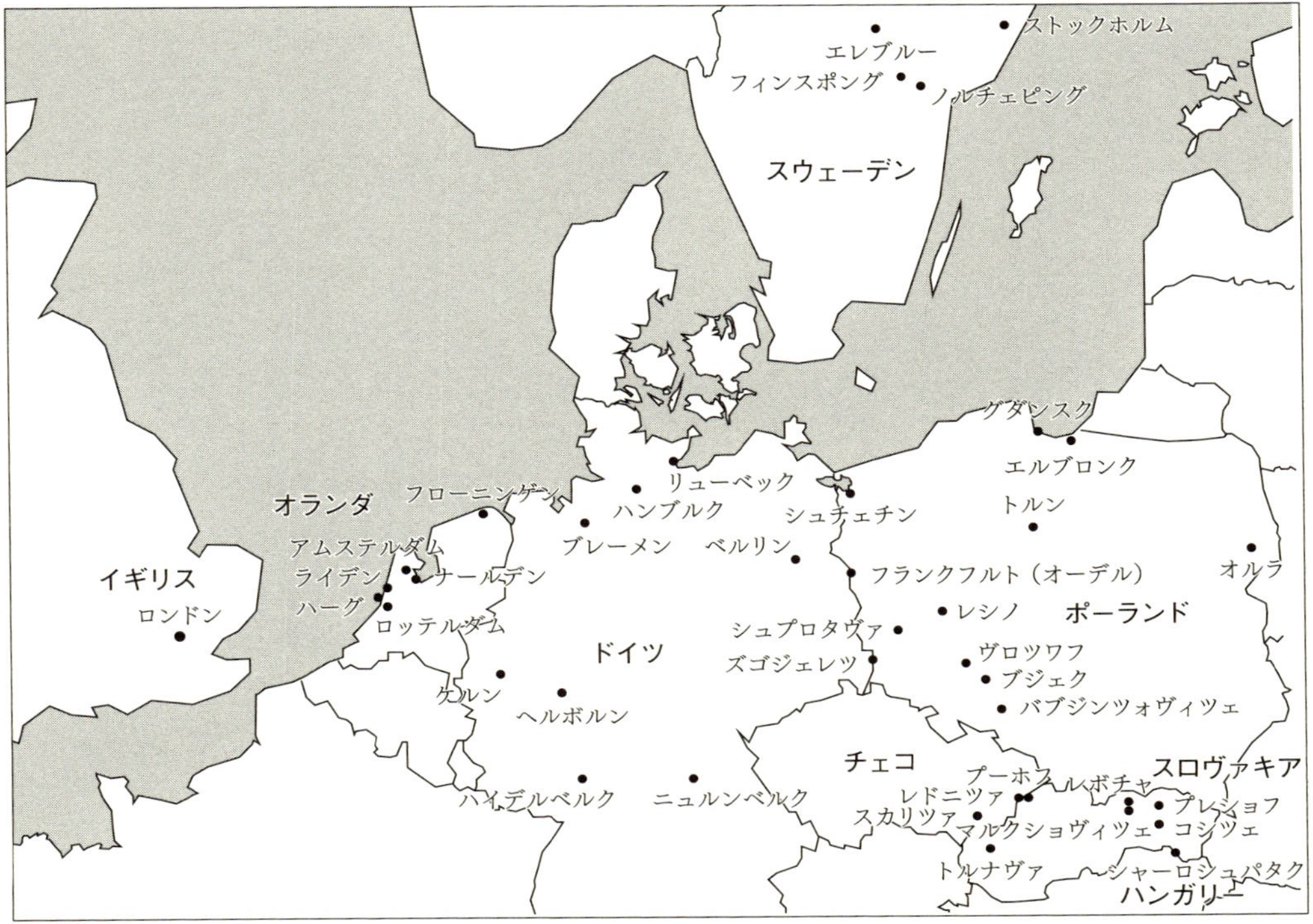

チェコ国外のコメニウスゆかりの地

ナールデン（オランダ）にあるコメニウスの墓碑（著者撮影）

晩年の一五年間をアムステルダムで暮らしたコメニウスは、今ではアムステルダム東方の星形の堀がよく保存されたナールデンという街に眠っている。現在、彼の墓所を中心に博物館や庭園が整備されたその街は、チェコ人の文化的な巡礼地である。

イギリスを離れてオランダに立ち寄ったコメニウスは、ドイツを経てスウェーデンを訪れた。スウェーデンは三十年戦争におけるプロテスタント陣営の要であり、当時はバルト海地域で強大な権力を誇っていた。コメニウスは教科書の執筆にあたる傍ら、オクセンシャーナら政治家と関係をもった。

その後、ポーランドのレシノに戻ったコメニウスは、次いでトランシルヴァニアに招かれる。彼は五年近くになる滞在中、教育実践の集大成とも言うべき取り組みを進めながら、トランシルヴァニア公とその家族に献策を行った。

さらに、トランシルヴァニアとポーランドを行き来するあいだには、現在のスロヴァキアを訪れている。スロヴァキアはチェコ地域ほど対抗宗教改革が厳しくなかったため、彼の著作が読み継がれ、一八世紀末からの民族再生運動に際してはコメニウスの重要性が早くから認識された。

ドイツについては多言を要さない。コメニウスはドイツで高等教育を受け、何度も往来した。彼の教育著作や「パンソフィア」の構想は、ライプツィヒやハンブルク、あるいはロストクといった各地の知識人に刺激を与えた。彼の死後、妻はブランデンブルクに身を寄せている。

カトリック国でありながら三十年戦争では反ハプスブルク側についたフランスもコメニウスに関心をもった。イギリスを去る際、彼は枢機卿リシュリュー（一五八五―一六四二年）に招かれている。

ヨーロッパ一七世紀は「科学革命」の世紀と称されるが、その代表者であるガリレオ・ガリレイ（一五六四―一六四二年）、デカルト、アイザック・ニュートン（一六四二―一七二七年）らと比較しても、これほど広範囲に足跡を残した人物は見当たらない。

光を哲学したコメニウス

コメニウスが特定の枠を超えた思想家であることができたのは、彼の哲学的な思考によるところが大きいと述べたが、この点については補足が必要だろう。哲学者というのは孤独な思索を好み、社会的な事象から距離をとった存在とみなされる向きがあるからだ。彼の哲学は、端的に言えば、人間が孤独な思索にとどまることを許さない哲学であり、そのキーワードは「光」である。彼は訪問中のロンドンで著した『光の道』に次のように記している。

> 光は、そこから発出する自らの基体と、そこへ流入する客体と、そこを通って貫流する媒体をもっている。〔…〕光の全本性は、あるものが、あるものから、あるものを通って、あるものへと移行することからして、流れ——すなわち運動——のうちに存している。（DK 14, 314）

光と物質と空間を別個に捉えるなら、世界はさまざまな物質のある空間に光が飛び交っている様態としてイメージされる。しかし、コメニウスはそう考えなかった。彼によれば、基体と客体と媒体のすべて、つまり世界のすべては光なのである。世界は、それ自身から光を広がらせる「発光体」、光を通過させる「透明体」、そして光を反射して付近に広がらせる「不透明体」から成る。世界はとどまることなく運動する光の現れだ、という彼の見方には、現代物理学の視点に通じるものがある。

光は単に人間の外の出来事ではない、とコメニウスは言う。彼は「知性の光である認識も、物体からやって来て、感覚を通して、精神へ向かう」(DK 14, 314) と記し、光の運動が認識レベルでも生じていることを類比(アナロジー)を通して説明しようとする。光には、人間の感覚には近寄り難い神としての「永遠の光」、目で知覚できる「外的な光」、精神を照らし出し、知性、意志、心情として捉えられる「内的な光」という三つの相がある。コメニウスによれば、光に満ちあふれる世界にあって、人間も何かを発したり、発出された何かを伝えたり、受けとめたり、まき散らしたり、遮《さえぎ》ったりする光の現れにほかならない。そして、人間が光の現れであるのなら、その作用は世界に及ぶ。彼は「この世界に存在するものは、それが何であろうと、教えるか、学ぶか、あるいはその両方を交互に行っているかのいずれかである」(DK 14, 293) と述べ、教育的とも言うべき世界観を示した。

コメニウスは「光の相」から世界を捉えたが、それは理論のレベルにとどまらない。彼自身がまばゆいばかりの多様な光を発するとともに、どうすれば人間が光を受けとめられるかを考えた。彼は「目は見るために、見られうるものに向かわなければならない」(DK 14, 320) と言う。これは、見えているものを漠然と見ることとは違う。単に客観的な基準をあてはめ、「ある」とか「ない」とか判断することとも違う。一見すると何もないように思われたり、何の意味があるのかと思われたりするところに一種の可能性を賭けて目を凝らすことだ。彼は続けて「目は照明される必要はないが、見られうる事物は照明されなければならない」（DK 14, 320）と言っている。見ようとするものが見えなかったり見にくかったりすれば、私たちは光をあてたり、光があたるように工夫を凝らしたりするだろう。そうした工夫には、対象への期待や愛情が欠かせない。期待や愛情をもって見ると、対象が思ってもみなかった多様な姿を現してくることがある。本書では、光を哲学したコメニウスの方法に沿って、彼がどのような光を発しながら私たちの前に現れてくるのかを見ていこう。

光の思想家の現れを訪ねて

本書は次の構成をとる。

第一章では、コメニウスがどのような時代の光にさらされ、それが彼の目にどのような問題として映ったのかを見ていく。

第二章では、コメニウスの哲学思想の特質が扱われる。彼はルネサンス期に復興した新プラトン主義を受容しつつ、自らの哲学的体系「パンソフィア」を展開し、人間の認識から世界の構造にわたる考察を進めた。

第三章では、コメニウスの教育思想を扱う。この点に関しては、すでに内外に多くの研究があるが、ここでは彼が希求した普遍的な改革における教育の意味を中心に考える。

第四章では、コメニウスの言語観とそれを取り巻く議論が扱われる。彼は優れた教科書の創案によって言語教育の改革者とみなされているが、ヨーロッパ一七世紀における言語をめぐる議論との関連の中で捉えられる必要がある。

第五章では、コメニウスの政治思想家としての側面を考察する。三十年戦争に半生を翻弄された彼は、「熟議」という理念に見られるように、主義主張の異なる者が和解に至る方途を思索した。その一方で祖国解放に向けた政治工作にも手を染めており、これらの両面性について考えたい。

第六章では、コメニウスの宗教論が扱われる。彼はフスの系譜に連なる兄弟教団の主席監督だったが、予言への傾倒といった公的な立場とは齟齬をきたすような一面も認められる。この点は彼の評価を分ける論点ともなってきたが、この両面性もやはり無視すべきではない。

第七章では、コメニウスが発した光が後代にどのように受けとめられたかを素描する。そのさまは、彼の思想が過去の遺物ではないことを物語るだろう。

コメニウスは「光の思想家」である。しかし、光というのは、物事を明らかにするだけでなく、時に目をくらませもする。彼の発する光に心酔するあまり、かつては「あばたもえくぼ」のような解釈も多く生まれた。とはいえ、偶像や神話の解体を試みて悦に入っているだけでは「たらいの水と一緒に赤子まで流す」ことにもなりかねない。コメニウスの哲学とは、批判のための批判に終始しがちな学問のあり方をこそ、根本的に問うものだったのだから。

第一章 地上の迷宮

アルフォンス・ムハの連作絵画《スラヴ叙事詩》のうち、コメニウスが描かれた一作（1918 年）（首都プラハ・ギャラリー）

「どうしたらうまくできるだろうか」と思うことがある。そのとき、私たちは物事に対処できる技術を欲している。もちろん、技術は重要だ。コメニウスも教育の技術をこと細かに考えたことで注目された。

しかし、序章で見たように、コメニウスは方法が導かれるためには目的を定めなければならず、目的を定めるためには過去への振り返りに基づいた展望が必要だと言う。「展望（パースペクティヴ）」は世界を漠然と見ているだけでは導かれない。薔薇色の眼鏡をかけても、「なるようにしかならない」と諦めても見えてこない。かといって、「何とかしたい」という意志や欲求ばかりでは、うまくいくとは限らないし、多くの無駄と軋轢を生む。

コメニウスは今日に至る技術時代の祖の一人である。しかし、いかなる技術も、世界のうちに問題を見出そうとする探求的な構えなしには導かれない、と考えていた。

1　コメニウスの目に映った世界

生涯のテーマとしての迷宮

コメニウスは、人生の最後の一五年を現在のオランダの首都アムステルダムで過ごした。死の二年前に著された『必須の一事』には次のような一節がある。

世界全体は無数の小さな迷宮を含んだ大きな迷宮である。（DK 18, 78）

最晩年のコメニウスから「地上は迷宮だ」という言葉が出たことを、どのように理解すべきだろうか。統計学的に戦禍や災害が多かった時代背景を理由として挙げることはできる。しかし、地上が迷宮でなかった時代などなかったとも言えるし、同じ状況を経験しても誰もがそう感じるわけではない。

一九世紀末から興隆したアール・ヌーヴォーの代表的な画家で、コメニウスと同じモラヴァ生まれのアルフォンス・ムハ（一八六〇―一九三九年）（フランス語読みの「ミュシャ」としても知られる）は、パリでの成功ののちチェコに戻り、連作絵画の大作《スラヴ叙事詩》に取り組んだ。それらのうち、本章の扉に掲げたコメニウスを描いた一作（一九一八年作、四・〇五m×六・二m）は、晩年のコメニウスの諦観を描き出しているかのようだ。

だが、「迷宮としての地上」はコメニウスにとって青年期以来のテーマだった。一六二三年、彼は世界を遍歴する旅人を主人公にした小説を著す。のちに表題が改められて加筆されたその小説が、チェコ語文学の古典として知られる『地上の迷宮と心の楽園』（以下、『地上の迷宮』と略記）である。

一枚の絵から

この小説は、コメニウス自身が「お伽噺に似ているとしてもお伽噺ではない」、「大部分は私自身の出来事を描いている」（DK 3, 273）と記しているように、彼の人生と人生に対する省察を知る上で欠かすことができない。

作品はユニークな筋書きをもっている。——主人公の旅人が天職を求めて地上を遍歴しようとすると、二人の怪しげな案内人が現れる。案内人というのは旅人が迷わないようにするのが務めだろう。しかし、「全知」と「甘言」という名をもつ二人の案内人は、終始、旅人を欺《あざむ》く。旅人は二人の手で首に手綱をかけられ、口には轡《くつわ》を差し込まれ、すべてが現実とは異なった反対の姿に見える眼鏡をかけられる。幸い、眼鏡は少し曲がってかけられていたので、隙間から見える景色を頼りにしながら旅が始まる。しかし、その旅は地上が虚栄に満ちていることを思い知らせるだけだった。二人の案内人を追い払った旅人の前には死の淵が現れるが、絶望する彼に「帰りなさい」という声が響き、旅人は「自分の心という家」に帰還する。そこは暗闇だったが、次第に光が注がれ、神と出会った旅人は再生を遂げる。

この作品に見られる理想郷への願望は、前世紀のイギリスの文人政治家トマス・モア（一四七八—一五三五年）以来のユートピア文学を思わせる。内省の末に「心こそが楽園」という結論に至る過程には、次の世紀に現れる教養小説（ビルドゥングスロマン）の趣きもある。

現在、プラハの国立図書館に収められているこの作品の草稿には、コメニウス自身が描いたと考えられる一枚の絵が含まれている。直径一二センチほどの円形の中に描かれた人物は四〇〇人に及ぶ（井ノ口 二〇〇六、一六頁）。この絵では左が東、上が南である。旅人と案内人が左端の高い塔から地上を見渡すと、中央には広場が見え、その周囲に六つの街路が広がっている。それらの街路には、南（上）から順に家族、職人、学識者、広場をはさんで宗教者、君主、そして最も北（下）に兵士と騎

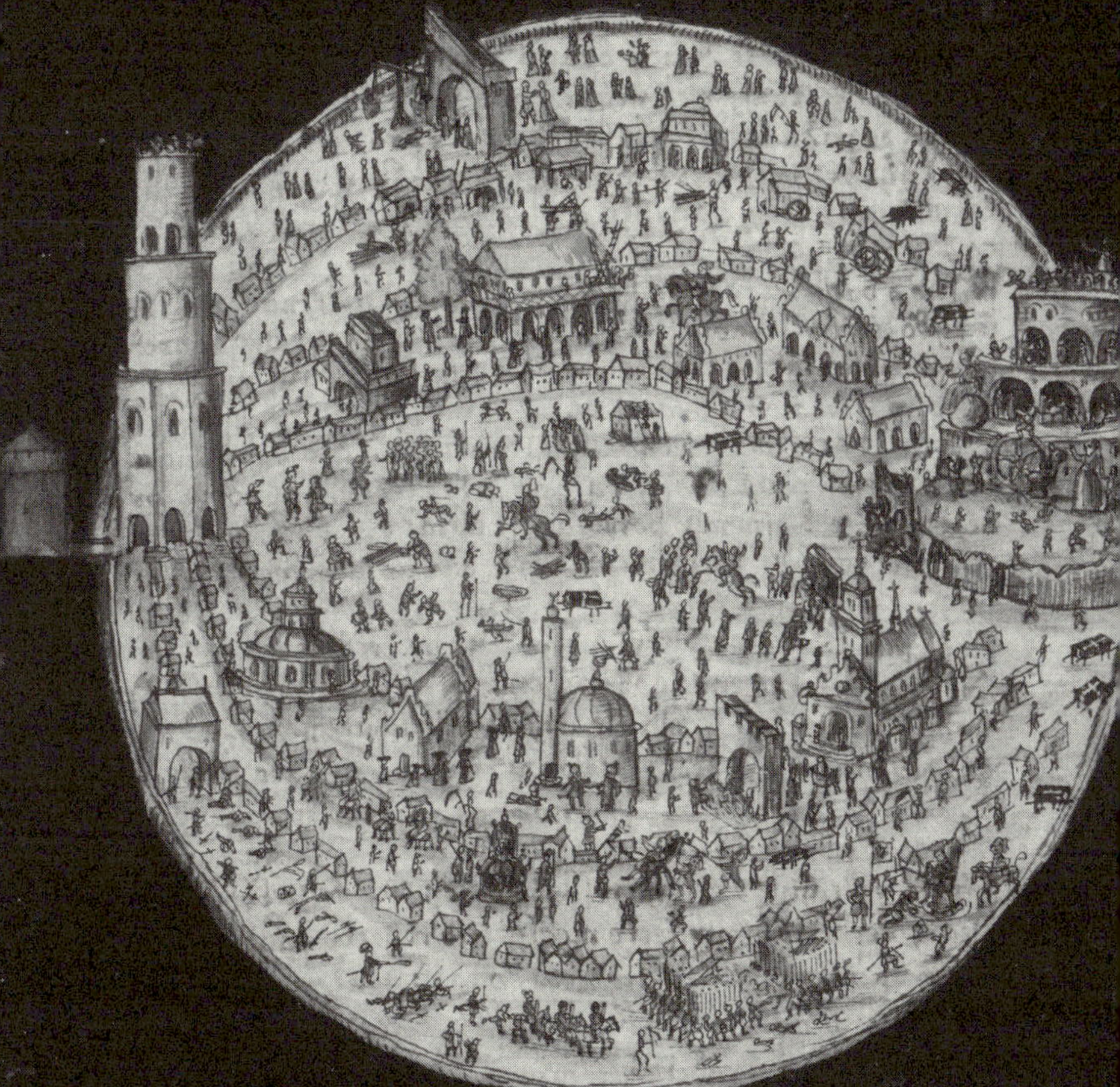

『地上の迷宮と心の楽園』草稿（1623年）に収められた地上の図。コメニウス自身によるとされるこの絵は、彼の世界観・社会観を象徴している（チェコ国立図書館）（ほぼ原寸大）

士が描かれている。六つの街路は空間的に隔てられているだけではない。この作品には七つの門が描かれているが、これは人生において通過するであろう段階を示している。最初はこの世に生を享ける「生命の門」(左端の塔の下部の出口の一つ)である。私たちは性や出身地や素質をあらかじめ決められて生まれる。当時の身分制社会では職業選択の余地も限られており、塔の下部には身分に応じたいくつかの出口がある(「区分の門」)。世界のすべてを体験する「探索」という任務を課せられた旅人は、この地上を隅々までめぐっていく。成長すると「婚約の門」をくぐる。門の前には男女の釣り合いを量る天秤が置かれている。さまざまな職業の街路の次に「訓練の門」をくぐると学校がある。当時、教育は限られた者にしか認められなかった。広場をはさんで宗教者の街路には、さまざまな寺院が並び、キリスト教会の前には「洗礼の門」がある。宗教改革以来、宗派対立はさらに激しさを増し、他方でオスマン帝国は強大な勢力を誇っていた。次の街路では君主が高い椅子の上で権勢を誇っているが、王座はあえなく覆《くつがえ》る。そして「兵士の街路の門」をくぐると、血みどろの戦闘が行われている。

いずれの街路にも虚栄しか見出せなかった旅人は、中央の広場で笛吹きを見かける。その音楽は人々の感情を揺さぶるものだったが、結局は口論の元になった。そこで旅人は案内人に導かれて広場の右奥にある「幸運の城」に向かう。しかし、「徳の門」をくぐって「幸運の女王」に謁見したものの、またもや地上の虚栄の実態が暴露される。この絵に描かれている門が人生の区分や転機を表していることからすると、世界が空間の広がりと時間の流れの中で描かれていることが分かる。

旅人は案内人から「利口ぶるな」と六回たしなめられ、「幸運の女王」の前でも「哲学に身を委ねている者」として糾弾される（ちなみに、「利口ぶる」のチェコ語“mudrovat”には「哲学する」という意味もある）。「大部分は私自身の出来事を描いている」というコメニウスの言葉を信じるなら、このたしなめは彼自身の体験を反映したものだろう。彼は眼前の世界を安易に肯定できず、「地上は迷宮だ」という認識をとり続けたのである。周囲から「利口ぶるな＝哲学するな」とたしなめられたという自己認識を踏まえるなら、「展望」とは哲学的な構えから得られるものであることが、ここには示されている。

以下、ヨーロッパ一七世紀がコメニウスの目にどのような問題として映ったのかを見る。時代背景の理解の便を考慮して、この絵の下のほう、つまり政治、宗教、学問、経済、家族関係という順序でたどっていくことにしよう。

2　戦争と政治

揺らぐ神聖ローマ帝国

一七世紀前半において、三十年戦争がヨーロッパ最大の出来事だったことに異論はないだろう。コメニウスは、神聖ローマ帝国（以下、「帝国」とのみ記す場合は、神聖ローマ帝国を指す）を舞台としたこの戦争の端緒から終結までを体験している。

一九世紀初頭に解体されるまで、この帝国は現在のドイツ、スイス、オーストリア、スロヴェニア、ベネルクス諸国、イタリア北中部、ポーランド西部、フランス東部、そしてチェコに及ぶ広大な地域を占めつつ拡大と縮小を繰り返した。一五一二年以降の正式名称は「ドイツ国民の神聖ローマ帝国」だが、帝国内にはチェコ人をはじめとする多くの非ゲルマン人がおり、ゲルマン人のあいだにも独立志向の強い多くの諸侯がいた。皇帝と教皇の対立は、常に帝国の不安要因だった。ドイツ王が選挙で選ばれ、教皇による戴冠によって皇帝になるという制度は、独自の権利を有する多くの領邦から成る連合体としての帝国の特質を表している。帝国は、大公、公爵、伯爵、騎士に叙せられた貴族の領地、大司教、司教、修道院長が統治する領地、皇帝が直轄統治する自由都市、そして一定の権力を認められた騎士領から成るモザイクのような様相を呈していた。宮廷、議会、法廷も固定的なものではなかった。

一四世紀、ボヘミア王から皇帝に就いたカール四世（ボヘミア王カレル一世）（一三一六—七八年）による金印勅書の発布以降、三人の聖界諸侯および、ファルツのライン宮中伯、ドイツ東部のザクセン公とブランデンブルク伯、そしてボヘミア王という四人の俗界諸侯で構成された七人の選帝侯による選挙で皇帝が選ばれる体制が固まった。しかし、一五世紀半ばからはハプスブルク家出身者が皇帝位をほとんど独占することになる。スイス発祥のハプスブルク家は、婚姻関係を通して現在のオランダ、フランス東部ブルゴーニュ地方、スペイン、イタリアのナポリやシチリアを領域に収め、スペイン王を兼ねるカール五世（一五〇〇—五八年）が皇帝位にあった時期には、陽の沈まぬ帝国として栄光の頂点を極める。

しかし、その後、帝国内部の分裂を決定的にしたのが宗教改革だった。カール五世はフランスやオスマン帝国との対立にも対処しなければならず、宗教改革をある程度は容認せざるをえなかった。一五五五年にアウグスブルクで開催された帝国議会では「一つの支配のあるところ、一つの宗教がある」という原則が確立され、諸侯は自身の信仰を領地の住民に強制できるようになる。その後、比較的寛容な政策がとられたため帝国内の対立はやや沈静化したが、皇帝ルドルフ二世（一五五二―一六一二年）がカトリック寄りの政策を強めたことでプロテスタント同盟とカトリック同盟が対峙することになった。占星術や錬金術の虜《とりこ》になって政務には無関心だったルドルフ二世がほぼ一世紀半ぶりにプラハに戻した宮廷には独自の文化が花開いたが、統治機能の欠如は覆うべくもなかった。コメニウスは次のように書いている。

道具でも使わなくては登って近づけないほど高く広い椅子に腰かけた人々がいました。言うまでもなく、その人たちは皆、両耳の代わりに長い管のようなものをつけていたので、話したい者は話したい事柄をその管に向かってささやかなくてはなりませんでした。しかも、管は曲がりくねって穴だらけだったので、多くの言葉は頭まで届かないうちに抜けてしまい、たとえ行き着いても大部分が変化してしまうのです。それで、話している人に必ずしも回答が与えられるわけではないし、誰かが大声で叫んでも君主たちの頭脳に声を届かせられるわけでもないということに私は気づいたのです。（DK 3, 331-332）

帝国の周縁で

神聖ローマ帝国は周辺地域とも複雑な関係にあった。一五世紀末にフランスがイタリア進出を図って以来、ハプスブルク家とフランスの対立は一八世紀半ばまで続く。一六世紀にはフランス王フランソワ一世（一四九四―一五四七年）が神聖ローマ皇帝を目指したが、カール五世が皇帝になったため、フランスは西からはドイツ、東からはスペインにはさまれることになる。フランスはカトリック側にありながら、教皇のアヴィニョン捕囚にも見られるように、王権確立への強い志向をもっていた。フランソワ一世はイングランドでカトリックからの分離を進めたヘンリー八世（一四九一―一五四七年）とともに帝国のプロテスタント諸侯を支持し、さらにイスラム教徒であるオスマン帝国のスレイマン一世（一四九四―一五六六年）とも結ぶ。そうして一五二九年、カール五世が宮廷を置いたウィーンは二ヵ月近くオスマン帝国軍に包囲されることになった。

イングランドはヘンリー八世の離婚問題からカトリックとの分離に至ったが、そのとき教皇に離婚を認めないよう圧力をかけたのがカール五世だった。メアリ一世（一五一六―五八年）の代にはカトリックへの回帰が図られたが、イングランドはエリザベス一世（一五三三―一六〇三年）のもとで王権を強化してスペイン・ハプスブルク家に対抗し、スペインと対立するネーデルランドを支持して、一五八八年にはスペインが差し向けた無敵艦隊を打ち破った。一七世紀前半には基本的に大陸のプロテスタントを支持し、スペインに艦隊を派遣もしたが、程なく三十年戦争から手を引くことになる。

帝国の東では、オスマン帝国が勢力を誇っていた。一五世紀に東ローマ帝国を滅ぼしてギリシア全土を掌握したオスマン帝国は、バルカン半島をほぼ手中に収め、北アフリカまで拡張した。オスマン帝国は、のちにハンガリー王位をハプスブルク家が維持することを認めたが、ハンガリーは南部はオスマン帝国領、現在のスロヴァキアを含む北部と西部はハプスブルクの王領、そして東部のトランシルヴァニアに分かれることになった。トランシルヴァニア公国は、カトリックとイスラム教にはさまれながら、プロテスタントの一勢力となる。

目を北に転じると、ポーランドの黄金時代が終わりを告げようとしていた。スウェーデン王に加えてポーランド王となったジグムント三世（一五六六―一六三二年）はカトリック寄りの政策を進め、この地域でも宗教が対立要因になっていく。また、ジグムントがロシアに進出すると、ポーランドは常に戦乱に巻き込まれるようになり、ポーランドでは「大洪水時代」、スウェーデンでは「北方戦争」と称される戦乱（一六五五―六〇年）によって荒廃した。

一一世紀以来、ドイツ騎士団が押さえていたバルト海沿岸地域では、一六世紀にケーニヒスベルク（現在のロシア領カリニングラード）を中心とするルター派教徒の公領が成立した。このプロシア公領は一七世紀にドイツ東部のブランデンブルクと同君連合になり、ポーランドとスウェーデンの戦乱のあと、一六六〇年には両国の宗主権から解放され、プロイセン公国として認められた。

帝国の北東部はチェコ地域との関係でも複雑だった。一三世紀にボヘミア王でもあった皇帝カール四世が積極的な拡張政策を進めた結果、ボヘミアには、従来のモラヴァに加え、現在のポーランド南西部からチェコ北東に広がるシュレジア（チェコ語では「スレスコ」、ポーランド語では「シロンスク」）、現在のドイツ東部のブランデンブルク州からザクセン州にわたるラウジッツの一部地域が属するようになった。これらの地域がボヘミア王冠領となったため、さまざまな人的往来が生じることになる。

三十年戦争

三十年戦争は、チェコ地域におけるハプスブルク支配に対するプロテスタントの反乱から始まった。皇帝ルドルフ二世がカトリック化の圧力を強めると、ハンガリーでは各地で反乱が起き、一六〇六年に皇帝はハンガリーにおける信教の自由を認めるに至る。しかし、混乱は収拾されず、皇帝は一六〇八年にハンガリー王位を投げ出し、翌年にはボヘミアにおける信仰の自由も認めた。これはチェコ地域のプロテスタントにとって大きな成果だったが、ルドルフ二世の従弟で彼にもまして厳格なカトリック教徒だったフェルディナント（一五七八―一六三七年）が一六一七年にボヘミア王になると情勢は再び緊迫することになる。

一六一八年五月、フェルディナントがプラハに送った使者がボヘミア貴族たちによってプラハ城の窓から投げ落とされる、という事件が起きる。これによって両者の対立は決定的になり、ボヘミアのプロテスタント貴族はファルツ選帝侯フリードリヒ五世（一五九六―一六三二年）にボヘミア王への即位を要請する。フリードリヒは彼の父が結成したプロテスタント同盟を代表する存在で、一六一三年にイギリスのジェイムズ一世（一五六六―一六二五年）の娘エリザベス・スチュアート（一五九六―一六六二年）と結婚しており、ハプスブルクに対抗できる指導者として期待されていた。フリードリヒは一六一九年にボヘミア王になるが、プロテスタント貴族からボヘミア王を罷免されたフェルディナントは時を同じくして皇帝に選出される（フェルディナント二世）。

そうして一六二〇年一一月、カトリックとプロテスタントの軍勢がプラハ郊外のビーラー・ホラ（白山）で激突する。それ以前にフェルディナント二世はカトリック同盟をまとめ、フリードリヒ五世の本拠地ファルツ（現在のドイツのラインラント＝ファルツ州南部）はスペイン軍に占拠されていた。プロテスタント同盟の支援も不十分で、ビーラー・ホラの戦いはボヘミア貴族軍の惨敗に終わる。開戦当初はプロテスタント側の不統一もあって皇帝側が優勢だったが、プロテスタント側のイギリス、デンマーク、スウェーデンに加え、反ハプスブルクに立つフランスが参戦したことで、戦争は長期化していく。

コメニウスは、皇帝軍がチェコ地域を蹂躙していた戦争の初期に「平和になるための別の道がないものか。こんな仕方で平和を目指すのは、人間ではなく野獣にふさわしい」（DK 3, 336）と記している。しかし、彼はプロテスタント同盟の構築に深く関与し、幾人かの指導者と具体的な関係をもちさえした。『地上の迷宮』の次の一節は、君主たちへの風刺としてよく引かれるもので、彼が自らの考察課題から政治を除外できなかったことを示しているが、その関心は制度というより人間の変革に向けられていることに注目すべきだろう。

注意深くその人たちを見ると、予期しない事柄を目撃できたのです。彼らのうちのほとんどは、身体器官がすべては揃っておらず、どうしても必要なものも十分にはそなわっていませんでした。つまり、耳がないので臣下の不満を聞き取れない者、目がないので自分の前にある無秩序に気づかない者、鼻がないので法に刃向かう悪党の陰謀を嗅ぎ取ることができない者、舌がないので物言わぬ者のために発言できない者、手がないので正義の意見を遂行できない者がいたのです。いや、多くの者には心がないので、正義の命じることを行えなかったのです。(DK 3, 329)

3 破れた天蓋

宗教改革とコメニウス

この時代のヨーロッパは宗教をめぐる内憂外患にさらされた。前世紀にイベリア半島ではキリスト教側による再征服(レコンキスタ)がなされたが、オスマン帝国によるウィーン包囲に見られるように、イスラム勢力はヨーロッパ世界にとって脅威だった。それにもかかわらずヨーロッパ世界の宗教的統一性は崩壊の一途をたどる。教皇レオ一〇世(一四七五―一五二一年)による贖宥状《しょくゆうじょう》の販売を、金銭で罪の許しが可能になるという主張として糾弾したドイツの神学者ルターは破門されたが、反教皇派ドイツ諸侯の支持を得て、ルター派はドイツのみならずスウェーデンでも拡大する。同じ頃、スイスではカルヴァン派が成立した。ルターに続いて贖宥状販売を批判したフルドリッヒ・ツヴィングリ(一四八四―一五三一年)は北部のチューリヒで宗教改革を進め、ジュネーヴではカルヴァンが礼拝文の制定や教会制度の改革を進めて、のちに両派は統合した。カルヴァン派の教義はイングランド、スコットランド、フランス、オランダなどに広がりを見せる。

宗教改革において政治的要因が大きかったイングランドでは、カルヴァン派的な改革が進められたかと思えばカトリックに回帰する、といった揺り戻しが繰り返された。そうした中、カルヴァン派的な改革を徹底しようとするピューリタンがアメリカ植民などに取り組んでいく。フランスでは、一六世紀後半に「ユグノー」と呼ばれるカルヴァン派の一部が力をもったが、一五七二年にはカトリックによるサン＝バルテルミの虐殺が起きた。カトリックとユグノーの対立（ユグノー戦争）は、フランス王アンリ四世（一五五三―一六一〇年）がナントの勅令（一五九八年）で信仰の自由を認めるまで続いていく。

他方で、カトリック側でも改革の必要性に対する認識が高まり、イグナティウス・デ・ロヨラ（一四九一―一五五六年）やフランシスコ・ザビエル（一五〇六―五二年）らによって一五三四年に設立されたイエズス会を中心にして、対抗改革が進められる。イエズス会はヨーロッパのみならず世界各地で宣教を行い、多くの中等・高等教育機関を設立した。

チェコ地域は王族の縁戚関係などを通じてイングランドと密接な関係にあり、イングランドで教会改革を主張したジョン・ウィクリフ（一三二〇頃―八四年）の思想が伝播していた。一四〇二年にプラハ大学学長となったヤン・フスは、ウィクリフとほぼ同様の主張に立って教会批判を強めていく。当時のカトリック教会では、教皇のアヴィニョン捕囚は終わったものの、ローマとアヴィニョンにそれぞれ教皇が立って対立する「教会大分裂（シスマ）」の状態に陥っていた。さらに、二人の教皇の廃位と新教皇（対立教皇）の即位というピサ教会会議（一四〇九年）の結論も受け入れられず、三教皇が鼎立するという異例の事態にあった。

対立教皇側はフスらの動きを抑えようとしたが、ローマの教皇を支持するナポリ王国に十字軍を派

プラハ旧市街広場に立つヤン・フス像（ラディスラフ・シャロウン作、1915年）（著者撮影）

遣するために対立教皇が贖宥状の販売を始めると、それを批判したフスの主張はかえって共感を呼ぶ。コンスタンツ宗教会議で異端とされて火刑に処せられたフスは、教会改革ばかりでなく、チェコ語表記の基礎を築いたとも言われ、彼の処刑は強い反発を引き起こした。そうして一四一九年、フス派がプラハ新市庁舎を襲撃してドイツ人市長や参事会員を市庁舎から投げ落とす事件が起き、以来二〇年にわたる戦乱が続いていく。

　このフス派戦争は広大な地域を荒廃させ、フス派では内部抗争が深刻化した。ボヘミア南部の都市ターボルはフス派戦争時の堅固な城塞都市の姿を現在に伝えているが、この街で台頭したターボル派は、あらゆる教会組織の否定と財産の共有化を主張する平等主義を掲げる一方で、武力闘争を認める急進派でもあった。これに対抗したのが、プラハの貴族や大学関係者を中心とした穏健派のウトラキストである。ウトラキストはターボル派を壊滅させることになるが、これも分派を繰り返していく。

　そうした中、聖書に基づく社会改善を論じ、非暴力不服従の平和主義的な主張をとるペトル・ヘルチツキー（一三九〇頃―一四六〇年頃）の影響のもとで形成されたのが、兄弟教団だった。一六世紀に宗教改革の中心地ヴィッテンベルクに学び、ルターとも知己があったヤン・ブラホスラフ（一五二三

―七一年）は、新約聖書のチェコ語訳を完成させたことで知られる。印刷地の名をとって「クラリツェ聖書」と呼ばれるこの聖書は、ルネサンスと宗教改革のチェコにおける結晶と評されている。

その兄弟教団の家庭に生まれたコメニウスは、幼くして父母と死別したのち、ブラホスラフが生まれたモラヴァのプシェロフで学び、ドイツでの修学を経て、一六一六年には教団の牧師となった。次第に頭角を現し、一六三二年には三人の監督の一人となる。そして、ウェストファリア条約によって兄弟教団のチェコ帰還が絶望的となった一六四八年には主席監督となる。

神の王国の待望と人間イエス

社会的な危機が共有される時代には、神のような超越者によって審判がなされ、義なる存在とみなされた者が救済される、という思想が世界のさまざまな文化に見られる。特にユダヤ＝キリスト教では、新約聖書の末尾に置かれた『ヨハネの黙示録』が大きな意味をもつ。そこでは、一度滅んだ世界に救世主が降臨し、築かれた王国が千年続くが、サタンの復活によって最後の決戦がなされ、サタンの滅亡後に最後の審判が行われて、ついには永遠の世界が続く、という過程が幻視を通して描かれている。

一六世紀から一七世紀のヨーロッパは「終末論」あるいは「千年王国論（千年至福説）」と呼ばれるこうした思想の高揚期の一つだった。代表的な事例としては、神学者トマス・ミュンツァー（一四八九―一五二五年）が指導したドイツ農民戦争や、「再洗礼派（アナバプティスト）」によるドイツ・ミュンスター市の支配などがある。一五二四年にミュンツァーは、神の国を地上に実現するという大義に基づいて、抑圧されていた農民を解放しようとしたが、ルターの支持を受けたドイツ諸侯によって鎮圧された。再洗礼派は幼児洗礼を認めず、信仰告白した成人に再度洗礼することからその名がついたが、彼らの急進性はカトリックからはもちろん、プロテスタント各派からも異端視された。この運動では、絶対平和主義を掲げるメノナイトなども生まれた一方、地上における神の国が暴力的に追求されたケースもある。特にミュンスターでは、一五三四年に市の実権を握った再洗礼派が一夫多妻制や王制を敷くなどしたのちに鎮圧される、という事件が起きている。チェコ宗教改革においても千年王国論は宗教論争のテーマとなった。実際、コメニウスはドイツでの修学時に千年王国論について学んでおり、暴力の容認や伝統的な教義の否定には至らなかったものの、千年王国が到来する、という予言には傾倒していた。

また、この時代には、千年王国論とは対照的に、一八世紀の啓蒙主義における理神論につながるような神学的主張も生まれており、イタリアの神学者ファウスト・ソッツィーニ（一五三九—一六〇四年）は、創造主としての父なる神、贖罪者としてのキリスト、聖霊としての神の三位一体を説く伝統的なキリスト教の教義を否定した。コメニウスがソッツィーニ派を知ったのは少年時代のことである。のちに「パンソフィア」の構想が出版された際にソッツィーニ派的として批判されることになるが、この事実はコメニウスとソッツィーニ派の親近性を示している。しかし、三位一体の教義についてては相容れないものがあり、晩年オランダに移ったコメニウスはソッツィーニ派周辺との論争に相当の精力を費やした。神学者ダニエル・ツヴィッカー（一六一二—七八年）を批判したパンフレットは、実に一〇〇〇頁以上の分量になる。

このように、一七世紀には中世以来ヨーロッパ世界を覆っていた聖なる天蓋に走る亀裂が幾重にも広がり始めていた。ウェストファリア条約は帝国の宗教地図を固定化し、フランスには強大な王権が成立して、イギリスは世界的な覇権を握り始める。コメニウスは、信仰が個人の事項へと帰せられていく流れに抗するように、聖なる天蓋の亀裂をいかにして修復できるかを模索していくことになる。

4　組み換えられる知

一七世紀の知の迷宮

『地上の迷宮』の主人公である旅人は、哲学一般のあと、文法、修辞学、詩、弁証法、自然学、形而上学、算術、幾何学、測地学、音楽、天文学、占星術、歴史、倫理学、政治学を概観していく。さらに錬金術、医学、法学を修めたが、いずれの学問にも満足できなかった。この作品の原型は一六二三年には完成しているが、当時の学芸を概観して批判するという形式は、近世哲学の記念碑的作品とされるデカルトの『方法序説』（一六三七年）に類似している。デカルトの場合、学芸の概観を経たあと、自分自身か、あるいは「世界という大きな書物」のうちに見出されるもの以外に学問を求めない、という決断に至る。旅の果てに地上の虚栄に絶望した旅人が「自分の心という家」に帰還するところまでは、コメニウスとデカルトの思索はそう離れていない。当時流布していた哲学説とのあいだに、コメニウスはデカルトと同様に大きな隔たりを感じていたわけである。特にコメニウスが問題視したのは諸説が相争う状況だった。

そこでは〔…〕プラトンが空中でイデアを追求し、ホメロスが歌い、アリストテレスが議論し、〔…〕ソクラテスが一人一人について何も知らないと語り、〔…〕ディオゲネスが樽から覗いて通り過ぎていく者を小馬鹿にし、〔…〕ゼノンは断食し、エピクロスは饗宴し、アナクサルコスはすべてのものは存在せず、ただそう見えるにすぎないと言ったのです。(DK 3, 305)

このような哲学説の相克の背景は一つではないが、ルネサンスを経たあとの学問や芸術の展開は無視できない。文化史家のグスタフ・ルネ・ホッケ(一九〇八―八五年)によれば、一六世紀初頭のイタリア・フィレンツェにおけるプラトン(前四二七―三四七年)の再評価が、人間は宇宙の中で唯一絶対の「記号」を把握できるという「神秘的自意識」を生じさせ、それによって力の感情を授けられた人間のもとで「物質的世界の容易に説明できる、わかりやすい、単純な意味しかない現実性すべてにたいする猜疑の念」が育《はぐく》まれたという(ホッケ 二〇一〇、一一四頁)。主観主義の高まりによって、世界は神の秘密が反映された驚異の母胎として思い描かれた。ホッケの解釈に従うなら、ルネサンスは世界を捉え直し、世界に働きかけていく人間の内的次元が獲得されたエポックだったと言える。

コメニウスが生きた時代はルネサンス後期から科学革命への移行期にあたる。それは世界を主体的に捉え直そうとする意志がヨーロッパのあちこちで噴出した時代だった。しかし、解釈が過剰になると、妄想でも何でもありということになりかねない。コメニウスは一六二〇年代末から哲学、自然学、教授学の研究に取り組み、言語教育の改善のために著した『開かれた言語の扉』は各国語に翻訳されて成功を収めた。そんな彼が普遍的な知の体系としての「パンソフィア」を構想したという知らせは、当時の知識人のネットワークを通して注目されることになる。

一七世紀の高等教育

学位授与の様子が描かれた『地上の迷宮』の記述は、当時の高等教育機関の腐敗ぶりを伝えている。

哲学の天頂の下にある人物が紙製の王笏《おうしゃく》をもって立っていたのですが、その人のところに群衆の中央から、高度な学芸の習得証明をどうしても欲しいと思っている何人かの人々が進み出ていったのです。その人は、彼らの欲求は適切だと称え、彼らがどんな事柄をなす術を知っているのか、また何に関する卒業証明を欲しているのかを申請用紙に記しなさい、と命じました。そこで彼らは、一人が一般哲学の最高位、また別の者は医学の最高位、また別の者は法学の最高位と記入し、それをさらに円滑に進めてもらうために財布から賄賂を出して添えたのです。(DK 3, 319)

一二〜一三世紀に生まれた大学は、一六世紀には教育内容の守旧化や制度の硬直化に陥り、一七世紀の諸問題に対処できなかった。確かに、科学革命の担い手の少なからぬ部分は、伝統大学の出身者でも在職者でもない。コメニウスはアメリカのハーヴァード大学学長に招聘されたという風説があるが、これは事実ではない。彼はギムナジウムで教鞭をとったが、大学の講壇に立つことはなかった。それ以前に、当時の宗教的不寛容のもとでは、宗教的少数派が高等教育を受ける機会は著しく限られていた。プラハ大学は中央ヨーロッパ最古の伝統を誇り、かつてはフスが学長を務めたが、当時の兄弟教団の信徒は無条件では入学できなかった。プラハにはもう一つの高等教育機関であるクレメンティヌム（現在の国立図書館）もあったが、これはカトリック化の拠点としてイエズス会が設立したものである。

コメニウスが学んだのは、現在のドイツのヘッセン州ヘルボルンにあったカルヴァン改革派のアカデミア、およびハイデルベルク大学である。ヘルボルンのアカデミアは現在は存続していないが、その宗教的寛容性を反映してか、ルネサンス後期の神学、哲学、自然学に関する多様な研究が行われた。コメニウスは一六一一年から一三年まで在籍し、『簡明百科全書』全七巻（一六三〇年）などを著した哲学者ヨハン・ハインリヒ・アルシュテット（一五八八—一六三八年）らに学んでいる。百科全書といえば一八世紀フランスのドニ・ディドロ（一七一三—八四年）やダランベール（一七一七—八三年）が連想されるが、ルネサンス期の知の増大のもとで知識の体系化は学術界の課題となり、一六世紀以降、さまざまな企てがなされていた。知識の体系化の技法としては、カタルーニャのライムンドゥス・ルルス（一二三二—一三一五年）やフランスのペトルス・ラムス（一五一五—七二年）らの創案があったが、アルシュテットはそれらを総合した上で、独自の宗教的世界観を基礎にして知の体系化に取り組む。これはコメニウスに決定的な影響を与え、彼はヘルボルンでの修学中に『チェコ語宝典』、モラヴァに戻ってからも『事柄の普遍的世界の劇場』といった辞典や百科全書の執筆に取り組んでいる。コメニウスが当時の学術界の混迷に対して批判的だった背景には、いかに知を体系的に整えるか、という関心があった。

学問的権威の周縁で

ヘルボルンでの修学後、コメニウスが一年を過ごしたハイデルベルクは、ファルツ選帝侯フリードリヒの居城を擁するドイツ・プロテスタントの中心地である。彼はフリードリヒがイギリスからエリザベスを妻に迎えた歴史的場面に居合わせることができた。しかし、それから六年後にフリードリヒがボヘミア王となり、さらに一年と四日で王位を追われるとは想像もしなかっただろう。

だが、コメニウスがこの時期にハイデルベルクに滞在したことがもつ意味は、それだけではない。一六一四年から一六年にかけて、ドイツでは『薔薇十字の名声』（一六一四年）、『薔薇十字の信条告白』（一六一五年）、『化学の結婚』（一六一六年）という文書が現れた。ローゼンクロイツなる人物が知の変革のための結社を組織したことについて象徴的・神秘的表現で述べられたこれらの文書は、ヨーロッパの知識人のあいだに賛否両論の論争を引き起こす。この「薔薇十字運動」の中心地の一つがファルツ選帝侯国の隣国ビュルテンベルク公国（ほぼ現在のバーデン゠ビュルテンベルク州）だったが、その実態はいまだにはっきりしない点が多い。ビュルテンベルクの神学者ヨハン・ヴァレンティン・アンドレーエ（一五八六―一六五四年）は『化学の結婚』を自著と言っていることから運動の唱道者の一人と目されるが、彼は錬金術には否定的である。また、パラケルスス派の医師・数学者で、イングランド女王メアリ一世の占星術師でもあったロバート・フラッド（一五七四—一六三七年）は、この運動を弁護する論陣を張っている。

思想史研究では、薔薇十字運動は異端として位置づけられてきた。その見方に修正を促したのが、イギリスの文化史家フランセス・イェイツ（一八九九—一九八一年）である。彼女は薔薇十字運動を古代のグノシス（霊知）主義に端を発するヘルメス的な神秘主義や中世に形成されたユダヤ教神秘主義のカバラまで遡るとともに、一七世紀における薔薇十字運動の全ヨーロッパ的広がりを指摘した。イェイツの雄大な構想力は魅力的だが、薔薇十字団の実態を直接明らかにしているとは言えない。しかし、右で見た文書の登場と相前後して、彼女の言う「現実的な何か」（イェイツ 一九八六、二八九頁）、つまり知の変革の構想や知識人共同体が現れたことは事実である。アンドレーエは一六一八年から二〇年にかけて「キリスト教協会」という知識人サークルを組織し、一六二二年にはバルト海に面するハンザ都市ロストクで、大学から独立した最初の知識人共同体とされる「エレウニス協会」が設立される。一七世紀ヨーロッパの各地に点在していた知識人をつなぐネットワークは、伝統大学と修道院という中世的な学問の中心に代わって、この時代の知の再構成に計り知れない影響を与えた。

コメニウスを薔薇十字運動の中に位置づけてよいかという点については議論がある。『地上の迷宮』はユニークな作品だが、実はアンドレーエの著作から着想を得ている。『大教授学』はアンドレーエに捧げられているし、アンドレーエの著作の入手を依頼する書簡には「私のパンソフィアの考察はそこから始まった」（PK, 189）という言葉もある。アンドレーエが薔薇十字運動の唱道者なら、コメニウスはその後継者と言ってよい。実際、『地上の迷宮』には薔薇十字団についての章もある。しかし、薔薇十字運動が奇妙なまでに沈静化し、運動に関心を抱いた者たちが沈黙したことを、コメニウスは皮肉まじりに記してもいる（DK 3, 316）。むしろ、コメニウスは薔薇十字運動の中で語られた課題を主体的に引き受けた、と考えるほうが自然だろう。『地上の迷宮』には、薔薇十字団員が異なる言語による意思の疎通やあらゆる学問の集成が可能になると喧伝した、という記述があるが、これはコメニウスの言語教育の改革やパンソフィア構想に対応している。こうした取り組みを支えたのが、知識人の共同討議に向けられた活動だったわけである。

コメニウスを取り巻く知的ネットワークの中で特に重要な人物は、サミュエル・ハートリブ（一六〇〇頃―六二年）である。ハートリブは、コメニウスも滞在したポーランドのエルブロンクの生まれで、ケーニヒスベルク大学で学んだのち、一時はケンブリッジ大学にも在籍した。イギリスに移る前、彼はスコットランド生まれの牧師ジョン・デュアリ（一五九六―一六八〇年）と出会い、プロテスタント教会の和解のために協働するようになる。ロンドンに居を定めると、科学、医学、農業、政治など、多様な関心を抱くようになり、ヨーロッパの知識人と幅広く文通して新たな情報を提供した。このハートリブのサークルは、イギリスの王政復古後に公認されるロンドン王立協会の起源の一つとみなされている。実際、彼の交友関係は、イギリスに限っても、大著『失楽園』（一六六七年）で知られるジョン・ミルトン（一六〇八―七四年）、化学者のロバート・ボイル（一六二七―九一年）、政治経済学者のウィリアム・ペティ（一六二三―八七年）にまで及んでいる。ただ、内戦期に護国卿オリバー・クロムウェル（一五九九―一六五八年）から年金を得ていたハートリブは、王政復古で即位したチャールズ二世（一六三〇―八五年）の支持を得ることができず、王立協会のメンバーにはならなかった。彼が残した膨大な文書は一九三〇年代に発見され、現在はインターネット上で公開されている。

ヨーロッパを股にかけたコメニウスの活動は、こうした知識人サークルなしには不可能だっただろう。この時代には、三十年戦争に見られる深刻な宗派対立があった一方で、知識人レベルでは主義主張を超えた友愛の可能性が模索された。その関連で、コメニウスは友愛主義的な秘密結社の代表であるフリーメイソン団の一員だったとされることがある。この団体が「中世石工団体を原型とする相互扶助的な兄弟団の外観をとりながら、まもなくロンドン王立協会会員を主体とする哲学的社交団体へと転化」(深沢 二〇一〇、二二七頁)したという指摘を受け入れるなら、王立協会に先立って知識人ネットワークを構築したコメニウスはフリーメイソン団の圏内にいたと言えるかもしれない。

5　富の揺らぎ

兄弟教団の生活理想

『地上の迷宮』の主人公である旅人は地上の六つの街路に何も見出すことができず、「幸運の女王」の城に連れていかれる。そこで案内人は「あんたって変な哲学者ね」と口にするが、これは経済的繁栄に疑問を抱く見方が当時は必ずしも一般的ではなかったことを示している。コメニウスの禁欲的な姿勢の背景には、兄弟教団の生活理想があった。ハートリブは、コメニウスの娘婿であるペトル・フイグルス（一六一九―七〇年）がトランシルヴァニアでの兄弟教団の暮らしぶりを伝えた内容を、次のように記している。

彼らの共同生活に関してだが、すべての家族が便利な住宅に住み、それぞれ別の作業場をもち、仕立てや靴作りの仕事を一緒に行っている。彼らの労働は全員にまったく共通の作業である。というのも、誰が得た利益もすべて共通の蔵に納められるからだ。〔…〕彼らの統治に関してだが、必要に応じて一人ないし二人の説教師がおり、共通の同意によって選ばれた一人の管理者と、三、四人ないしそれ以上の長老ないし委員がいる。〔…〕男子の学校と、それとは別に女子の学校があり、子供たちの訓練は、その子たちがしゃべり始めるとすぐに始まり、その子たちの年齢が満ちるまで、男子は勇敢な男に、女子は神々しい女に委ねられる。（PK, 212）

この記述は、各地への離散を強いられた教団としては、やや理想化されているように思われる。また、一六世紀には富裕な市民や貴族たちが加わってチェコ語訳聖書の出版を成し遂げたことからも分かるように、兄弟教団が富一般を拒否したわけではない。しかし、宗教改革の中心的なテーマが教会制度だった時代に、兄弟教団では長老の選出が民主的に行われ、生産物の共有と平等な分配が目指されていたのである。実際、貧者と富者が天に書簡を送り、天上のキリストが返答する、という構成をとった青年期の作品『天への手紙』には、当時の社会における富の分配の不平等に対するコメニウスの批判が明確に見られる。

われわれ人間のあいだにこのような不平等を存在させることが、あなた〔キリスト〕のご意志なのかどうか考えてみたいと思うのです。すなわち、一方の者たちにはあらゆるものを豊富に手に入れさせながら、他の者たちは逆に貧苦に震えるようにさせるということを。また、一方の者たちはとどまることのない悦楽に満たさせながら、他方の者たちは飢えと渇きで死ぬようにさせるということです。〔…〕われわれの唯一の創造主である方よ、あなたがわれわれすべてをお創りになったのではないでしょうか。(DK 3, 165)

まるで神を告発するような筆致は、二〇世紀後半における冷戦下の東側陣営では、共産主義イデオロギーの起源の一つとして注目された。しかし、そうした評価はその時代の所産だったと言うべきだろう。コメニウスは単に特権階級を批判しているだけではない。『地上の迷宮』における職人の記述には労働の苦痛への同情も見られるが、より問題にされたのは倫理や精神性の欠如だったのである。

私が見たのは、人間の労働はすべて自分の口のためになされているということでした。なぜなら、誰もが苦労して獲得したものを、すべて自分たちの口に押し込んでいたからです。〔…〕この人間の職業も水をあふれこぼれさせるのと同じで、お金が手に入っても再びなくなってしまうものであることをはっきり見たのです。〔…〕他人より多くの労働を担い、多くの成果をあげる者がいると、たちまち隣人がしかめっ面を見せ、歯をきしませて、あらんかぎりその人をけなすのです。〔…〕そこでは肉体だけで、肉体のためだけに苦労していることが分かると、私は特に愛好したいと思わなかったのです。（DK 3, 293-294）

『世界図絵』では当時の職業技術が幅広く扱われている。コメニウスは富や労働およびそれらの基盤としての技術の意義を認めており、決して隠棲的・静寂主義的だったわけではない。彼が問題を見て取ったのは、富に翻弄される人間だったのである。

一七世紀経済の中で

大航海時代の幕開けによる金銀の流入がもたらした価格革命と植民地進出、そしてルネサンス文化の開花が見られた前世紀との比較に基づいて、一七世紀はしばしば「危機の世紀」と称される。確かに、この世紀には小氷期の到来で気候が寒冷化し、農業生産は停滞した。加えて、ペストの流行と三十年戦争で人口は減少する。しかし、この時代にヨーロッパが完全に停滞したわけではなく、オランダ（ネーデルランド）は近現代のイギリスやアメリカに先立って世界の覇権を握る一方、ヨーロッパ内でも穀倉地帯であるポーランドを後背地としたバルト海沿岸の諸都市と強い流通のパイプを築いていた（玉木 二〇〇九、第一章）。

バルト海地域はコメニウスの足跡において重要である。彼がイギリスに渡ったのはバルト海沿岸のグダンスクからだったが、この地には天文学者ヨハネス・ヘヴェリウス（一六一一―八七年）がおり、両者は交流をもった。グダンスクに程近いエルブロンクには、盟友ハートリブやデュアリが訪れ、コメニウス自身も七年間滞在している。二つの街からはプロイセンの中心都市ケーニヒスベルクも遠くない。

そして、コメニウスとオランダの関係には、一七世紀ヨーロッパ経済の大立者が関わっている。この時代には、三十年戦争などの戦乱によって軍事物資の需要は常に高かったが、オランダの繁栄の要因の一つが武器貿易だった。それは同じくプロテスタント陣営として鉄や銅を産するスウェーデンとの強固な連携によって可能になったが、このとき両国を股にかける活動を

ルイ・ド・イェール

展開したのが、オランダの商人でスウェーデンの爵位を得たルイ・ド・イェール（一五八七—一六五二年）である。彼はオランダの大商人トリップ家と連携してオランダの武器貿易を独占し、オランダやスウェーデンはもちろん、あとから三十年戦争に介入したフランスにも武器を提供した（同書、七一—七五頁）。コメニウスはイギリスを訪問した際にはすでにド・イェールの支援を受けており、内戦のためイギリスを去るにあたっては、ド・イェールの助言に従ってスウェーデンに向かった。ストックホルム南方のノルチェピングに上陸し、そこからやや内陸に入ったド・イェールの館を訪れたコメニウスは、武器製造の現場を目にしたことだろう。彼はその後もド・イェール家の後援を受け続け、アムステルダムのカイザー運河沿いには晩年滞在した邸宅が現存している。『教授学著作全集』の出版費用の大半を拠出したのもド・イェール家である。

『地上の迷宮』には、武器商人について「人間のどんな良心に従ったら、またどんな慰められた気持

ちでこんな取り引きを求めることができるのか」(DK 3, 294) という記述がある。そのコメニウスのパトロンが武器商人だったというのは皮肉な事実と言えるが、それは彼の現実主義者としての一面をうかがわせるものでもある。コメニウスの言う「平和」も、こうした文脈と切り離して理想化されてはならないだろう。

なお、右で見た『地上の迷宮』の草稿にある絵が都市をイメージしている以上、そこに描かれていないのは当然だが、さまざまな職業における虚栄が論じられる中で扱われなかったのが農業である。チェコ地域で続いた農奴制は社会不安の大きな要因であり、コメニウスが『天への手紙』を執筆した動機の一つでもあった。しかし、神聖ローマ皇帝側との衝突が不可避になる中でも貴族は農奴制の撤廃に応じず、それはやがてチェコ地域を内部から崩壊させる原因になっていく。

アムステルダムのカイザー運河沿いにあるコメニウスが晩年に滞在した家（著者撮影）

6　人間へのまなざし

孤児としての人間

コメニウスの生誕地については、モラヴァ南東部の三つの地が名乗りをあげている。この地域の中心地の一つであるウヘルスキー・ブロト、そこからやや離れた二つの村ニヴニツェとコムニャである。ウヘルスキー・ブロトにはコメニウスの生家とされる家のほか、彼の名を冠した博物館と研究所があり、ニヴニツェにはコメニウスが生まれた粉挽き小屋と言われる建物がある。そして、コムニャはコメニウスという名の由来と考えられている。ただし、彼がコメニウスと名乗った最初の記録は『地上の迷宮』の草稿を著した三一歳の時である。一六一一年にドイツに留学した際の署名は、ヨハネス・アモスまでは同じだが、そのあとが「ニヴニッゼンスィス」となっている。これは「ニヴニツェの」という意味で、ニヴニツェがコメニウスの生誕地とされる根拠はここにある。父が製粉業を営んで成功し、ウヘルスキー・ブロトの市民権を得たことは分かっているが、コメニウスの生まれは連綿たる家系が重圧になるほど特別なものではなかった。むしろ特別なのは、人生における喪失体験だろう。コメニウスは、少年期での親の喪失、祖国の政治体制の崩壊、妻子との死別、故郷から追い立てられる経験をくぐらなければならなかった。

コメニウスの父は彼が一〇歳の頃に、母も一二歳の時に他界した。四人の姉のあとの五番目の子だったが、姉たちについては記録がない。父母の死後は父方の叔母に養育を受けたが、その街は皇帝ルドルフ二世に対抗するトランシルヴァニアの軍勢によって焼き払われた。ドイツでの修学から戻って牧師になった二年後、コメニウスは結婚する。プラハ城の窓外放擲事件の前月である。三十年戦争が始まると、兄弟教団の牧師として活発に発言していたコメニウスは妻子と離れて逃亡生活を送った。皇帝軍の追及は厳しく、モラヴァ北部からボヘミア北東部を転々とするが、その渦中の一六二二年、妻と誕生していた二人の子供を伝染病で失ってしまう。

そうした中でも、コメニウスは居所を落ち着けることができなかった。晩年に「私の人生全体は巡礼行であり、祖国はなかった。常に宿を変え、いつでもどこでも定まった棲み家などなかった」（DK 18, 127）と記す人生の始まりである。『地上の迷宮』を著したのはボヘミア北東部のブランディーシュ・ナド・オルリツィーと伝えられるが、そこには彼が逃亡生活を送り、執筆に用いたとも言われる洞窟が現存している。彼はこの時期、絆を失った人間について具体的に考察し、関係が引き裂かれることで人々が陥る孤独とそこから生じるやり場のない感情について記述した一連の作品を著した。それが「慰めの書」である。

コメニウスが避難し、『地上の迷宮と心の楽園』を著したと伝えられる洞窟（ブランディーシュ・ナド・オルリツィー、著者撮影）

ここで見過ごすべきでないのは、コメニウスの思索の基底に死すべきものとしての人間への洞察があることだ。彼は自身の喪失体験を通して、人間は本質的に世界に投げ出された孤児であるということの会得なくして、魂の平安を得ることはできないと考えていた。

裕福であること、名誉や美徳や人間の好意を得ていること、慰めや安楽に恵まれること、長いあいだ健康で、愛する友とともに生活すること、要するに、この世の甘美さの享受は、神の満たされた愛に比べれば無であり、それらはすべて虚しく、取り除かれるものであり、刹那的で、不確かで、不十分な悦びであり、いや、それは悦びに似ているとはいっても、その影にすぎないのだ。(DK 3, 193)

流浪の人生

一六二七年、皇帝フェルディナント二世はチェコ地域におけるハプスブルクによる支配体制を確立する「改定領邦条例」を発布したが、そこにはカトリック以外の信仰の禁止が明記されていた。この条例を受け入れなかった兄弟教団をはじめとするプロテスタント教徒たちは出国を余儀なくされたが、もともと領主の信仰を強制されていた庶民は条例の適用外であり、亡命者は主として貴族や都市市民だった。知識階級である彼らがチェコ地域を去ったことで、特に母語の文化や教育に大きな空白が生じた。また、亡命に追随する庶民も少なからずおり、亡命者は最終的には一五万人に達したという。それゆえ、ビーラー・ホラの戦い以降は、チェコ史においてしばしば「暗黒時代」と称される。

近代以降のチェコ史において、コメニウスらはヤン・フスの精神を継承する殉教者とみなされてきた。ビーラー・ホラ以降の再カトリック化とドイツ語化ののち、ヨーロッパに民族主義が芽生えた一八世紀末に、チェコ地域では民族再生運動が生じる。その中で歴史記述の書き換えが企てられ、ビーラー・ホラ以降は否定されたり忘れ去られたりしていたコメニウスをはじめとする歴史的群像が再評価されて、大国や多数者の圧政に抗した殉教者として脚光を浴びることになる。

勝者を自任する者による歴史もあれば、こうむった抑圧を後世に伝えるために書かれる歴史もある。一方がもっぱら抑圧者で、他方がもっぱら被抑圧者だという見方はステレオタイプであることが少なくない。歴史は単なる知識ではなく、しばしば民族や宗派の関係を左右する。ビーラー・ホラ以降のチェコ地域でチェコ語文化が抑圧されたのは確かだが、一八世紀のプラハ市民がウィーン以上にヴォルフガング・アマデウス・モーツァルト（一七五六―九一年）のオペラに熱狂したように、再カトリック化が文化的安定を実現したことも事実である。こうした歴史記述をめぐる議論の中で、民族や宗派の利害を相対化する中立的な歴史記述が模索されるようになる。兄弟教団は歴史研究で言われる「ディアスポラ（国外離散）」の典型だが、近年では「追放」、「流罪」、「流刑」を意味する“exile”という語は避けられ、“emigration”（出国）や“displacement”（転置）といった語が用いられる。確かに、「亡命」という語によって亡命者の被抑圧者としてのイメージが誇張される恐れがないとは言えない。また、中立的な記述には歴史的な対立を緩和する機能も認められるが、自発的な意思で祖国を去ったわけではない者が抱えたであろう葛藤を無色透明な記述が隠蔽してしまう面もある。

一六二八年、コメニウスは兄弟教団の主席監督ヤン・ツィリル（一五六九―一六三二年）らとともに、一六世紀以来モラヴァからの移住を受け入れていた現在のポーランド南西部のレシノに移った。この地のギムナジウムの教師や兄弟教団監督の務めを果たしながら、彼は教授学、自然学、哲学などの著述を進めていく。そして、一六四一年にイギリスに渡って以降、スウェーデンから教科書の編纂を託されてスウェーデンの支配下にあったバルト海沿岸のエルブロンクに移り、そこからレシノに戻ると、トランシルヴァニアに招かれる。しかし、レシノに戻ってから程なくして、街はスウェーデンとポーランドの戦乱で灰燼に帰した。そうしてコメニウスはオランダに移り、余生を送ることになる。

親としてのまなざし

最初の妻と二人の子供を失った二年後、コメニウスは逃亡生活の中で再婚した。相手は兄弟教団の主席監督ツィリルの娘だった。ツィリルは、フリードリヒのボヘミア王即位の戴冠式を執り行った人物である。二番目の妻とのあいだには、女三人、男一人が生まれている。娘二人はコメニウスの生前に他界し、妻も三十年戦争が終わりを告げた一六四八年に死去した。次女は彼の秘書として活動するペトル・フィグルスと結婚し、この家系が現在まで存続している。コメニウスの孫にあたるダニエル・アルノシュト・ヤブロンスキー(一六六〇―一七四一年)はドイツの哲学者・数学者であるゴットフリート・ヴィルヘルム・ライプニッツ(一六四六―一七一六年)と親交を結び、プロイセン科学アカデミーの総裁になった人物である。二番目の妻が死去したのち、コメニウスは一六四九年に再び結婚したが、三番目の妻とのあいだに子供はいなかった。

コメニウスがレシノに移ったのちに取り組んだ著作の中には、最初の幼児教育指導書とも評される『母親学校の指針』(一六三三年)がある。家庭での母親による幼児教育を説くこの著作には、母と子を家庭に囲い込む近代的な家族思想の萌芽を読み取ることもできるかもしれない。しかし、「銀、金、その他の事物には生命がなく、それは他のものより混じり気の少ない土の燃えかすにすぎない。ところが、幼児は生ける神の生ける小像なのだ」(DK 11, 231)という記述に示される子供観は、プロテスタントの中でも特に禁欲主義的だったピューリタンのそれと比較すると、受容的なものだったと言える。コメニウスは祈りの妨げになるという理由で教会音楽には積極的でなく、音楽の快楽的な効用にも懐疑的だった（PK, 291-292）。その一方で、彼の作詞・作曲によると考えられる子守歌が伝えられている。


眠れ、愛しい蕾《つぼみ》、愛しい小鳩よ。

眠れ、一時間でも四時間でも。赤ちゃん。

天から遣わされた神の天使。

私が見守っているよ。

ぐっすり眠り、目覚めた時には健《すこ》やかであるように。赤ちゃん。（DK 11, 251）

そんなコメニウスの父としての一面をうかがわせるエピソードに、二番目の妻とのあいだの息子ダニエル（一六四六―九六年）との関係がある。一六六〇年代の書簡には、なぜ酒場に入り浸って勉強しないのかと叱ったものの、結構な生活費を出した、という記述が見られる（PK, 255-256）。それでもラテン語が進歩しないので、コメニウスはダニエルをある教師に預けたが、その教師には「詩はあまり学ばせないでほしい」とか「教材を見せてくれればそれを改善する」などと書き送っている（PK, 267）。当時の著名な教授学者から注文をつけられる教師はたまったものではなかっただろう。しかし、結局ダニエルの教育は満足のいくものにはならず、コメニウスは二年ほどで呼び戻した。そのダニエルはコメニウスの死後、父の道を継いで聖職者になっている。

コメニウスの流浪の人生が地上を迷宮として見させたとするなら、彼の人生を「出国」や「転置」

といった語で記述するだけでは十分ではないだろう。パレスチナ系アメリカ人の文学研究者エドワード・サイード（一九三五―二〇〇三年）は、精神的な亡命によって自らを周辺性に置くことで、「これまで伝統的なものや心地よいものの境界を乗り越えて旅をしたことのない人間にはみえないものが、かならずやみえてくる」（サイード 一九九八、一〇九頁）と言う。しかし、サイードの言う亡命状態は、やや個人主義的に理想化されているように見える。主人であったり師であったり親であったりする存在は、常にケアする対象を意識した判断を迫られる。コメニウスは安住の地を得られない宙吊り状態の中で、人間の存在の深淵に目を向けた。彼を取り巻くさまざまな人間的な絆は軛《くびき》でもあっただろうが、「人間的事柄の改善」という広大な課題に多くのインスピレーションも与えたに違いない。

第二章

パンソフィアにおける人間と世界

版画作家ヴァーツラフ・ホラー（1607-77年）によるコメニウスの肖像（1652年）。下の詩文は、フランシス・クォールズ（1592-1644年）によるもの。「見よ。ここに、神に仕えんとして、高慢なパシュルに鞭打たれし亡命者あり。しかるに、その学識と敬虔と真価は世界に普く知られ、世界を普くその手中に収めつつあり」

「竹のようにまっすぐに」。家庭や学校でよく聞かれる言葉だ。しかし、竹がまっすぐだからといって、見習わなければならない道理はない。

コメニウスは、世界のさまざまな事象の関連性を比喩（アナロジー）を通して理解しようとする新プラトン主義の系譜に属する。ルネサンスの豊かな文学や芸術も、そこから生まれている。アナロジーには時に論理の飛躍が見られる。しかし、新たな気づきや共感を呼び起こすこともある。「竹のように」という一言が加わるだけで、「まっすぐに」とだけ言われるより抵抗感が和らぐように、アナロジーはコミュニケーションに介在する暴力を緩和することもある。

コメニウスの独創性は、アナロジー的思考を教育をはじめとする人間生活の改善に応用したところにある。彼の哲学は、一見すると「何の関係があるのか」と思われるところに意味を見出そうとする「関係発見」の学だったと言える。

1　ルネサンスの黄昏と近代の薄明

ルネサンスからの光

近代的な思考では、しばしば理論と実践の乖離が問題になる。しかし、コメニウスにおいては、理論と実践の分断は解消され、さらに応用に向けて連続的に捉えられる。

> すべての事柄は、理論、実践、応用によって生じうる。そして、確かに、このようにして各人は自分自身とその感覚によって、すべてを観察できる。そして、すべてを語り、行うことを試み、すべてを応用することを享受し始める。(OD 4, 67)

ここでは、世界を光の運動とみなす見方が人間の思考や行為にまで「応用」されている。では、コメニウスのこうした見方はどこから得られたのだろうか。

コメニウスの「パンソフィア」は百科全書思想として位置づけられるが、ルネサンス中期から後期にかけて、先立つ試みがいくつも現れている。自然哲学者ジェロラモ・カルダーノ(一五〇一—七六年)の『精妙さについて』(一五五〇年)と『事物の多様性について』(一五五七年)は「大プリニウスらの旧来の百科全書に代わる新機軸の百科全書を編み上げる」(榎本 二〇〇七、四八八頁)試みだった。コメニウスと同じ時期には、ロバート・フラッドの『両宇宙誌』(一六一七年)やトマソ・カンパネッラ(一五六八—一六三九年)の『革新された諸学十巻』(第五巻で中断)(一六三六—三八年)が現れている。古代ローマのガイウス・プリニウス(大プリニウス)(二二/二三—七九年)による大著『博物誌』全三七巻に代わる知の体系の確立は、この時代の課題だった。

トマソ・カンパネッラ

ところで、多様な事柄をすべて把握しようとする欲望は、体系性や一貫性が欠けた単なる集成に陥りかねない。そこで普遍を把握する原理とされたのが、力動的な意味での「調和」だった。人間を「マクロコスモス（大宇宙）」に対する「ミクロコスモス（小宇宙）」として捉える古代ギリシア以来の世界観は、「万物が一者から発出する」というプロティノス（二〇五―二七〇年）に由来する新プラトン主義の復興によって、新たな意味をもって捉えられた。イタリア・ルネサンスにおいて、マルシリオ・フィチーノ（一四三三―九九年）は宇宙の中に神から物体に至る階層秩序を認め、それらの段階を分断ではなく連続として捉えた。以降、ルネサンス期の百科全書では、何らかの階層秩序による世界理解が一般的になる。そして、そうした段階的理解を可能にすると考えられたのが類比や比喩だった。それはルネサンス芸術の興隆をもたらしたが、錬金術、占星術、魔術を積極的に呼び込むものでもあった。

当時の調和に対する志向の背景には、社会的・思想的要請があった。ルネサンスにおける新プラトン主義復興のきっかけが一四三九年のフィレンツェ公会議だったという事実は象徴的だ。この会議のテーマの一つは東ローマ帝国の正教会とカトリック教会の再合同だったが、会議の論客の一人が当時を代表する博学者だった枢機卿ニコラウス・クザーヌス（一四〇一―六四年）である。神の本質をあらゆる対立の統一に見る彼の思想は、この時代の哲学的課題を示している。クザーヌスはカトリックから破門されたフス派の復帰をめぐって交渉し、教皇と皇帝の権力の調和についても論じた。

ルネサンス後期には、アリストテレス（前三八四―三二二年）の思想に対する批判が強まる一方で、その批判に対する教会の抑圧も激化した。プラトンとアリストテレスの立場はともすれば対立的に捉えられるが、当初プラトンの影響が強かったキリスト教神学では、一三世紀にトマス・アクィナス（一二二五／一二七―七四年）がアリストテレス哲学を神学の基礎として受容して以来、双方の哲学の調和的な受容が課題であり続けた。

ルネサンス期において、調和的に階層化された宇宙という世界像のもとで人間の位置づけが見直されたことの意味は小さくない。他方、歴史研究の進展とともに狭義のルネサンスが相対化される中で、一四世紀以前の思想の動向も無視できない。一七世紀の薔薇十字思想にまで及ぶグノーシスやカバラの影響は、イスラム支配下にあったスペインにおけるイスラム教、キリスト教、ユダヤ教の知識人の交流まで遡る。カタルーニャのライムンドゥス・ルルスによる文字列を生成する機械仕掛け（ルルスの円盤）の考案、幾何学図形を用いた思考、そしてイスラムへの宣教は、彼の置かれた環境と無縁ではなかった。ルルスの思想はルネサンスから近代初頭の哲学、数学、言語学、教授学などに影響を与え、コメニウスもヘルボルンで師アルシュテットを通じてルルスについて学んでいる。

混迷としての薄明

一六三〇年代前半、コメニウスが独自の哲学を構想しているという噂は学術界の関心を呼んだ。ロンドンで知識人の文通の仲介を始めたハートリブは、コメニウスにその構想について記すよう促す。求めに応じて送られた草稿を、ハートリブは本人の承諾を待たずに出版した。デカルトの『方法序説』が世に出たのと同じ一六三七年のことである。それは教授学著作やパンソフィア構想についての弁明とともに『パンソフィアの先駆け』と題されて、二年後の一六三九年に再版されている。

この著作には次のような一節がある。

プラトンの哲学はまったく優雅で神々しく見えた。しかし、アリストテレス学派はそれを虚しい思索と見た。アリストテレスの哲学は十分に美しく見えた。しかし、キリスト教哲学は、それが神の聖書には決して、また事物の真理にもすべての点では対応していないことを十分なまでに明かした。天文学者たちは彼らの言う天球の離心圏、すなわち小周転円を何百年も自慢していたが、コペルニクスによって追い払われた。コペルニクスは新しい天文学を光学の原理から自信満々で組み上げたが、自然学の不動の真理の原則を決して認めなかった。ギルバートは磁石の思索に魅せられ、哲学全体を磁石から演繹しようとした。しかし、それは自然学の原則をこの上なく明白に侵犯した。カンパネッラは古代の哲学者パルメニデスの自然についての原則を再び取り入れて勝ち誇ったが、ガリレオ・ガリレイのたった一本の光学管によって投げ倒された。(DK 15-2, 23)

フィチーノの『プラトン神学』(一四八二年)に見られる新プラトン主義の企て、ニコラウス・コペルニクス(一四七三—一五四三年)の『天体の回転について』(一五四三年)のインパクト、ウィリアム・ギルバート(一五四四—一六〇三年)の磁気論の評価は、おおむね妥当と言える。だが、カンパネッラによるパルメニデス(前五四〇/五一五頃—没年不詳)受容やガリレイとの対立については、現在明らかになっている事実とは異なる。カンパネッラは感覚知覚を重視し、ガリレイ擁護のために筆を執ったことが今では知られている。

右の一節でコメニウスは前世紀から引き継がれた哲学論争を白眼視している。しかし、混迷の中にも彼が光として捉えた対象があった。『パンソフィアの先駆け』では「霊に熱せられ、精神が洗われたヨハン・ヴァレンティン・アンドレーエや、哲学の輝ける復興者カンパネッラとヴェルラム卿〔ベーコン〕」(DK 15-2, 44)が挙げられている。また、それ以前に出版された『自然学綱要』には、フアン・ルイス・ビベス(一四九二―一五四〇年)からの引用が見られる。アンドレーエに対する関心が青年期まで遡ることは前章で見た。スペインに生まれ、ヘンリー八世の招きでイングランドに渡って、トマス・モアやデジデリウス・エラスムス(一四六六―一五三六年)といったルネサンスの文人と親交を結んだビベスの著作から影響を受けたことも、コメニウスは率直に記している(DK 12, 75)。しかし、コメニウスが哲学において特に重視したのは、アリストテレス主義に対する激しい批判やスペイン支配下のナポリ独立運動への関与のために三〇年近く獄中で過ごしたカンパネッラ、そしてイングランドの大法官にして哲学者フランシス・ベーコン(一五六一―一六二六年)だった。カンパネッラの『真正哲学』(一六二三年)については、「途方もない喜びをもって読み、尋常ならざる新しく偉大な希望の光を灯された」と書いており、ベーコンの『大革新』(未完。第二部が『ノヴム・オルガヌム』一六二〇年)に対しても、「賞賛すべき書であり、それ以外には今生じつつある哲学の新時代の最も明るい光線を何も見出さない」

ヨハン・ヴァレンティン・アンドレーエ

と最大限の賛辞を惜しまなかった(DK 12, 76)。

コメニウスが光を受けたと言う光源が何だったかは明白だ。しかし、一九世紀半ばから教育思想の歴史が書かれるようになると、特にベーコン信奉者としての側面が強調されるようになった。ベーコンはイギリス・ルネサンスの掉尾を飾るとされる一方で、デカルトに代表される大陸合理論とともに一七世紀哲学を二分するイギリス経験論の祖と称される。ビベスやカンパネッラと切り離されてベーコンとコメニウスのつながりが強調された結果、コメニウスは近代的な装いをまとわせられることになった。

2 パンハルモニア(汎調和)の世界

三つの普遍

「パンソフィア」という名称はコメニウスの創案ではない。彼はロストク大学学長ペトルス・ラウレンベルク(一五八五—一六三九年)が著した『パンソフィア』(一六三三年)に刺激を受けたが、その内容が「表題の豊かさに対応していない」と感じ、それに代わるものを自分で著そうと考えたのだった(DK 15-2, 59)。「パンソフィア」は、ギリシア語で「すべて」を意味する「パン」と「知識、知恵」を意味する「ソフィア」から成る造語で、日本語で言えば「普遍的知恵」となる。

もちろん、普遍的な知の体系を構築することは、ほとんど不可能な難事である。しかし、コメニウスは、言語教科書『開かれた言語の扉』の成功にもかかわらず、「知恵の学習がラテン語の文書だけで伝達されるため、学校に閉じ込められたままになる」（DK 15-2, 53）ことに問題を感じていた。広大な知識が扱われても、万人に接近可能でなければ、知は一部の者の専有物にとどまる。知の普及のためには確実な習得を可能にする工夫も欠かせない。彼はそれを「あらゆる者に、あらゆることを、あらゆる側面から」（ラテン語で「オムネス、オムニア、オムニノ」）という原則で示した（DK 15-2, 68）。「パン」には三重の意味での普遍性が込められている。

さて、これら三つの課題に応えるには、広大な内容を取り込む一方で、それらを整理して簡潔に示すことが必要になる。コメニウスは、評判をとった言語教科書と対応させて、彼が個物に先立つと見た哲学的概念を網羅的に扱う教科書として、『事柄の扉』あるいは『キリスト者のパンソフィア』という表題を掲げて執筆を進めた。しかし、「三〇年以上も前から二〇回以上もその作品全体を組み立ては打ち壊した」（DK 18, 159）と回想しているように、結局、生前には出版されなかった。それゆえ、どのテクストに依拠して彼の哲学を理解すべきかが問題になるが、特に重要なのは『自然学綱要』、パンソフィアの大著『総合的熟議』、そして『開かれた事柄の扉』だろう。

『自然学綱要』では世界の構成が網羅的に取り上げられており、そこで示された見解は基本的に晩年まで維持された。『総合的熟議』については説明が必要である。コメニウスがパンソフィアに本格的に取り組んだのはイギリスを離れたあとだが、一六五〇年代初頭には草稿の執筆は佳境に至っていた。ところが、レシノの焼き討ちで草稿の多くを失ってしまう。アムステルダムに移って以降、草稿の復元や構想の練り直しを続け、全七部から成るこの大著のうち最初の二部が出版されたものの、彼の死後、膨大な草稿は行方知れずになってしまった。その草稿が発見されたのは、一九三四年のことである。一七世紀末からドイツでは信仰の内面化を重視する敬虔主義の運動が盛んになり、その代表者がハレ大学教授を務めたアウグスト・ヘルマン・フランケ（一六六三―一七二七年）だったが、草稿が発見されたのは、そのフランケが設立した孤児院の文書館だった。第二次世界大戦末期に草稿はプラハにもたらされ、チェコスロヴァキア科学アカデミーから編纂・出版されたのは一九六六年のことになる。この大著のうち特に哲学的な内容が扱われているのは、第二部「パンアウギア」と第三部「パンソフィア」であり、第三部では段階的な世界観とそれら相互の連関が論じられている。

そして『開かれた事柄の扉』は、コメニウス死後の一六八一年に出版された。このテクストは『総合的熟議』の第三部「パンソフィア」の未完部分を補うもので、彼の哲学的思索の到達点を伝えていると言ってよい。表題にある「事柄」のラテン語は英語の“real”の語源でもある“res”（レス）だが、これをどう訳すかは難しい。コメニウスが言う“res”は感覚的な事物に限られないさまざまな出来事を包括しており、「事物」と訳すと即物的なニュアンスが強くなってしまう。そこで本書では文脈に応じて「事柄」あるいは「事物」と訳すことにしよう。

「パンソフィア」は「あらゆる者が一冊の本の中に、必要不可欠で完全なあらゆることが見出せる」書物だと言われているが（CC 1, 252）、第三部「パンソフィア」は『総合的熟議』の四割以上の分量を占める上、コメニウスの著作の中で最も抽象的である。

科学革命の中で

一七世紀は「科学革命の世紀」と言われてきた。確かに、この世紀には、現代の自然観に連なる視点を提示する群像が現れている。しかし、ニュートンの著作のかなりの部分が錬金術で占められているように、彼らには現代からすれば非合理的としか言いようのない面が多々認められる。また、当時の知識人の多くには、神の創造になるはずの世界を研究することで神の意図が解読され、それによって聖書の解釈論争に決着がついて宗派対立に終止符が打たれる、という期待があった。

それまで牡牛座で見られた恒星は四四だったが、望遠鏡の発明によって二〇〇以上も数えられるようになったと記しているように（DK 19-1, 228）、コメニウスは当時の科学的発見に強い関心を持ち続けた。彼自身、一六三〇年代から四〇年代初頭にかけて「永久運動体」を構想し、設計や試作にも取り組んだと伝えられる。教条的なアリストテレス主義を批判する点で、コメニウスは科学革命の群像と同一歩調をとった。他方、自然の研究を通した神の書の解読という志向性は稀薄であり、『自然学綱要』には「哲学は聖なる書というランプに導かれ、われわれのすべての主張は可能なかぎり多くの証拠をともなった感覚と理性の証言にもたらされる」（DK 12, 82）と記されているように、感覚と理性による認識も聖書の導きなくしては不完全である、と考えていた。つまり、コメニウスの世界観は、アリストテレス主義批判に基づきながらも、旧約聖書『創世記』に見られる世界創造の神話の枠内にある。ここに哲学を神学の下位に置くスコラ的傾向を認め、その前近代性を指摘するのはたやすい。しかし、神学的世界観から大きく脱したと言われるデカルトにも、血液循環説を受容しなかったり、渦動宇宙論を主張したり、現代の科学的常識に合致しない点が認められる。重要なのは、既成の文化的秩序が揺らいだこの時代に、さまざまな世界解釈が試みられたということだろう。彼らの知的営みは、世界観のほころびを露呈させもしたが、近代的な専門人による言説の矮小さを感じさせるようなスケールを見せてもいる。

世界の創造と構成

ここで『自然学綱要』の内容を概括しておこう。コメニウスは『創世記』に基づいて「神が最初に物質を準備し、次に生霊を調合し、それに光をもたらした」(DK 12, 98) としている。光は創造の序列としては物質と霊のあとに来るが、物質それ自体は不可視であり、霊（または魂）も不可視で実体のうちにとどまるのに対して、光（熱）は能動的で、物質を活性化させる原理である。物質と霊と光から成る事物には、運動、質、変容という偶有性が認められる（以下、「霊（spiritus）」は文脈によって「精気」と訳し分ける）。

コメニウスは、空、気、水、地の四元素説をとったが、「光は世界に送られ、その運動と熱によって世界の物質のカオスは目覚めさせられた」として、「元素の構成は光によって作られる」と記している（DK 12, 117)。世界の最上層には空、その下に気、さらに下に水と地がある。地は世界の真ん中に吊るされ、周囲を気に覆われた球体である。元素は単独で、あるいは混合して、熱によって蒸気になり、凝結すると個体になる。凝結にはエーテル性、気性、水性、地性などの区分がある。天体はエーテル的な凝結であり、恒星は第八天に位置する。その下には、五大惑星、太陽、月がめぐる七つの階層がある。アリストテレスは彗星を大気現象と考えたが、コメニウスは彗星が月より遠いという観測結果から天文現象だと考えた。しかし、流星は雷と同じ大気現象とみなされている。ちなみに彼は天動説をとっていたと考えられる。

植物は植物精気（生霊）が吹き込まれた個体であり、「地を飾り、栄養や薬をもたらすために発生し、他の生物の役にも立つ」（DK 12, 140）。生物は動物精気が吹き込まれた被造物で、栄養、生命、感覚、移動、発音、防御、生殖の能力をもっている。動物精気は身体の運動や感情を司る。そして、人間は不死の魂を授けられた生物であり、身体、霊、魂という三つの事物から成る（DK 12, 160）。注意力、想像力、記憶、愛情といった内的活動が人間において活発なのは、与えられた霊が豊富で純粋であるためだ。魂は動物精気が完成されたものと理解され（DK 12, 163）、その機能によって精神と区別される。精神は分別、意志、良心などの座とみなされ、魂は神とのつながりにおいて捉えられる。身体は元素から、霊は天から、そして魂（精神）は神から与えられる。

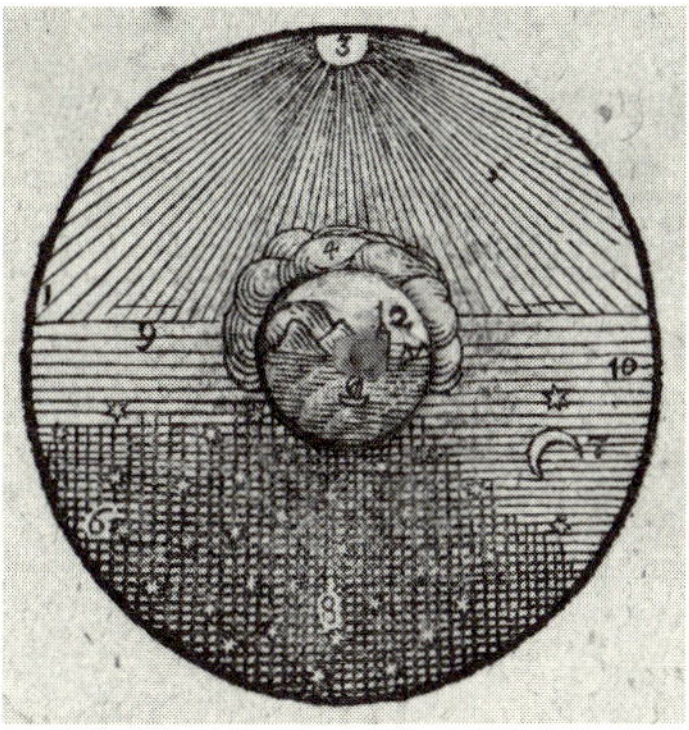

『世界図絵』（ニュルンベルク、1660年版）の挿絵より「天空」。この挿絵は手で回転させられるようになっている（井ノ口 2016, 152頁）。

さらに天使の世界が論じられる。四元素に対応して、霊は自然的霊、生霊、動物精気、心的霊に区分されるが、物質をともなわない霊的存在が天使だという。天使は可視的な事物の前に創造され、天の天を棲み家とする不死の存在として、神の栄光を顕示し、世界の統治を補佐する。テクストによって微妙に異なるが、世界は全体として、①大地の下の奈落、②大地、③大地のまわりの水、④それを取り囲む気、⑤月、⑥太陽と五惑星、⑦恒星天、⑧さらに上の広がり、⑨天上の水、⑩天の天の一〇層で捉えられた（DK 18, 216）。

何らかの本質（神）による制作によって存在する世界という見方は、当時にあっては、ごく一般的だった。しかし、二〇世紀を代表する哲学者マルティン・ハイデガー（一八八九―一九七六年）によれば、この見方は客体を技術的な処理の対象として物象化するリスクを孕んでもいる。

世界と人間の照応

コメニウスは、マクロコスモス（大宇宙）と同様、人間も物体、霊、光から成ると考え、肉は地、骨は石、血や体液は水と気、生霊は空といったように、世界の要素と身体の要素に対応関係を認めて、「人間はミクロコスモス（小宇宙）という語で表現されることが明らかになる」としている（DK 12, 164）。ルネサンスの世界観をめぐる論議がコメニウスのもとに届いていたことは明らかだが、同時にそれは占星術的な要素を呼び込みもした。彼は、心臓は太陽、脳は月、脾臓は土星、肝臓は木星、胆嚢は火星、腎臓は金星、肺は水星に対応するとして、「ある草が肺や肝臓を治癒したりするのは、われわれにはよく知られていないミクロコスモスとマクロコスモスのあるアナロジーを示していよう」（DK 12, 164）と記している。

こうした世界と人間の照応が八段階の世界として示されたのが、『総合的熟議』の第三部「パンソフィア」である。第一は思考の場としての「可能界」、第二は人間がそこに永遠の精神を見出す「原型界」、そして第三の「天使界」までが非物質的な世界である。第四の「自然界・物質界」では、『自然学綱要』で示された自然観・人間観が示される。特徴的なのはこのあとで、人間が自然に則って創造する第五の「技術界」、人間同士の社会的交流がなされる第六の「道徳界」が来る。ここでは、さまざまな生産技術や倫理学や家政学などの学問分野が扱われる。そのあと神と人間の交流としての第七の「霊界」を経て、死者の世界である第八の「永遠界」で完結する。

階層的な世界観といえば、フィチーノの『プラトン神学』がよく引き合いに出される。フィチーノでは神、天使、魂、質、物体という位階構造（ヒエラルヒア）が示され、魂はその序列の中心にあって世界の被造物を結合する地位が与えられる。それに対してコメニウスの世界観では、自己の認識から始まり、世界の認識と世界への働きかけを経て、完成と永遠に至る、というように時系列的に配置されている。

ここには中世の普遍論争が反映していると考えられる。普遍（類概念）をめぐっては、周知のように、個別に先立つ普遍を認める「実念論」と、類概念は個物を規定する名前にすぎないとする「唯名論」があった。アルベルトゥス・マグヌス（一一九三頃―一二八〇年）やトマス・アクィナスは、神の知性における「事物に先立つ普遍（ante rem）」、世界の「事物の内なる普遍（in re）」、事物のあとで「人間の知性に見出される普遍（post rem）」という三相から成る調停的な見解を打ち出した。コメニウスの段階的な世界観には、これら三相が動的に適用されているのではないだろうか。可能界、原型界、天使界は事物に先立つ普遍であり、自然界は事物における普遍だろう。技術界、道徳界は、自然の原理から導かれた技術の世界で、事物のあとの普遍とみなされる。霊界と永遠界は事物に先立つ普遍への回帰を指していると思われる。一見すると特異に見えるコメニウスの世界観だが、思想史の文脈に置き直すことで、その意味が見えてくる。

3 可能性としての世界と人間

可能性としての世界

コメニウスは中世以来の哲学論争をどう引き受けたのだろうか。個々の事柄の存在を否定しえない事実として認めるかぎり、彼は実在論者とみなされる。他方で彼は精神の可能性を重視している。「事柄のうちに存在するものではなく、むしろ存在可能なものや存在しなければならないものが描かれるべきである」(DK 18, 158)という言葉の背後には、コメニウスの目に「迷宮」として映った現実世界を受容できなかったことがあるだろう。しかし、世界を捉え直して世界に働きかけていく可能性を人間のうちに見るルネサンス的な視点が、彼のうちではより大きな意味をもっていたのではないだろうか。

存在するように生み出された地上に天使や人間といった考察者が付け加えられなかったとしても、それは存在していたはずだ。いや、天使や人間が導き入れられてから、ようやく精神的存在の起源が出てきたのである。(DK 18, 186-187)

この一節で、コメニウスは実在論と観念論を融合させようとしているように見える。しかし、彼は超越的な部分と属性的な部分が当時の形而上学では混同されていると批判し、学問や技術に広く適用可能なレベルにまで抽象化された「イデアの学」が要請されると考えていた。コメニウスが普遍的な知として扱おうとしたのは、さまざまな事柄のイデアなのである。

ここでなされるべきだと考えたのは、世界、すなわち、すでに確立したような事柄の普遍的世界を分析することではなく、この世界が存在する以前に永遠から存在したような、言い換えると、可能性をもったイデアの中に存在していたような世界を分析することだった。(DK 18, 158)

可能性がすべて現実になるわけではなく、現実のうちにも無限の多様性があることを考えれば、コメニウスの主張は非現実的に見える。しかし、彼は「先立って思いをめぐらすことが人間精神に許されていたことは、人間が新しい事柄を発見していることから証明される」(DK 18, 158) と記している。コメニウスは人間によって世界に新たな発見がなされる可能性を見た。世界は人間によって可能性ある世界になるのだ、と。

ところで、可能性と現実を先鋭に区分すれば、可能性の純粋さは高まるが、それだけでは可能性は可能性のままで終わってしまう。それゆえ、可能性が現実化する可能性が考察されなければならない。それが『開かれた事柄の扉』で示された、人間精神が理解できる事柄の限界としての「全体、一部、無」、思考できる対象としての「存在 (Ens)、半存在 (Semiens)、非存在 (Nonens)」という二つの区分である。例えば、思考についていては「あなたのもとには、同時に存在してもいるし、存在してもいないものがある。それはどういうものか。あなたがしている考察がそれである」(DK 18, 178) という記述がある。「全体」と「無」のあいだにあって両者をつなぐとされるのが「一部」としての思考である。また、「存在、半存在、非存在」という区分のうち「半存在」の例としては、思考のうちの推測、疑惑、躊躇が挙げられている (DK 18, 217)。確かに、これらは何らかの思考の過程の中間段階にあると思われる。つまり、これらの区分は、コメニウスが、可能性が現実化へと向かう動きの中で世界を捉えたことを示しているのである。

存在の三相とその展開

『総合的熟議』の第三部「パンソフィア」の「可能界」には、デカルトのコギト命題「私は考える、ゆえに私はある」を意識したと思わせる一節がある。

> われわれは見たことを遂行するために、連続的な順序で吟味する。すると、本質において、精神的なもの、言語的なもの、実在的なものとの違いが見えてくる。これまでわれわれが見たのは、すべて精神的なものだ。そして、そのすべてに対して言葉を作ったがゆえに、それは同時に言語的なものでもある。さて、われわれは今、実在的なものを探す。すると、「私たちがこれらの事柄について思考し、話している」という最も実在的なものをすでに得ているのだ。われわれがいなければ、われわれは思考することも、多少とも話すこともできないだろう。(CC 1, 216)

『開かれた事柄の扉』で思考の存在が論じられた際に「あなたの諸感覚をすでに生み出された事柄から引き離せ」(DK 18, 178)と求めるくだりなどは、デカルトの思索と近いように思われる。しかし、「生み出されようとしている事柄がどのようにして存在することになったのかを思い浮かべながら考察せよ」(DK 18, 178)と求めるところで、話は変わってくる。ここでコメニウスは、可能性が現実化するプロセスと条件を考察している。そうして導き出されたのが「概念、言葉、事物という三つの存在様式」(DK 18, 178)だった。彼は「第一に表象ないしは思考が、第二に言語ないしは言葉が、最後に事柄が出てくる」(DK 18, 178)とし、存在を段階的な三つの相で捉えた。これらは、個人の内的経験、発話や聞き手という他者の存在を前提にしたプラグマティクスのレベル、そして物体的な実在のレベルと言い換えられるだろう。

こうした見方が実在論的には反転して捉えられることを、コメニウスは次のように示している。

> 事柄とはそれ自体で何かあるものであり、表象とは精神の中におけるさまざまな事柄の写像であり、言語とは精神の中にある表象を他者の精神に運ぶ荷車である。〔…〕ゆえに、言語は概念の中に、概念は事柄の中に、事柄はそれ自体に根拠をもつ。〔…〕事柄は、考えられていようと考えられていなかろうと、あるいは真に考えられていようと誤って考えられていようと、存在する。(DK 18, 186)

存在の三様式	精神的	言語的	実在的
精神の三相	観念	衝動	能力
	思考	言葉	作業
	知る	欲する	できる
	理性（ratio）	発話（oratio）	行動（operatio）
人生の塩（SAL）	認識する（sapere）	話す（loqui）	行う（agere）
	知性	意志	感情、良心、行動能力

こうした実在論的な見方が可能であることを認めた上で、コメニウスが第三部「パンソフィア」で扱おうとしたのは、「事柄そのもののほかは何一つ見せまい」（DK 18, 161）と言われる「事柄そのもの」、つまり事柄のイデアだった。彼は、イデアを創造者としての神の知性に存在する客体と見ていたのだろう。

ところで、イデア論が前提にされると、その人間理解には一種の生得観念説が導入されることになる。人間に生得的な観念の存在はデカルトやライプニッツによっても主張されていたが、コメニウスが特に影響を受けたのはイギリスのエドワード・ハーバート（一五八三―一六四八年）だと考えられる。とはいえ、コメニウスが人間に生得的と見たのは観念だけではなく、『総合的熟議』の第二部「パンアウギア」には、生得の観念と並んで「生得の衝動」、「生得の能力」が挙げられている（DK 19-1, 206）。ここで言う能力とは、何かを成し遂げようとする力のことである。これら三項は三相の存在様式に対応しており、文脈によって微妙なずれはあるものの、表に示すようにコメニウスはさまざまなヴァリエーションでそれらの関係を表現している。

「理性、発話、行動」は、ラテン語で「ラティオ、オラティオ、オペラティオ」と語呂合わせがなされている。また、「認識する、話す、行う」のラテン語の頭文字だけをとると、「塩」を意味する"SAL"になる。

コメニウスは、人間の可能性のうち、知性を「真理の絶えざる探求者」、意志を「善の狩人」、行動能力を「絶えざる実行者」と位置づけ、これらを主要な人間的事柄としての哲学、宗教、政治に対応させる。パンソフィアが宗教や政治をも包摂した普遍的な改革論になりえたのは、彼が人間と世界の可能性を根本的に問うたためだろう。

4　光の形而上学とその方法

二つのテクスト

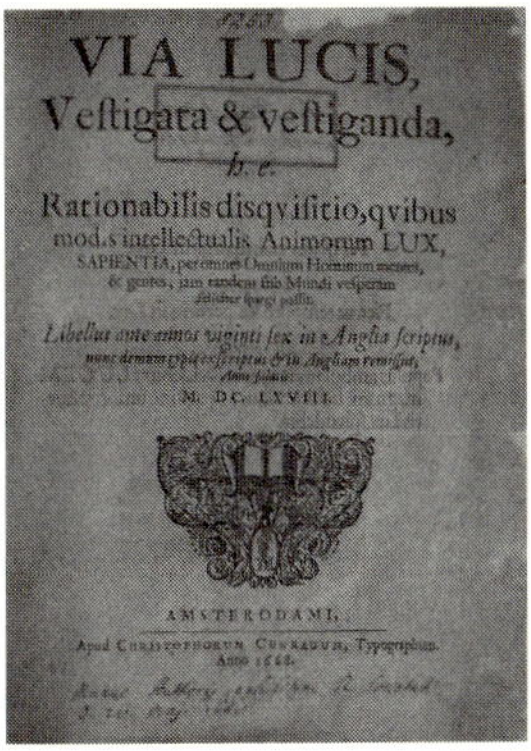
VIA LUCIS,
Vestigata & vestiganda,
h.e.
Rationabilis disqvisitio, qvibus
modis intellectualis Animorum LUX,
SAPIENTIA, per omnes Omnium Hominum mentes,
& gentes, jam tandem sub Mundi vesperam
Libellus ante annos viginti sex in Anglia scriptus,
M. DC. LXVIII.
AMSTERODAMI,
Apud CHRISTOPHORUM CUNRADUM, Typographum.
Anno 1668.

『光の道』表紙（コメニウス博物館、プシェロフ）

序章で引いたコメニウスの光をめぐる哲学的な考察について整理しておこう。このテーマが主題的に論じられているのは『光の道』と『総合的熟議』の第二部「パンアウギア」である。

『光の道』の献辞に「この小冊子は二六年前にイギリスで書かれ、今、初めて印刷されて、イギリスに送り返された」（DK 14, 281）とあるように、この作品はコメニウス最晩年の一六六八年になってロンドン王立協会への献辞を付して出版された。この献辞は、彼のパンソフィア研究の経緯が示されているだけでなく、王立協会への微妙な思いが読み取られる点で興味深い。『光の道』が王立協会に献呈されたという事実は、コメニウスの期待を示している。前章で触れたように、一七世紀前半には、薔薇十字文書も一役買ってか、知識人共同体の設立がヨーロッパ学術界の関心事となった。コメニウスの盟友ハートリブのサークルは知識人共同体の試みであり、コメニウス自身がイギリス滞在時にそうした共同体の構想を論じたのが『光の道』だった。その意味で、イギリス王政復古後の王立協会の設立は彼の構想が実現されたものだったと言える。

しかし、コメニウスの献辞は警告的あるいは挑発的ともとれる内容をもつ。彼は「虚しく脆弱で、表面的で偽りの、そして無用で些細な哲学によって人類が失望させられないようにしてください」、「政治家と神学者に見本を示して正しく先導してください」(DK 14, 291) と記している。王立協会の正式名称には「自然的知識の増進のための」という文言が付されており、神学や政治は研究の対象から除外されていた。つまり、コメニウスは王立協会のあり方を根本的に批判したのである。最初の学術雑誌とも言われる『フィロソフィカル・トランザクションズ』を発刊した王立協会初代事務総長のヘンリー・オルデンバーグ(一六一八頃―七七年)は、コメニウスの盟友である神学者ジョン・デュアリの娘と結婚しており、ハートリブとも交流があった。オルデンバーグはコメニウスに宛てて『光の道』を受け取った謝辞を述べているが、この警告には言及していない (KK 1, 352)。『光の道』は普遍的な改革を広く扱うとともに、世界を神の知恵の学校とみなす視点やユニークな歴史観が示されている点で、重要な著作である。そこで示された構想は『総合的熟議』の各部で詳述され、光の哲学的考察は特に第二部「パンアウギア」で展開されている。その考察は、ルネサンス後期のプラトン主義者フランチェスコ・パトリッツィ（一五二九―九七年）から得られたものである。アリストテレスを「対立性によって事物の分離や派生について語っている」（伊藤 二〇〇七、五一一頁）として批判したパトリッツィは、「万物が一者から発出する」というプロティノスの主張を展開した。パトリッツィの主著『宇宙についての新しい哲学』（一五九一年）には、フィチーノの影響のもと、「原初の光」としての神からの輝きが「光り輝く物体、透明な物体、そして不透明な物体へと伝わっていく」（同書、五一四頁）という世界観が示されている。コメニウスの『総合的熟議』の第二部「パンアウギア」は、パトリッツィの著作の第一部と同じ表題をもつ。

神の三書

コメニウスは死の二年前にこう記している。

> 知恵の三つの漏斗とは、(1)生来の知覚に満ち、理性に照らされるべき健全な精神、(2)被造物に満ち、感覚によって征服されるべき世界、(3)啓示された秘密に満ち、信仰によって探求されるべき聖書である。〔…〕この三冊の書のみが知恵を汲み出すための必須の一事なのだ。（DK 18, 102）

この一節からも明らかなように、コメニウスは生涯にわたって「神の三書」という見解を維持した。これは「神の三劇場」、「三つの鏡」、「神の三法」、「われわれの三つの全集」、「三つの知恵の

神の三書（対象レベル）	世界	精神	聖書、啓示
三つの光	外的な光	内的な光	永遠の光
人間の三つの目（属性）	感覚	理性	信仰
学習の対象	自然学	形而上学	超自然学

泉」、「天の下の三つの学校」など、さまざまに表現されている。「世界」、「精神」、「聖書」は、光という観点からは「外的な光」、「内的な光」、「永遠の光」に対応するが、「神の三書」で重要なのは、世界と人間の平行性が想定されていることである。コメニウスは、神に由来する三つの光を見るための賜物として、人間には感覚、理性、信仰がそなわっている、とする（DK 19-1, 221 など）。この関係は文脈によってさまざまなヴァリエーションで展開されるが、おおよそ上の表のように整理されるだろう。

このような対応関係のもとで、コメニウスは内的な光のうちに、さらに知性、意志、心情（良心）の三相を認める。この三相は、先に見たように、彼が人間の生得的な可能性と考える観念、衝動、能力に対応している。コメニウスは、人間が太陽を見る時に、その形状、運動、軌道、作用を識別する例を挙げ、「人間は、ヤマネコやワシの目をもってしても獣には見ることができないことを、無限の事柄において見る」（DK 19-1, 206）として、内的な光のうちでも知性の可能性を強調する。

内部から光るある種の光が、外部感覚で事物を感じると同時に、事物に必然的にともなってはいるが感じられていないことを示す光が、内在しているのではないだろうか。獣はこれがそなわっていないので、事物の表面を越え

て入り込むことができない。(DK 19-1, 206)

世界からの外的な光を受けるたびに、人間は内的光を世界に贈る。その世界は「永遠の光の影ないしは何らかの像」として現れる（DK 19-1, 203）。物質、霊、光という世界の三原理のうち、コメニウスは光の能動性に注目した。彼にとって、世界とは光の現れなのだった。

内的知性を重視するかぎり、コメニウスは感覚経験の徹底的な懐疑を遂行したデカルトとそう遠くないように見える。しかし、すでに一六三〇年代前半、彼は感覚知覚が誤謬をもたらすことを認める一方で、人間認識における感覚、理性、信仰の相互補完的な関係を論じていた。

哲学の唯一の真実で真正で明白な論拠は、あらゆることが感覚、理性、聖書から汲み出されるということである。〔…〕あらゆるものが感覚と理性と聖書に向けて存在し、作られているという調和的な還元によって、哲学は改革され、完成されうる。(DK 12, 76)

一六三〇年代後半になると、コメニウスの盟友ハートリブらが学術界で名声を得つつあったデカルトからパンソフィアについての所見を得ようと試みている。ハートリブが一六三七年に出版したコメニウスの構想は早い段階でデカルトに伝えられ、批判的ではあるものの、ていねいな所見が返ってきた。その後、オランダのハーグの公文書館では、二一世紀になってデカルトの友人の医師ヴァン・ホーヘランデ（一五九〇―一六六二年）関係の文書から、パンソフィアに対するデカルトの所見が新たに発見された。そこには厳しい批判が見出される。

> 彼〔コメニウス〕は人間的な学問を聖書に混ぜ込み、それを元に子供ですら分かるパンソフィアを作り出そうとしているように思われるが、私には著者は何もなしえないのではないかと懸念される。〔…〕この著者にすべての人間的な学問を一冊の書物で説明できるほどの学識があるのかどうかは分からない。〔…〕新しい学問を請け合う学者なら、他の人々にはこれまで認知されてこなかった多くのことを発見したと論証するのでなければ、信じるべきではない。（デカルト二〇一五、三一八—三二〇頁）

こうした拒否反応にもかかわらず、イギリスを離れてスウェーデンに向かう途上にあった一六四二年七月、コメニウスはライデン大学の教授たちの案内で郊外の館にデカルトを訪ね、四時間にわたる対談が実現した。コメニウスの晩年の回想が両者の哲学的隔たりを伝えている。

> 彼〔デカルト〕が彼の哲学の秘密をわれわれに詳述すると、私は単なる感覚と合理的推論によって得られる人間認識はすべて不完全で分裂していて欠陥がある、と述べた。われわれは友好的に別れた。われわれは彼の哲学の原理の出版を請い（それは翌年《〔ママ〕》出版された）、彼も同様に私の研究を完成するよう励ましてくれたが、その際、次の言葉を付け加えた。「私は哲学を越えてはいかない。だから、私に残るのはあなたが扱われる全体の部分にすぎません」。（AC 3, 18）

類比の方法

コメニウスは言語教科書の創案で成功を収めたが、「素材が先、形式はあと」という原則を立て、教育にあたっては言語よりも事柄を優先すべきだとした。その例証として、鳥の話が挙げられている。「自分と似た被造物を生み出そうとする鳥は、まず自分の血のしずくから胎内に精子を宿らせ、次に巣を作って産卵し、そしてこれを孵化させ、育て、巣立たせる」（DK 15-1, 101）。しかし、こうした考察は、当時にあっても少なからぬ異論を招いた。ドイツのブランデンブルク選帝侯の顧問官で、コメニウスをロンドンに出迎えた一人であるヨアヒム・ヒューブナー（一六一一—六六年）は「鳥や果実の社会から学校の規則を指示すること以上に、異様で奇怪でほとんど聞いたこともない類いのどんな推論があるだろうか」（KK 1, 78）と厳しく批判している。

コメニウスが自身の学問的方法論を論じたのが『総合的熟議』の第二部「パンアウギア」である。彼は「事物を正確かつ誤る危険なく見る三つの方法」として「分析」、「総合」、「類比」を挙げ、分析を「全体の中に隠れている部分に光があてられる」方法、総合を「すでに知られている部分から全体が認識される」方法として、それぞれの意義を認める一方、「全体と部分の両方の用途をよりよく明らかにする」類比の有効性を強調する（DK 19-1, 225-226）。

今日の哲学者は分析と総合の二つの方法だけを使用している。しかし、実際、第三の類比の方法（シュンクリティケーと呼ばれよう）が最も有効だ。確かに、像よりも事物そのものを直観するほうが確実であるという点では不完全に見えるかもしれない。それにもかかわらず、望遠鏡や顕微鏡が発明されたあとでも鏡を捨てはしなかったように、アリストテレスによる分析と総合の学問的方法の発見によって、魅惑的で愛すべき古代の類比の方法を捨ててはならない。(DK 19-1, 227)

フランスの哲学者ミシェル・フーコー(一九二六—八四年)は、ルネサンス時代の認識をかたどる「エピステーメー」(認識論的な場)として「類比」を挙げている。周知のように、彼は『言葉と物』(一九六六年)で、ルネサンス以降、エピステーメーが二度にわたって根本的に転換したと説き、類比的な認識から秩序に基づく認識への転換がおおよそ一七世紀になされたと主張した。

一六世紀末までの西欧文化においては、類似というものが知を構築する役割を演じてきた。〔…〕類比は、同一の点から出発して無数の近縁関係を張りめぐらすことができる。〔…〕この知は過剰であると同時に絶対的に貧困なのである。〔…〕類似関係のはたらきがくりひろげられるのは、基本的構成要素をなすこの類比の、実際上の限界内だということを示している。〔…〕相似は完全に閉ざされた領域をもつことになろう。〔…〕相似はもはや知の形式ではなく、むしろ錯誤の機会であり、混同の生じる不分明な地域の検討を怠るとき人が身をさらす危険なのだ。(フーコー 一九七四、四二、四六、五五、五六、七六頁)

この分析は、コメニウスと「科学革命」の距離を説明するもののように思われる。フーコーに従えば、一七世紀後半にパンソフィアの完成に取り組んでいたコメニウスは、エピステーメーが入れ替わろうとする時に類比の方法に固執していたことになる。

ヒューブナーはコメニウスのアナロジー的考察を荒唐無稽として批判したが、ではコメニウスは何のために類比を用いたのだろうか。論証のために用いたのだろうか。ここで、パンソフィアが「可能性をもったイデアの中に存在していたような世界」を対象としていたことが意味をもってくる。コメニウスは世界のうちに意義や意味を見出す存在としての人間の可能性を重視した。ここから考えれば、彼が類比に期待したのは、物事の論証というよりは理念の発見だったと言えるだろう。

実際、コメニウスが異なる次元を越境して思索できたのは、類比的思考法をとったことが大きい。ドイツの哲学者フリードリヒ・ニーチェ（一八四四―一九〇〇年）が「われわれは、樹木とか、色彩とか、雪とか、花とかについて語る場合に、そうした事物そのものについてなにごとかを知っていると信じているが、しかしわれわれが所有しているのは、根源的本質とは徹頭徹尾一致しないところの、事物の隠喩《メタファー》以外のなにものでもないのだ」（ニーチェ　一九八〇、四七四頁）と記したように、類比を排除して私たちの知的営みは成り立たない。

類比はしばしばカテゴリー錯誤をもたらすとされるが、一見すると突飛とも思える類比が科学的発見をもたらした事実は多い。コメニウスにおける類比的思考が勇気ある応用を可能にする思考の跳躍台になっていることを見逃してはならないだろう。類比は発見の方法とみなされていたのである。

5　技術の現れとしての歴史

コメニウスに見られる「技術は自然を模倣する」という見解は、古代ギリシア以来の哲学的議論を受けたものだ。

われわれに染みついた自然的な欠陥の治癒は、自然のうち以外に求めることができない。というのは、技術は自然を模倣するのでなければ何もなしえないということは、言うまでもなく最高に真理だからである。(DK 15-1, 93)

自然と技術

世界で絶え間なくなされている産出の起源は、一般に「自然(ピュシス)」か「技術(テクネー)」によるとされる。例えば、アリストテレスは「自然が成し遂げえないところの物事を完成させる」(アリストテレス 一九六八、七五頁)のが技術だとした。この見方では、技術は自然の下位に置かれているように見える。また、プラトンは「技術は、自然が最初に仕上げた大きな仕事を自然から受けとって、これに加工したり、その形を整えたりする」としつつ、「自然によって存在するものと自然とは後になって生じた(二次的な)ものであり、技術と知性に起源をもつ」と記している(プラトン 一九七六、六〇二頁)。プラトンにおいては「いっさいは技術と知性である」という視点から、自然と技術の対立が克服されている。

コメニウスの自然観や技術観がもつ意味は思想史的文脈によって変わってくる。彼が哲学的思索の光として受けとめたベーコンが晩年に著したユートピア論『ニュー・アトランティス』（一六二七年）に見られる「人間帝国の領域を拡大して、可能なあらゆることを成し遂げる」（ベーコン 一九六六、四三六頁）という記述と関連づけるなら、コメニウスは技術による自然の改造を志向した近代的な姿をまとう。しかし、ベーコンは「自然の下僕であり解明者である人間は、自然の秩序について、実地か精神によって観察したことだけを行い理解するのであって、それ以上のことは知ることも行うこともできない」（ベーコン 一九七八、六九頁）とも述べている。理性に許される営みを慎重に限定したのはデカルトも同じである。

「技術は自然を模倣する」というコメニウスの見解には、確かに近代的に見える面がある。しかし、古来の哲学論議の総合が企てられたルネサンスの残照の中で見るなら、どうだろうか。「パンソフィア」の八段階の世界が実念論と唯名論の総合という意図を反映していると見られることは、すでに触れた。この見方をとると、技術（技術界、道徳界）は、事物に先立つ普遍（可能界、原型界、天使界）、事物における普遍（自然界）を経た「事物のあとの普遍」として捉えられる。また、これら三つの局面は、本章の最初に示した理論、実践、応用に対応していると考えられる。そうすると、コメニウスにおける自然と技術の関係は、プラトンの言うあらゆる産出の基礎となる根源的な意味での知性と技術が理論から応用へと展開していく過程として捉えられることになる。コメニウスにおいて技術と自然は対立していない。また、自然とそこから導かれるとされる技術も、それらのイデアとして捉えられている。
そう考えるなら、コメニウスの言う「技術」とは、自然の探求において経験的に見出された科学法則を応用したものではない。彼は物体世界とイデア界の平行関係を想定していたが、彼が思考の対象としたのは理念のレベルなのである。

技術的歴史観

コメニウスの歴史観は、キリスト教に一般的な救済史観の枠内にありながら、ユニークな光を放っている。彼は根源的な知性と技術によって可能性が展開し、技術によって世界が鍛錬されていく過程がすなわち歴史だと見る。

この世界は、はじめは機械的な技術によって、次に感覚的な技術によって、さらには理性的な技術によって、これまで十分に鍛錬されてきた。そして、最後に世界をより純粋で抽象的な知恵へと推し進めていくことは、いまだなお完全に手つかずのまま残されている。(DK 14, 304)

そうして人間の生に決定的な影響を与えた技術をコメニウスは「光の道」と呼ぶ。『光の道』では、彼の時代までに六つがすでに現れ、七つ目を迎えているとされたが、のちの『総合的熟議』第二部「パンアウギア」では若干の補足がなされている。ここでは、『光の道』第六章と第一三章の記述に「パンアウギア」での補足を加味して概括しておこう。

第一の「光の道」は、一人の人間がなす直覚的な洞察としてのアウトプシアである。これは広い意味での直観と言い換えてよい。そこに二人の人間の会話という第二の「光の道」が生まれ、認識が拡大する。さらに第三の「光の道」として公的な集会を催す習慣が生まれ、知の共有が図られるようになった。そうした中で、農耕、牧畜、衣服、建築といった生活の必要を満たす技術も開花した。次いで家族生活の成立とともに家政への関心が高まり、政治や戦争の技術が興る。そして、文字文化の時代が到来し、それは古代ギリシアに至って公共のものになった。書物の発明と学校の開設が、第四の「光の道」である。哲学や文学の研究がローマ人に引き継がれたのちに福音の時代が到来するが、それは信仰心の高まりとともに多くの論争をも引き起こした。しかし、ギリシア古典の再発見によって、イタリア、フランス、ドイツなどに光がもたらされる（ルネサンスのこと）。その際、第五の「光の道」として哲学と宗教の考察の基盤になったのが印刷術だが、それもまた学派や宗派の分裂を招いた（宗教改革を指す）。この時代にはまた第六の「光の道」として航海術が発達し、それによって世界の交流が盛んになり、ヨーロッパの知が伝達される機会が与えられた。さらに「パンアウギア」では、第七の「光の道」として、彼の時代における光学技術の発明が加えられている（DK 19-1, 268）。

しかし、世界は混迷を極めており、純粋な真理に目を開く時が到来している。それゆえ、さまざまな技術によってもたらされた知を一つの大きな明かりに集約し、人類が共通して使用できるように完成させること。それが第七の（「パンアウギア」での追加を含めると第八の）「光の道」にほかならない。そのあとには、神という起源そのものを直視する神的アウトプシアの道が残されている。

コメニウスは、以上のような歴史的展望のもとに第七の「光の道」を自身の課題とした。啓蒙主義の進歩史観とは異なるが、歴史はそれを通して人間が教育され、完成に導かれる過程とみなされている。このような目的論的な歴史観は、近代的な歴史研究では虚構にすぎないとして厳しく批判される。確かに、『光の道』のように書き手の宿命が歴史のうちに表現されるのは一般的な歴史記述とは隔たっている。しかし、それは神のような視点で過去を記述するという歴史家の特権の放棄でもあるだろう。彼が歴史を課題として引き受けようとしたのは明らかだが、そのために彼の描く歴史は単なる客観的な記述ではなく、文明批判の色彩を帯びることになった。

ところで、コメニウスの技術に対する楽観的な態度をどう評価するか、という問題がある。彼にとってはあらゆる存在が神の創造の所産である以上、人間を含む存在は技術によって駆り立てられる運命から免れないようにも見える。しかし、技術を自然という実践の応用として捉え、技術を自然による拘束のもとに置く見方には、技術の独り歩きを抑制する可能性を見ることができるだろう。

歴史の可能性

歴史が書かれ、それが政治的・宗教的権力によって正当化されて流布すると、認識や行動のカノン（基準）となり、他の認識の可能性を抑圧するようになる。目的論的な歴史観は単線系の物語であり、その単純さゆえにカノン化するリスクがある。その意味で、歴史記述における連続性が虚構として繰り返し批判されてきたことには積極的な意味がある。とはいえ、歴史を現在とは非連続な過去の断片とみなせば問題がなくなるわけではない。例えば戦争をめぐる過去の償いが問題にされる場合、歴史は非連続だから過去は免責される、などという主張が受け入れられることはないだろう。そこで、歴史における一定の連続性を認めつつ、歴史記述のカノン化をいかに食い止めるかが問題である。その際、歴史の記述や解釈がどのように未来に開かれ、どのように他の可能性が許容されるかは重要な論点となる。

世界という書物は、この世界のあらゆる風土と時代を通して、すべての人々に同じ仕方で開かれている。つまり、われわれより以前の人々も、われわれよりあとに来る人々も、善き人々も、悪しき人々も、同じ大地、同じ空、同じ星々を見てきた。だが、それでもやはり、われわれは多くのものをわれわれの先祖よりもいっそうはっきりと観察しているし、他方でまた、われわれの子孫はわれわれよりもいっそうはっきりと観察するだろう。(DK 14, 300-301)

この一節は、コメニウスが救済史観の大枠は維持しつつ、「神の三書」としての「世界」、「精神」、「聖書」のうち世界に関する理解が書き換えられる可能性を認めていたことを示している。世界についての理解に関して、コメニウスはパンソフィアと並んで「パンヒストリア(汎歴史)」と「パンドグマティア(汎理論)」が必要だと言う。パンソフィアが事物の観念やイデアを扱うのに対して、パンヒストリアでは個々の事柄の作用、偶有性、問題の起源と変容が、パンドグマティアではさまざまな理論や意見が、真偽にかかわらず取り上げられる。これらのうち、コメニウスは「事物の個別の過程の個々の知識が(自然、技術、倫理、政治、宗教、いずれの領域でも)普遍的知恵を大いに強化し、照らし、増加させる」としてパンヒストリアを重視した(DK 14, 340)。パンソフィアが可能性の学問であるのに対して、パンヒストリアとパンドグマティアは事実の経過やその解釈の集成であり、これら二つの書はパンソフィアを現実に関連づける手段とみなされていたのだろう。

歴史の書き換えの可能性は、カトリック教会から破門されたヤン・フスの系譜に連なるコメニウスにとっては避けて通れない問題だった。彼は『ボヘミア教会迫害史』（一六四八年）や『チェコ教会の苦難の歴史』（一六五五年）で、九世紀末の大モラヴィア王国の興亡から三十年戦争下の皇帝フェルディナント二世によるチェコ支配までを論じている。これらが神聖ローマ帝国やカトリック側で書かれた歴史と対立することは明らかだ。歴史は人間の営為を通して書き換え可能であるとコメニウスは信じていた。

6　哲学とコメニウスのあいだ

晩年の哲学批判

『必須の一事』には、当時の哲学界に対するコメニウスの認識が示されている。

現代でも、哲学者たちは人それぞれにすべての事柄を基礎づけようとしてきた。パトリッツィ、テレジオ、カンパネッラ、ベーコン、デカルトである。しかし、最終的にその問題に対して役に立つ事柄が何かあっただろうか。論争は未解決で、それに決着をつけられる者はいない。なるほど、この最後の者は過ちという永遠の迷宮から出る簡便な道を発見したとみなされている。しかし、(神に関わることでも、人間に関わることでも) すべての事柄を疑うというのは危険であり、すべての事柄を検査しようとするのは測り知れない苦労があると思われ、打ち立てられたのは新たな迷宮以外の何ものでもないという不満が至る所から出された。(DK 18, 80)

先に触れたように、デカルトとの対談は平行線のまま終わった。デカルト派が力を得たアムステルダムで晩年を送ったコメニウスがデカルトに批判的に言及したというのは分からないではない。哲学者バールーフ・デ・スピノザ（一六三二―七七年）の友人で医師のルトヴィク・マイエル（一六二九―八一年）は、『聖書の解釈者としての哲学』（一六六六年）でデカルト哲学を応用した聖書解釈を試みた。コメニウスは哲学者ペトルス・セラリウス（一六〇〇―六九年）が著した反論に、賛意を示す立場から序文を寄せている。彼は「神の三書」の立場からデカルトの合理論を批判し、「デカルトは、かの第一で最も確実な命題と称される『私は思考する。ゆえに私はある』という麦わらの基礎の上に彼の全哲学を築いた」(DK 18, 45) と記す。最晩年の手稿である『エリアの叫び』には「デカルト派は哲学における最悪の伝染病である」(DK 23, 34) という激しい記述が見られる。

しかし、コメニウスは、パトリッツィ、ベルナルディーノ・テレジオ（一五〇九―八八年）、カンパネッラといったイタリア・ルネサンスの哲学者の思想から、光についての哲学的考察をはじめ、多くを学んだ。また、知による世界改善というベーコンの主張にも共感を示した。「知ることすら抑制するということが、老年期の知恵の一部となるだろう」(CC 2, 229) と述べていることを考慮するとしても、晩年の言葉は哲学との距離を感じさせる。

自己中心性

三十年戦争下でチェコ地域を転々としていた時期に著された「慰めの書」のうち、『平安の中心』は独特の哲学的考察が加えられた書物である。ここでコメニウスは世界を「回転する車輪」に喩え、不動で平安の中心である神からの逸脱が不幸の原因だとして、そうした逸脱に陥る人間の傾向性を「自己中心性《サモスヴォイノスト》(samosvojnost)」という造語で説明している。

> 自己中心性とは、人間が神や神の秩序とのつながりをもつことを嫌い、自分が自分だけのものでありたいと思う時に生じる。つまり、自分自身が助言者になり、指導者になり、世話人になり、主人になり、要するに自分自身が小さな神になりたいと思う時に生じる。これが、あらゆる悪の根源である。(DK 3, 498-499)

コメニウスは「回転する車輪」を物体世界や人間社会など、さまざまな次元に認め、人間を神と被造物のあいだの中心に立つ存在とする一方で、人間自身が最も混乱した車輪だと見ている。

人間は、次から次へいつも車の中にいるかのように走りまわり、肉体が勝ったかと思えば霊が勝ち、理性が持ち上げられたかと思えば信仰が持ち上げられ、心が確固とされたかと思えば弱め

られ、希望が生じたかと思えば喪失する。(DK 3, 497)

コメニウスは、神という中心からの逸脱を考察する中で、「理性の哲学」からの問いと反論のために一章を割き、「天の下の混沌における錯綜はすべて人間の理性から生じ、神の知恵はその錯綜の解除と秩序づけに対して稀有な働きを果たす」(DK 3, 532-533) と記した。こうした理性に対する信仰の優位にスコラ哲学との親近性や近代哲学との距離が見て取れることは事実だろう。しかし、中世からルネサンスには、クザーヌスの言う「学識ある無知」やフランス・ルネサンスの代表的な文人ミシェル・ド・モンテーニュ(一五三三—九二年)の言う「博学の無知」のように、知の限界を厳しく問う思想も存在した。『必須の一事』で批判的に言及した当時の主だった哲学者の中にクザーヌスの名はない。これはクザーヌスを知らなかったからではない。直接か間接かは別として、コメニウスがクザーヌスを読んでいたことは明らかになっている。

コメニウスが被造物のうちに本質的な依存性を見たことを前近代的とするのはたやすいだろう。しかし、自己中心性にとらわれた人間が「自己の依存性を放棄し、自己依存したいと願っている」(DK 3, 499) という洞察には、人間存在の開放性や他者性に取り組んだ二〇世紀哲学の問題関心との共鳴を聞き取ることができる。

単一性、単純性、自発性の道

『開かれた事柄の扉』には「丸める(conglobatio)」という思考法が示されている。これは事柄の関連、調和、全体としての有益性を損なわない形で「多量のものを一つのものに還元すること」(DK 18, 212) を言う。しかし、ここにはかなりの飛躍がある。コメニウスは事柄を三分するトリコトミーの有効性を強調している。

三という数は、二という数と、それらを結んでいる挿入された一という数によってまとめられている完全数の端緒であり、〔…〕三という数は至る所の事柄に存在し、逆のものでさえそれに組み込まれてしまうほどである。(DK 18, 212-213)

確かに、この方法には一定の効果が認められるかもしれない。しかし、集約や要約によって生じる情報の縮減は許容するとしても、事柄を無理に三相に押し込めることで情報の歪曲に陥るリスクは否定できない。

事柄の認識の十分な光が人間のあいだに照らされ、あらゆる人にあらゆることをあらゆる面にわたってはっきりと示すなら、われわれは普遍的改善の平坦な道を見出すだろう。すなわち、単一性、単純性、自発性の道を、である。(DK 19-1, 197)

どんなメッセージでも、単一で単純で、なおかつ強制をともなわないものでなければ、社会的に広く共有されるのは難しい。哲学に限らず、コメニウスの意図は彼の目に「迷宮」として映った世界における調和の回復にあった。彼の哲学思想が本質的に啓蒙的・教育的な性格を帯びていることは、その意図から理解される。コメニウスの著作の表題や序文には、やや誇大と思える表現がある。それを捉えて彼の思想を夢想的とする批判があるが、そこには、あらゆる物事を静止や停滞や占有ではなく、運動と流布と共有として見る「光の思想家」としての構えがある。彼は『総合的熟議』で「哲学的な厳格さ」に対する「民衆的な方法」に言及し、哲学的な厳格さが独白的で「何らかの力を知能に持ち込んで脅かし、委縮させる」のに対して、民衆的な方法とは「勧誘、説得、激励によって伝えること」であり、それは「内部の光を呼び覚まして炎へと燃え立たせる」（CC 2, 97）と言う。前章で見たように、コメニウスは伝統大学で十分に学ぶこともその講壇に立つこともなかったが、当時の伝統的な学術体制との距離が、こうした主張につながっているのかもしれない。

実際、コメニウスの著作には読者が接近しやすくなる工夫が凝らされている。各種の言語教育の教科書は言うまでもなく、哲学や自然学の著作でも、対話形式がとられたり、論点が格率のような形式に整理されたりしている。彼の作品の概説的あるいは教育的なスタイルによる分かりやすさを理論的な浅さと見る向きもあるが、コメニウスの作品は過去からの光を彼が集約した果実であり、その含意を理解しようと思うなら、彼が参照した哲学的議論に遡らなければならない。コメニウスの思想には、いわば先達の歌の枠をとって創作された本歌取りのような一面がある。

コメニウスは、一六五〇年にトランシルヴァニアに招かれた際の講話で、当時すでに問題になっていた書物の氾濫にいかにして対処するかを論じている。そして、「読んだものを選択することで自分のものにすることこそ、読書の唯一の成果である」として、「記憶すべきものをすべて書き出し、自分の抜き書き帳に書き写し」、「そこから取り出しては繰り返し利用する」ことを勧めている（OD 3, 108）。抜き書き帳には探し出しやすいように索引をつける、といった具体的な記述は、彼が実際にそうしていたことを想像させる。

本歌取りされた作品に価値がないわけではない。しかし、それは本歌を参照することで、より深く味わうことができる。過去に対する開かれたまなざしをもつコメニウスに迫るには、彼の読書歴をたどる思想史的アプローチが欠かせない。一七世紀へと贈られた知の光を引き受けたコメニウスの思想には独特の意義がある。

理論のレベルにとどまり、学説間の対立に明け暮れて実践や応用へと展開していかない観想的な学問に対するコメニウスの批判は、説明責任が学術にも求められる現代において、無視できない重みをもつだろう。あえて丸められた結論の暫定性を批判するのはたやすいが、どれほど議論を重ねてもアウトカムから回避するのなら、その思考は自由ではあっても、社会への応答が意識されているとは言えない。

コメニウスの思考は、学問における自由と良心の関係を再考するための示唆に富んでいる。

第三章

開かれた心への教育

シャーロシュパタクで学校劇を指導するコメニウス（ヴラディミール・ストゥシーブルニー作、1960 年）（コメニウス博物館、プシェロフ）

「もう分かったから」と忠告を遮《さえぎ》ったことはないだろうか。常に従順である必要はないだろうが、成長するにつれて、私たちは反発したり受け流したりするようになり、そのせいで大きく変わるチャンスを逃してしまうことがある。

一般に教育は知識や技術を習得させることと考えられており、コメニウスはその方法の基礎を確立したとされてきた。しかし、それは後世に得られた知識を彼のうちに読み込んだ見方にすぎない。世界に生まれ落ちた人間は、教育者の「指さし」によって世界のうちに何かを見出す。達人と凡人の違いは、物事に向き直る構えを中断させずに深化できるか否かにある。達人とは、状況に対して素直で、ステレオタイプや前例から自由な人のことだろう。

コメニウスは、プラトン以来の論議を踏まえて、あらゆる学びの基礎は魂の向け変えの可能性にあると考えていた。本章では、この観点からコメニウスの教育思想を捉え直したい。

1　生ける印刷術

教育印刷術

コメニウスが教育について本格的に考察を始めたのは、三十年戦争の初期にチェコ地域で潜伏していた時である。ポーランドのレシノに移り、ギムナジウム教師として実践にあたる中、一六三二年には『教授学』を書き上げている。これはチェコ語によるもので、生前には出版されなかったが、これに新たな考察を加えてラテン語で著したのが『大教授学』だった。
ヨーロッパ各国で公立学校教育が制度化された一九世紀以降、教育全般についての考察がなされた『大教授学』は各国語に翻訳されて普及した。コメニウスはこの書の中で教えることを印刷術に対応させ、「知識が外面的に紙に刷り込まれるのとほぼ同じ方法で精神にも書き込まれる」とし、そうした教授技術は「教育印刷術《ディダコグラフィア》（didacographia）」とも呼べるだろう、と記している（DK 15-1, 201）。

> 紙は生徒であり、その精神に知識の文字が印刷される。〔…〕インクは教師の肉声であり、これが事柄の意味を書物から聴く者の精神へと運び込む。印刷機は学校の規律であり、教えが吸収されるように、あらゆることが整えられ、駆り立てられる。（DK 15-1, 201）

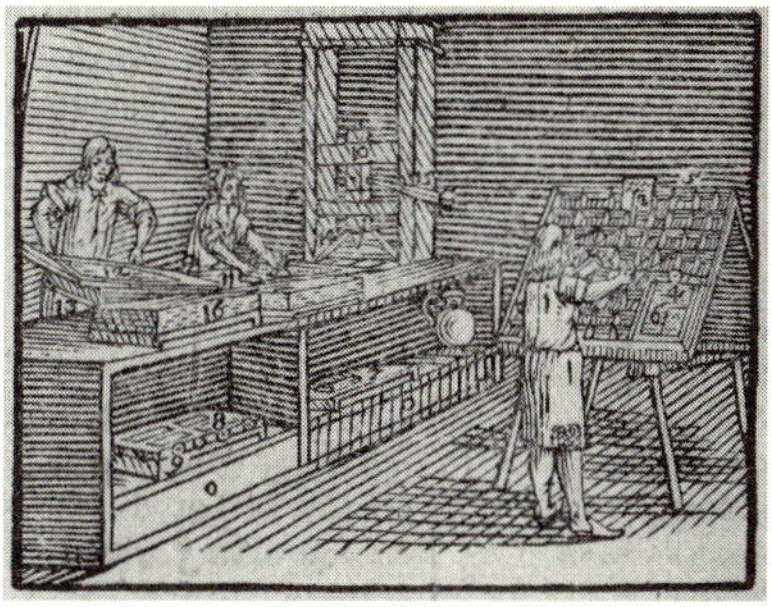

『世界図絵』（ニュルンベルク、1660年版）の挿絵より「印刷術」

教育機会の拡大が社会的課題になっていた当時、コメニウスの主張は、その平等性と効率性ゆえに評価された。しかし、教育の個性化が重視され、学校教育自体が孕む病弊が指摘されるようになった二〇世紀後半になると、教育印刷術は人間に知識や技術を流し込む考え方として批判され始める。だが、前章で概観したコメニウスの哲学思想の性格を踏まえるなら、『大教授学』の一節をもって彼の教育思想を理解するのは誤りである。にもかかわらず、教育を印刷に喩える比喩のインパクトは大きいし、コメニウスがこの主張を自らの功績の一つに挙げている以上、周辺的な主張とすることはできない。実際、教育に関する考察が集約された『総合的熟議』の第四部「パンパイデイア」には「知恵を紙ではなく胸に刻みつける技術、生ける印刷術」(CC 2, 234) という記述がある。彼の主張の真意は、いったいどこにあったのだろうか。

『教授学著作全集』

多くの蔵書や草稿を失ったあと一六五六年にアムステルダムに移ったコメニウスには、教授学著作の復刊を望む声や内容についての疑義が寄せられた。そこでド・イェール家の支援を受けて編纂され、アムステルダム市に捧げられたのが『教授学著作全集』全四巻である。その第一巻には、『大教授学』や『パンソフィアの先駆け』などレシノ時代の著作が収められており、第二巻はスウェーデンの庇護のもとエルブロンクに滞在していた時期に著された『言語の最新の方法』などから成る。第三巻にはトランシルヴァニアの招きで現在のハンガリー領シャーロシュパタクに滞在した一六五〇年代前半の作品が収められているが、特に重要なのは学校劇作品『遊戯学校』である。そして、アムステルダムに移ってからの考察が第四巻に収められている。

前章で触れたように、コメニウスの「類比」の方法は当時も批判を受けた。彼は類比の方法の有効性を疑うことはなかったが (OD 4, 47)、類比を多用した『大教授学』は、一六三八年頃には完成していたにもかかわらず、『教授学著作全集』が出版されるまで二〇年近くも公にされなかった。

『教授学著作全集』はコメニウスの教育著作の単なる集成ではない。彼は各著作の成立にまつわる経緯や寄せられた批判への弁明を織り交ぜており、この全集自体がコメニウスの教育学的思考の展開を示す体裁になっている。さらに、その思索は後代に引き継がれるものと認識されており、「炬火の引き渡し」という小論で全集全体が結ばれている。その小文でコメニウスは古代ギリシアの炬火リレーを引き合いに出し、「教授学研究によって、青少年の幸福のために公的に企図した事柄をすべて公開し、炬火を他の人々に引き渡すようにする」と記した（OD 4, 105）。

教授機械

『教授学著作全集』は、歴史を通した伝播が意図された、それ自体が教育的なテクストである。第四巻に収められた「知恵の箕《み》」という文章の表題にある「箕」とは脱穀に用いられる農具だが、そこでコメニウスは籾殻から穀粒を選別するように「人間本性を正しく磨くことができる完全な機械装置のようなものをもつことができるか」（OD 4, 42）という問いを立てる。そして、そのあとに「学校という迷宮から平地への出口、あるいは機械的に組み立てられた教授機械」（以下、「教授機械」と略記）という論考が来る。この構成を見るかぎり、「教育印刷術」はコメニウスが後世に引き渡そうとした創案だったように思われる。

コメニウスは「これまでの学校は至る所でまさに知能を無限に引き裂く迷宮だった」（OD 4, 64）と言う。それを克服するには、「要件とされているすべてが相互に依存し合い、一つの運動ですべてが動くように、しっかりした絆の結びつきで縒《よ》り合わされている」（OD 4, 67）ように、教授が機械的に組み立てられる必要がある。ここにうかがわれるのは人為に対する懐疑である。経験則や教育者個人の資質に左右された既成の学校は、コメニウスの目には規則的で連続的な自然の運行から遠く隔たったものと映った。「技術は自然を模倣する」という視点をとる彼にとって、強制と苦痛なしに動く機械は自然という理想に近いものだったのである。

では、問題の「教授機械」は、どのように考えられていたのだろうか。この表題をもつ論考は「甦るラティウム」、「生ける印刷術」、「青少年の楽園」という三つの小論から成る。古代イタリアの小王国ラティウムは次第に勢力を増し、それにともなって、その言語だったラテン語が広く流布した。この史実に依拠しながら、コメニウスは三年制のラテン語学校の必要性を説いている。続く「生ける印刷術」については「印刷術が光の息子に思慮深さを教えるところである」(OD 4, 88) と言われている。序章で見たように、『世界図絵』で身につけるべき徳の筆頭とされた「思慮深さ」に言及されていることに注意しなければならない。印刷の過程は次のように示されている。

熟考することで、表象された世界としての知恵を精神に刻印する。精神の内部の輝きである知恵は、心で考えられたすべてを表象するために、音による一定の文字から成る話として外に表出される。話は移ろうものではなく持続するものとして描出する文字で表象され、書物となる。書物は、読まれて理解されると、再び精神に知恵を刻印する。そうして知恵ある人間の精神に書物、話、事柄の像が刻印される。(OD4, 88)

コメニウスは教師の発問に生徒が決まった型で応答する訓練についても論じている。そうした箇所には、確かに人間の物象化と受け取れるようなニュアンスがあるし、そこには前章で見たように、彼が受容した形而上学の性格が影を落としているのかもしれない。しかし、ここで言われている印刷は、単なる知識の受容ではなく、精神に贈られた知恵が表出され、表出された知恵が同時に他の精神に贈られる、という連続的な伝播の過程を指している。人間とは、刻印の対象であるだけでなく、表出する主体でもあるのだ。

三つの小論の最後には「教授機械」の最高の段階が示されていると考えられる。そこには、学校は「人間性を製作する工房、国の苗床、生命全体の前座になるばかりでなく、神の意図の要件である天の知恵を製作する工房、教会の楽園、永遠性の前座になれるのであり、それこそが私が願い求めた教授学の総体とも呼ぶべきものである」（OD 4, 105-106）とある。学校は人間の生活全体を包括するものとされ、それに「機械」という表題があてられる。コメニウスが「機械」という語に込めた意図は、ここから振り返って考える必要がある。

四つのオート

のちに見るように、コメニウスは、すべては理性と発話と行動を通して学ばれるべきだと考えた。「教授機械」では、それは「直観《アウトプシア》（autopsia）」、「自己講読《アウトレクシア》（autolexia）」、「自己実践《アウトプラクシア》（autopraxia）」、「自己活用《アウトクレシア》（autochresia）」という四つの段階として示されている（OD 4, 67）。これは『総合的熟議』の第四部「パンパイデイア」では、「すべてを自分で、⑴見る、聞く、触る、⑵発音する、読む、書く、(3)描く、行動する、(4)自分で使用できるように変換する」(CC 2, 149) と言い換えられる。「機械」という語に込められた意図は、これら四項のすべてに含まれる「アウト(オート)」に見て取ることができる。コメニウスは、外的な強制ではなく内的な秩序によって運動が自発的に現れるさまを「機械」と呼んだのである。

われわれが指示し、主張している方式とは、自然そのものが指示している当のものである。すべての事柄が理論、実践、応用ないしは使用によってなされるようにする。すなわち、個々の者が自分自身の感覚ですべてを扱えるようにし、すべてを話したり行ったりし、すべてを享受できるようにするのだ。(OD 4, 67)

ここに見られるのは、「いかに正確に動くとしても、それは外的な操作によるものであり、どこまでも物として扱われる」という一般に機械について抱かれるイメージの対極にあるものだ。少なくとも、教育が外的操作の技術とみなされる論拠の一つになった一八世紀の人間機械論とのつながりは認められない。

『大教授学』で教育印刷術に言及される箇所で、書き込まれるとされたのは「知識(scientia)」だった。しかし、『言語の最新の方法』では「魂に思慮深さを浸み込ませ、人生の誤用を正す」と言われている(DK 15-2, 201)。そして、「生ける印刷術」で教えられるとされたのも「思慮深さ」だった。

思慮深さとは、事柄の曖昧さを正しく扱う巧みさを言う（言い換えると、健全なものを選び、有害なものを避ける巧みさである）。それは全体として、いわばわれわれの行為の判定者のように意志の支配下にある。それは本性上、最も自由であり、強制されたいと思わず、また強制されることもできず、また自分の内部の忠告、すなわち理性と自然によって欲される善を欲するので、忌むべき悪を自然に避けるようになるのは強制されてではなく、説得によるのでなければならない。（DK 15-2, 201）

コメニウスの言う印刷が学習者の意志を度外視した刻印を意味するなら、印刷術が思慮深さを教授する、というのは形容矛盾だろう。「機械」という語は自律性（オートノミー）の比喩として用いられており、人間は知識や技能が封入される容器としては捉えられていない。印刷が、単に世界からの刻印（インプレス）ではなく、同時に世界への刻印（エクスプレス＝表現）を可能にすると考えられていたことを踏まえれば、教育印刷術における紙も――インクを吸収する力が紙にまったくなければ印刷ができないように――精神の受容力の比喩として用いられていると言える。

コメニウスの「機械」や「印刷」という用語法は論争を招いてきた。しかし、あらゆるテクストが現に私たちにある印象を刻印し、そこから異論であれ何であれ、さまざまな解釈（表現）が強制的ではない仕方で生み出されることは誰も否定できない。そうして見ると、「生ける印刷術」とは、テクストの外部に出ることができない私たちの生のありようを言いあて、その限界と可能性を示す優れた洞察だったと言うことができる。

2　理念への技術

人間の開放性

世界を光の運動と見たコメニウスは、人間を世界の光を受けとめる受動性とともに光を贈り返す能動性をもともなった「不透明体」として捉えた。そこでは、内的な光（知性、意志、心情）が感覚によって受けとめられ、外的な光の像を照らすことによって認識、判断、行動として現れると考えられている。

さまざまな人間の魂もまた真理の光線に対して等しくない仕方でふるまう。ある魂は無為で鈍磨し、ほとんど何も受け取らず、すべてを利用することなく通過させる。それに対して、他の魂は受け取るものを再現するだけの記憶力がある魂である。最後に、別の魂は何でも受け取るものを追い散らす。すなわち、さまざまな帰結を結びつけ、推論によって知を素早く増幅させる、論証力のある魂である。(DK 14, 315)

人間の光に対するふるまいは多様だが、磨かれていない曇った鏡が像を反射できないように、世界の光を受容し反射する人間にとって、教育は本質的な事項である。

光り輝く精神は、部屋の中に吊るされた球鏡のように、あらゆる事柄の姿を受け取る。〔…〕われわれの精神は、身近にあるものをつかむばかりでなく、（場所も時間も）遠く隔たったものをも引き寄せ、高みにのぼって隠されたことを調査し、覆われたものを暴き、極め難いものを吟味しようと努める。（DK 15-1, 61）

コメニウスは発光する能動性を精神に認め、それが世界の光の受容を可能にしていると考えた。彼自身、人間精神には「製作者の無限という特徴が刻まれている」（CC 2, 36）ことからすれば、教育印刷術で用いた紙の比喩は不十分だと言っている。確かに、紙は受容力を説明するには有効だが、光の受容を次々と更新していく可変性を説明するには十分ではない。鏡の比喩は受容力だけでなく可変性をも表象しうるが、鏡も反射している像は見せるが、鏡そのものを見せない以上、内的な光を発する精神の能動性を表すには依然として十分とは言えない。

そう考えると、コメニウスが創案した教科書の表題が『開かれた言語の扉』あるいは『開かれた事柄の扉』だったのは示唆的だ。前章で見たように、形而上学的な考察において、彼は「全体」と「無」のあいだに「一部」という水準を、あるいは「存在」と「非存在」のあいだに「半存在」という水準を見た。人間を含む世界は、とどまることのない移行として捉えられている。扉が開いていれば、外気が屋内に入るのと同時に屋内の空気が外に出ていく。扉は内と外を区別する一方で、その可動性が内外の区別を開く。コメニウスにあって、人間は、光のやり取りに参与しうる、世界に開かれた可能性として捉えられていたのだ。

技術の中の技術

コメニウスは『大教授学』で四大ギリシア教父の一人ナジアンゾスのグレゴリオス（三二九―三八九年）を引いて、教育技術の意義を強調する。「あらゆる生物のうち最も多彩で最も複雑な人間を形成することは、技術の中の技術《アルス・アルティウム》（ars artium）である」（DK 15-1, 39）。しかし、当時は教育に対する悲観的な見解も根強く、前章で取り上げたヒューブナーなどはかなり批判的なコメントを寄せていた。

> 私はまだ教授されるべき者であり、無限にわたる私の無知を自覚しており、加えて「多くの者が教師になってはならぬ」という『ヤコブの手紙』第三章第一節の使徒の言葉をいつも魂にとどめている。〔…〕私は、学校がなくても社会と文芸に関することを可能なかぎりよく構成できるということについて、疑いえない根拠から納得している。（KK 1, 81）

多様な聖書解釈が乱立した一七世紀には、いかに敬虔だったとしても、自説を説く教師たちは大きな思想的混迷をもたらした。その意味で、人間が人間を教えるという行為は安易に是認できるものではなかった。そこでは、ラテン教父の一人アウグスティヌス（三五四―四三〇年）の「真の教師は神のみである」という見方が念頭に置かれていただろう。こうした批判があったにもかかわらず、コメニウスは教育技術の確立に取り組んだ。技術は何事かを可能にするが、真理を希求する立場からは一段低く見られる。しかし、コメニウスは、いかなる理論も実践に移され、さらに応用に至る流れの中にあると見る。特に、知を一つに集約し、人類共通の使用に供することが歴史的課題である以上、教育技術はあらゆる技術の成否を握っている。私たちが「生ける印刷術」の過程を生きているかぎり、何がどのように贈られるかは、確かに他のあらゆる技術の生成、発展、衰退を左右する。

コメニウスは教育技術を「類比」の方法によって基礎づけようとした。前章で見たように、それをヒューブナーは荒唐無稽とした。しかし、類比の方法を採った以上、自然法則を適用することで導かれるような技術をコメニウスが求めていたはずがない。彼がイデア論を採ったことを考えれば、求めていたのは「法則」ではなく「理念」だったと言えるだろう。そして、求めたのが理念だったとすれば、それはコメニウスが教育技術に機械的な確実性を認めていなかったことを示している。これを科学性の欠如と見ることもできるかもしれないが、教育技術が自然科学的な技術と区分される一方で、他のあらゆる技術の上位に置かれたことは、教育技術に固有の可能性だけでなく、自然科学的技術の限界をも示唆している。コメニウスが挙げる教授方法には一定の有効性が認められるものの、万有引力の法則のような百発百中の確実性があるわけではない。教育者がその方法を納得の上で実行に移しても、完璧にそのとおり実践することはできない。仮にそうできたとしても、期待される結果が学習者から得られるとは限らない。こうした限界を有する教育技術が他の技術の上位に置かれることで、技術全体が限界づけられるのである。いかに精巧な技術で製作された機械でも、動かす人間次第で薬にも毒にもなるというのは、技術時代を生きる私たちが日々実感していることだ。

また、理念の意味を否定したところで実際に教育が成り立つかどうかを考えるなら、コメニウスのアプローチの意義を理解できる。ある理念のとおりに実践できないとしても、理念が示されることで、実践は外的な要請への受動的な対応や省察を経ない経験の適用から離脱できる。実際、私たちの多くは、次元が違うと思いながら、例えば自然現象に人間形成のあるべき理念を見出して、子供に説いたりしているではないか。

本書の冒頭に掲げた『教授学著作全集』第一巻の扉絵は、コメニウスの教授学原理を表象している。天井には自然を象徴する星々があり、執筆する彼の背後の壁面には、さまざまな技術が描かれている。上段には、より自然に左右される技術としての航海術や園芸術、中段から下段には人為の裁量が大きい建築術、印刷術、美術が置かれる。そして、中央にひときわ大きく描かれているのが、学校における教育技術の実践だ。それは単にこの書物の主題が教授学だからではない。教育技術は、自然や他の人為的技術に範をとる点では下位にあるように見えるが、いかなる人為的技術も教育技術なくしては伝達も洗練もなされない以上、技術の最高位に位置づけられるのである。

動きとしての学び

コメニウスは教授学研究の中で「学習」を重視し、教授学と対をなす学習論を構想した。『言語の最新の方法』には「誰も教えないところでは何も教えられない」という記述の直後に「誰も学ばないところでは何も学ばれない」と記され、教授と学習の関連性が示されている（DK 15-2, 175）。「うまく生徒に勧められないなら、その教育行為に着手してはならない」（DK 15-2, 178）とも言われる。

コメニウスは、学びのうちに「原型《イデア》（idea）」、「模像《イデアトウム》（ideatum）」、「模するもの《イデアンス》（ideans）」を見た。原型とは知の対象であり、感覚、舌、手などの模する手段を用いて教え学ばれることによって模像が生まれる（DK 15-2, 173）。そうして、学びは「ある定まった境界から、そこに依拠した動くものを、そこから離れた別の境界に進むようにさせる何らかの運動のようなものである」と定義される（DK 15-2, 174）。この「動くもの（mobile）」とは学習者のことであり、学習は既知から未知への運動として捉えられている。

もちろん、この運動を一人で行うのは困難だ。「学習者が段階を踏まずに成果をあげるのは不可能である」ため、「学習者にとっては、指導者、警告者、修正者が常に必要」になる（DK 15-2, 175）。コメニウスは『大教授学』で「教授と学習の全般的要件」として「的確に」、「平易に」、「着実に」を挙げており（『大教授学』の冒頭では「簡潔に」、「愉快に」、「着実に」と記され、『言語の最新の方法』では「敏速に」、「愉快に」、「着実に」と書かれるなど、用語法には揺らぎがある）、教授と学習が効果をあげるには、これらは不可欠で相互に関連している、というのが彼の見立てだった。教授と学習は、目的をもった活動である以上、一定の的確性を求められるが、際限なく手間をかけることはできないがゆえに、簡潔に示され、敏速に学ばれるとともに、平易かつ愉快に学ばれる工夫が必要になる。そして、現実に一定の結果に到達するには着実性が重要になる。

的確性に関して重要なのは、形式よりも素材を、言語よりも事柄の知識を、という主張である。特にルネサンス期には古典の学習が重視された結果、学習は暗記で占められるようになった。言葉は事柄の属性であるという立場をとるコメニウスは、「神の三書」の一つである「世界」を受け取る器官として感覚を重視し、それゆえその主張は後世の教育学の議論の中でリアリズムとして位置づけられることになる。そのこと自体は間違いとは言えないが、彼が中世以来の哲学論議を念頭に置いていたことが十分に留意されなかったせいか、しばしば一八世紀の感覚論に連なるものとみなされたのも事実である。平易性についての主張は、実際的な有用性のために注目されてきた。『言語の最新の方法』では、「易から難へ」という原則が、「少ないものを多いものより先に」、「短いものを長いものより先に」、「複雑なものより単純なものを先に」、「個別的なものより全般的なものを先に」、「疎遠なものより身近なものを先に」、「不規則なものより規則的なものを先に」に細分化されている（DK 15-2, 186）。

もちろん、コメニウスの記述には違和感を抱かせる部分もあり、『大教授学』の動機づけの重要性が説かれる箇所では、両親が教師を賛嘆したり、がんばればご褒美を与えると約束したり、さらには子供を「教師のところに遣いにやったり、贈り物をもたせたりする」（DK 15-1, 111）ことが勧められている。

知恵の三角形

前章で見たように、コメニウスは存在を「概念」、「言葉」、「事柄」という三つのレベルで捉えた。それらに対応し、相互に関連し合うとされたのが「理性」、「発話」、「行動」である。

理性とは人間の中にある神の光であり、人間はそれによって自己の内に自己を、また自己の外に他のものを見て考察し、考察することによって区別する。そこから直ちに善への愛、すなわち意志が生じ、願望するべきと嗅ぎ取られたどんなことでも追求し、未来、さらには永遠に向かって常に願望を広げる。発話とは、その光が人間から人間に流れ出すことであり、それによって自己が理解したことを他人の理解へと明晰判明に提示し、説明する。最後に、行動とは、理解し、話すべきことを生み出そうと欲する時に驚くべき熟練でそれをなす能力のことである。(CC 2, 24)

これらの関係は「知恵の三角形」として示される。

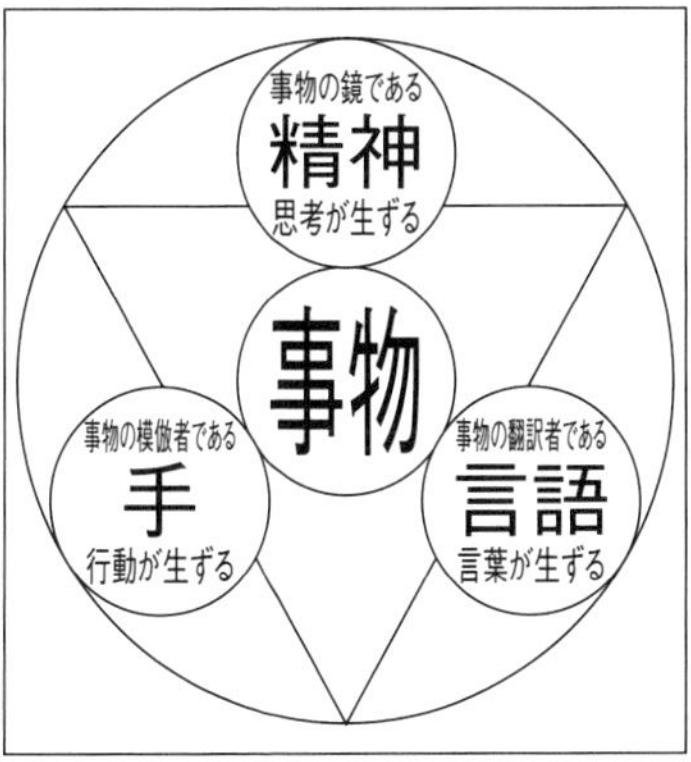

知恵の三角形(『コメニウス著作集』第18巻所収の図より作成)

精神の鏡によって受け入れられた事柄は思考を与える。音を発して事柄を形容する思考は言葉を与える。思考や言葉が行動に転移すると、再び事柄になる。それゆえ、事柄は自己の最初の本質または存在に戻り、そこから、自分の泉から湧き出るかのように思考、言葉、行動という川を通して湧き出る。(DK 18, 241)

コメニウスは、精神、言語、手の三者が調和的に働くことで事柄を確実に把捉できると考えた。理性が発話や行動と関連づけられるのは、彼が単純な感覚論を採っていなかった証拠である。これら三項は頭、舌、手とも言い換えられている。コメニウスの教育的な創案のうち、これら三項の協働的な育成に関わるのが学校劇の創作であり、彼はレシノ時代に『甦るジオゲネス・キニク』（一六三九年）、『演劇で示された太祖アブラハム』（一六四〇年）を著して、実際にギムナジウムで上演している。前者は古代の哲学者の箴言を基にした哲学的思考とレトリックの訓練を意図した道徳劇、後者は旧約聖書『創世記』を題材とした聖史劇である。

それに対して、トランシルヴァニアのシャーロシュパタクで著された『遊戯学校』は、学習活動を総合化しようとするものだった。コメニウスは「学校」を意味するギリシア語の「スコラ」、ラテン語の「ルドス」が「暇」や「遊び」も意味することを引き合いに出して、「全面的にであれ、個別的にであれ、学校教育の作業に遊戯を導入できるなら、学校は真に遊戯になる」（OD 3, 830）と言っている。

あらゆることを

コメニウスは、教育においては「あらゆる者に、あらゆることを、あらゆる側面から」という三つの普遍が実現されるべきだと主張した。「あらゆる者に」と「あらゆる側面から」に関連する創案は後世広く受け入れられたが、「あらゆることを」に関しては、その趣旨が十分に汲み取られているとは言えない。あらゆることを学ぶのが望ましいとしても、それをあらゆる者に求めるのは無理だし、限られた一部の者にとっても困難だ。実際、コメニウスの教育研究の最初期の成果と言える『開かれた言語の扉』は各国語に翻訳されて普及したが、一〇〇のトピックが八〇〇〇の単語による一〇〇〇の文章で構成されたこの教科書に対しては、分量の圧縮や内容の簡略化を求める声があった。

そこで教材の段階化に取り組んだ成果が『開かれた言語の扉の前庭』（一六三三年執筆）と題された入門的なテクストだった。『世界図絵』は、この『前庭（*Vestibulum*）』と『開かれた言語の扉』（改訂版）を基に挿絵を入れて構成されたものである。そのほか、修辞や文体を学ぶための『広間（*Atrium*）』（一六五二年執筆）という高度なテクストも著され、それぞれ改訂が加えられた。ちなみに、『扉（*Janua*）』の頭文字の「J」はローマ字アルファベットでは「I」から派生し、コメニウスの時代にも区別せずに用いられた文字であり、「これらの教科書のイニシャルの文字（VJA）」は「著作家の書に至る道（VIA）」を明示していると言われている（DK 15-3, 289）。学びの段階は、「前庭」を通って「扉」を開け、「広間」へと進む、というように空間的に示されている。

『大教授学』では、人間には「(1)あらゆる事柄を知る者となり、(2)さまざまな事柄と自分自身を支配する者となり、(3)あらゆるものの源泉である神に自身とあらゆるものを帰する者となる」ことが求められるとし、それぞれに応える教育課題として「学識」、「徳性」、「敬虔」が挙げられる（DK 15-1, 59)。知識と道徳あるいは信仰の関係は、古来、教育における基本的な論点である。道徳的な情調がまったく整っていない状態では、知育もうまく進行しない。しかし、道徳的な規制が優先されると、知識の自由な発展が妨げられる。「厳格な規律は、学習、つまり学問のためではなく、もっぱら徳のために加えられるものである」（DK 15-1, 178）という言葉は、コメニウスが徳性の教育は自由な学習の前提となるべきものであり、そのかぎりで認められると考えていたことを示している。他方、「敬虔なしには、いかなる修練も役に立たない」(DK 15-1, 160) として、敬虔が教育目的の根本に据えられた。最晩年の『総合的熟議』第四部「パンパイデイア」では、世界と人間と神の関係において、人間には知性、言語、身体活動、道徳性、宗教性の点で際立った美質があるとし、それゆえ教育は人間の生得的な願望に応じて、①永遠なる生命の尊厳、②健康、③知の把握、④理解、⑤自由の行使、⑥活動と労働、⑦所有、⑧享受、⑨名誉、⑩雄弁、⑪よき習慣、⑫敬虔として示すことができる、と説いている (CC 2, 23-24)。

3　世界と学校

あらゆる者に

「あらゆる者に」の理念については、次のように記されている。

第一に望まれているのは、完全な人間性へと完全に形成されること、それも誰か一人や少数者や多数者ではなく、一人一人のあらゆる人間が、若者も老人も、富者も貧者も、高貴な者も下賤の者も、男も女も、要するに人間に生まれた誰もが教育されるべきであり、そうして、いつの日か、最後に全人類がすべての年代、身分、性、民族にわたって教育された状態になることである。(CC 2, 4)

同じ理念は『大教授学』でも示されているが、そこでは「成長期の年数を四つの段階、幼児期、少年期、青年期、若者期に区切り、各段階にはそれぞれ六ヵ年を一括した別種の学校を割り当てる」と言われ、幼児期の学校として「母親の膝」、少年期の学校として「読み書き学校」または「公立母語学校」、青年期の学校として「ラテン語学校」または「ギムナジウム」、そして若者期の学校として「アカデミア」と「外国旅行」という段階が提示されている（DK 15-1, 182）。ここから分かるように、主たる関心は狭義の学校にあった。しかし、盟友ハートリブの日誌に「彼〔コメニウス〕の誤りの一つは、その企てがすべて学校と子供たちだけに向けられており、有益な書物の執筆によって啓発されうる老若を問わない無知な人々に向けられていないことだ」（HP 30-4, 36a）という記述があるように、コメニウスの協働者のあいだには、狭義の学校の枠を解き放って教育を考えるべきだ、という発想があった。コメニウスはそうした協働者との議論を通して学校観を発展させたと考えられる。

あらゆる者が教育を受けられるようにすべきだという主張に対しては「手工職人、農民、運搬者、さらには女が学問を身につけてどうなるのか」といった異議があることを想定しながら、コメニウスは「正しい方法で構成された普遍的な教育をあらゆる青少年が受けるなら、未来には、考え願い求め行うことは善以外にないようになる」と主張する（DK 15-1, 76-77）。さらに『総合的熟議』第四部「パンパイデイア」では「内部の欠如に対して本質そのものがあまり助けることができないところでは、外部の大きな補助がよりいっそう必要」であり、「力を行使するのを妨げられているところでは、助力によって別のところでもっと強力に行使できるはずである」として、障害の有無にかかわらず「人間であるかぎり、人間の教育から除外されない」と説いている（CC 2, 20）。情報化や価値観の多様化のもとで学校の存在意義が問い直されている現代の先進諸国では、しばしば教育機会の保障の意味が見失われがちであることを思えば、コメニウスの主張には今なお味読すべき価値がある。

暗がりから光へ

『光の道』では、「神の三書」としての「世界」、「精神」、「聖書」を読むために、人生には五官を通して学ぶ「物理的学校」、理性を通して学ぶ「形而上学的学校」、霊を通して神が示される「超物理的学校」という三つの学校段階があるとされた。この見解は『総合的熟議』の第四部「パンパイディア」でさらに展開され、人生は「誕生期の学校」、「幼児期の学校」、「児童期の学校」、「青年期の学校」、「若者期の学校」、「壮年期の学校」、「老年期の学校」、「死の学校」という八つの段階で示される。

> 最初の学校は胎内で、深い闇の中にあった。第二の学校は私的な壁の中だった。第三は私的な建物の中、第四は離れた場所、そして第五の学校はとうとう光のあふれるところだ。そこから誰もが光の下で自分の公的な、あるいは私的な職務に出ていくのである。（CC 2, 183）

現代のアンドラゴジー（成人教育学）やジェロゴジー（高齢者教育学）に近い議論を含むこの考察は、生涯学習論の先駆的形態と言ってよい。二〇世紀後半に哲学者イヴァン・イリイチ（一九二六—

二〇〇二年）が『脱学校の社会』（一九七一年）を手はじめに学校制度が孕む病弊を指摘し始めると、学校化論批判（脱学校論）の高まりの中でコメニウスも一部で批判的に扱われるようになったが、『光の道』から「パンパイデイア」に至る思索を踏まえるなら、彼を狭い意味での学校化論者とみなすのは適切ではない。

　コメニウスの生きた時代は、フランス歴史学の大家フィリップ・アリエス（一九一四―八一年）の研究以来、しばしば「子供の誕生」の世紀と称される。アリエスは一七世紀に「子供はその純真さ、優しさ、ひょうきんさのゆえに、大人にとって楽しさとくつろぎのみなもと」になり、そこに「新たな子供期の意識が出現した」と言う（アリエス 一九八〇、一二三頁）。コメニウスの学校教育への取り組みは、彼もそうした時代の心性（マンタリテ）の中にあったことを想像させるが、孤児の体験をもつコメニウスは、保護を求める孤児の声を代弁する一方で、「子供にとって両親の死が悪い結果になるより良い結果になることがある」（DK 3, 449）とも言っている。恵まれて育つだけでは「なぜ教育のことで苦しまなければならないのか。それはどうしても必要なものなのか。学校や仕事は他人に任せておけ。さもなければ、両親、祖父、祖母などから譲られたものを、一〇〇歳まで生き永らえても死ぬまで使わずにいることになる」（DK 3, 449）といっ

『世界図絵』（ニュルンベルク、1660年版）の挿絵より「人生の七つの段階」

た甘言に騙されてしまう。「幼時に頼る先のない身になれば、義父、義母ないしは他人のもとでいっそう厳格な躾《しつけ》を受け、若いうちから恐れ、服従、労働を教わって、そのおかげで、従順で親切で、かいがいしく活発で、正しい人間になるものだ」(DK 3, 449) と彼は言う。

徒弟制や里親は一般に中世的な教育の所産とされ、学校教育への囲い込みが進む過程で、その意義は顧みられなくなっていく。その意味では、コメニウスの記述は「学校教育の改革者」というイメージとは相反している。彼において、学校としての人生は「光の相」から考察されているのである。誕生期から児童期にかけては、子供を世界の光から保護する必要があるが、それは単なる保護ではなく、公共の光にさらされる壮年期を前に独自の課題が求められる期間と見られている。コメニウスが子供を大人と別個の存在とみなしたことは、アリエスが言うような子供期の意識の誕生とは異なる文脈にある。コメニウスは子供に対する過剰に受容的な態度を認めていない。

当時はイエズス会学校をはじめとして広く見られたことだが、非キリスト教的なギリシア・ローマの古典の取り扱いは当時の学校教育では避けて通れない問題だった。コメニウスは「学校の根本的改革を望むのであれば、異教徒の著作は追放するか、少なくとも従来より慎重に扱わなくてはならない」と主張している (DK 15-1, 167)。こうした主張は学習の自由を阻むものとも見られるが、教育的に有害とみなされる知識や習慣から子供をいかにして保護するかということは、インターネット社会である現在では、より深刻な課題である。コメニウスは学校を暗がりから光に向かう過程のうちに位置づけ、人間が社会に開けていく方向を展望した。ルネサンスと宗教改革がもたらした社会の混迷に直面した彼にとって、悪とみなされる知識や習慣から人間を守ることは子供だけに関わる問題ではなかった。『総合的熟議』の第四部「パンパイデイア」では、「光の協会」という組織によって「書物を増やすことではなく、有害な書物を廃し、無益な書物を消滅させ、そしてよい書物を要約すること」(CC 2, 72) が提唱されている。

学校教育制度が普及した一九世紀末以降、哲学者・教育学者のジョン・デューイ（一八五九―一九五二年）らの試みに見られるように、学校と社会の障壁を低くする「学校の社会化」が課題とされてきた。それと対照させるなら、コメニウスの構想は「社会の学校化」あるいは「世界の学校化」を志向していたと言える。この構想は、もはや教育という領域を超え、政治改革の構想にまで至っているが、そこには「学校としての世界」という教育的な世界観がある。

教会と政治と家庭の苗床――学校のリアリティ

コメニウスは、自らの学校構想はあまりに理想的すぎるという批判を予想したのか、自分は決してイデアを追い求めているのではないことを強調している。

本来の目的に完全に応える学校とは、真に人間の工房と言える学校である。言い換えれば、学習者の精神が知恵の輝きを浴び、顕れたものも隠れたものもすべて容易に貫き、魂と魂の感情とがさまざまな徳の普遍的調和に合致し、心が神の愛に引き寄せられる、陶酔する学校である。〔…〕しかし、こうした段階の完全さを目指した学校があっただろうか。そこに至ったという話は聞かない。われわれはプラトンのイデアを追い求めているとは見られたくない。(DK 15-1, 80-

81)

ここでのプラトンへの消極的な言及を見るかぎり、コメニウスは観念論を排して現実主義をとろうとしたようにも見える。しかし、前章で見たように、パンソフィア研究の中で、彼は「可能性をもったイデアの中に存在していたような世界」を分析しようとした。このずれは、どう理解したらよいだろうか。

パンソフィア研究と教授学をはじめとする実際的な改革論は断絶していると見ることもできなくはない。しかし、パンソフィアの世界観がイデア論として現実から括り出されることで現実に対する批判力をもったとしても、それが現実とまったく乖離していたと考えるのは不自然だろう。コメニウスはパンソフィア研究を進める一方で、現実の学校教育にも関与し続けた。ドイツでの修学から戻ったのちの一六一〇年代、ポーランドに移った一六二〇年代末から三〇年代、スウェーデンからの依頼で教科書編纂にあたった一六四〇年代後半、そして一六五〇年代前半にトランシルヴァニアのシャーロシュパタクに滞在した時期と、彼には四期にわたる教職体験がある。

シャーロシュパタクでは「光り輝くパタク学校の理想像」という構想を著している。その意図は「どうすればパタク地方の学校をパンソフィアの規則に則ってできるだけうまく打ち立てられるか」にあった（OD 3, 3)。ここにも、理念に則って現実に向かう、という見方をうかがうことができる。そして、シャーロシュパタクで上演された『遊戯学校』は、「学校としての世界」というマクロな視点をとるコメニウスが狭義の学校にどのような意義を見出していたかをうかがわせる点で興味深い。

学校劇はあくまで正課外の活動である上、「魂の内奥の耕作」に直接にはつながらないが、「人間の生活は会話や行為によって過ごされる」ので、観客を前に公開上演を行うことは生徒の知能の活性化、生徒、教師、親の意識の向上、生徒の自己認識の深化、実社会で求められる作法の形成に効果的だとされている（OD 3, 31, 32）。

『遊戯学校』のストーリーは、世界の調査を行うプトレマイオス王がさまざまな分野の職人や専門家を招いて対話する形式で展開される。全八部は、①自然的事柄、②人間の身体、③人工的技術、④母語・ラテン語学校、⑤アカデミア、⑥道徳的生活、⑦家政と政治、⑧王国と宗教である。特徴的なのは、この劇の基になった言語教科書『開かれた言語の扉』や『世界図絵』と比べると、学校生活を扱う第四部と第五部にかなりの分量が割かれ、それ自体が一つの世界としてクローズアップされている点である。この劇の中で、生徒と観客は、学校が世界の中のもう一つの世界であることを学校劇という学びの中で知る。つまり、この学校は、世界の中の学校の、さらにその活動として演じられるかぎり、世界から二重に隔たっている。それゆえ、その学校は虚構的たらざるをえないが、重要なのは、この劇が公開上演されることで、生徒は公共的な空間で脚光を浴び、虚構であるはずの学校が一つの現実として照らし出されるというこ

シャーロシュパタク（ハンガリー）の城跡(著者撮影)。この城はハンガリーの紙幣のデザインにも用いられている。

とである。コメニウスは学校を理念と現実が出会う結節点とみなし、世界の一部としての学校が世界の理念化に寄与するという特別な意義を見ていた。

われわれが秩序ある花開く教会と政治と家政を望むなら、まず学校を秩序立てて発展させ、学校を真に人間の生きた工房として教会と政治と家政の苗床にしたいものだ。(DK 15-1, 49)

学校の改革が宗教、政治、家庭の改革の前提になる、という主張は、以上に見たような意味で理解される。コメニウスは「神が闇の中から自身の驚くべき光の中に招き、至る所で光の束を集め、それぞれが他人に、また最終的にはあらゆる者があらゆる者と反射し合うようにさせた」(OD 3, 13)と記す一方で、光としての人間という原型は失われていると考えている。だからこそ、その回復は「光を製作する普遍的な工房」(OD 3, 13)としての学校の設立によって緒につくと考えたのである。

学校としての人生

コメニウスが人生を八段階の学校とみなした意味は、彼が用いた他のさまざまな段階論と関連づけることで理解できる。『総合的熟議』の第四部「パンパイデイア」の末尾では、パンソフィアの世界観と八段階の学校の関連について、次の表のような対応が示されている(CC 2, 233)。

コメニウスの段階的な世界観に中世の普遍論争が動的に適用されていると考えられることは前章で見た。それに従えば、「誕生期の学校」、「幼児期の学校」、「児童期の学校」は事柄に先立つ普遍の段階、「青年期の学校」は事柄における普遍の段階、「若者期の学校」、「壮年期の学校」は事柄のあとの普遍の段階、「永遠の学園」に向けて準備するために死の省察が求められる「老年期の学校」と「死の学校」（CC 2, 222）は事柄に先立つ普遍への回帰に、それぞれ対応させてよいだろう。このことと「暗がりから光へ」という流れを重ね合わせると、世界と学校の関係も段階的に捉えられる。誕生期を経た幼児期と児童期は「開発されていない魂の教育」（CC 2, 169）の時期であり、学校には子供を世界の悪習から隔てる保護的な機能が求められる。それゆえ、この時期の教育には理念的であることが求められる。青年期は若者期と壮年期への移行期であり、学校劇が導入されたシャーロシュパタク学校はこの段階にあたる。学校劇は学校と外部世界を接合する実践だった。次の若者期で言われるアカデミアは、大学などの高等教育段階にあたる。ここでの修学と、アポデミア（遊学）および職業の選択を経た「活力にあふれた人生の中心部分」としての壮年期は「予行練習によってではなく、真剣な活動によって学ばれる」年代にほかならない（CC 2, 197）。

理論、実践、応用という段階論で見れば、誕生期、幼児期、児童期は理論的学習が中心とされ、青年期には理論の実践への適用が進められ、若者期から壮年期は実践能力の応用が試される年代ということになる。コメニウスは、各年代で重点を置くべき教育課題として、幼児期には外部感覚、児童期には記憶力、青年期には理性、若者期には純粋な知性を挙げ、「壮年期は実践と活用にあてられる」

学　校	世　界
誕生期の学校	可能界
幼児期の学校	原型界
児童期の学校	天使界
青年期の学校	自然界
若者期の学校	技術界
壮年期の学校	道徳界
老年期の学校	霊　界
死の学校	永遠界

（CC 2, 102）としている。

さらにコメニウスは、人間の生命を「植物的生命」、「動物的生命」、「霊的生命」と三重に捉える見解を引く。教育の課題は「最高段階が前の二つの生命によって厚く覆われて包まれている」（DK 15-1, 54）状態から段階的に解放することである。「決して肉体の外に出ることがない」植物的生命の段階では、生まれ落ちた世界への根づきが課題になる。「感覚と運動の働きを通じて外界の対象へと広がる」動物的生命の段階は、文字どおり生命の拡大がなされる時期である。三種の生命のいずれも人生の八段階に認められるが、誕生期から児童期にかけては植物的生命としての形成が中心となる。青年期から壮年期は、特に動物的生命の現れが求められる時期である。二つの生命への執着を超越したところに霊的生命が現れるとすれば、それは特に死に向かう人生の完成のための課題と言えるだろう。

4　光への教育／光としての学び

洞窟の比喩

『光の道』に見出される一節は、コメニウスがプラトンの『国家』第七巻を——直接にせよ間接にせよ——読んだことを示している。

人間たちが地下の牢獄に長いあいだ拘留され、光に不慣れなまま突然、光のもとに戻されて、まったくの盲目になってしまった、という事態が歴史によって知られている。同様のことが過誤の闇に慣れた人間たちにも起こる。すなわち、もし真理の光が不意に差し出されるなら、彼らはびっくり仰天して、光を憎み始め、そして狂乱すらともなって光から逃げたり、それに逆らったりし始めるだろう。(DK 14, 325)

身体を拘束され、視線を固定された洞窟の囚人たちが壁に映った実体の影を実体だと思い込む、という比喩を通して、プラトンは私たちが現実に見ているのはイデアの影にすぎないと説いた。この「洞窟の比喩」はイデア論の説明として有名だが、ここでのテーマは教育である。プラトンは、無知が癒されるには実体を照らす「火の光を仰ぎ見るように強制され」なければならないと考えた。しかし、囚人の先入見は強固なので、「地下の住いから、粗く急な登り道を力ずくで引っぱって行って、太陽の光の中へと引き出すまでは放さない」といったことをすれば、囚人は外界のまぶしさで何も見ることができず、かえって実体の影に固執することになる。そこで段階的に光に慣らすことが必要になる(プラトン 一九七九、九六—九八頁)。

光に慣れた元の囚人は、地下の囚人の境遇を哀れんで洞窟に戻るが、しばらくは暗闇に目が慣れない。また、実体の影に固執している地下の囚人たちを解放しようという試みは往々にして受け入れられず、かえって敵意すら向けられる。プラトンは光を見た者の運命をこのように示唆しながら、「国の中の一部の種族だけが特別に幸福になるということ」は許されないので、「上方に留まること」があってはならないと言う（同書、一〇七―一〇八頁）。

　学び知るところの器官とは、はじめから魂の中に内在しているのであって、ただそれを――あたかも目を暗闇から光明へ転回させるには、身体の全体といっしょに転回させるのでなければ不可能であったように――魂の全体といっしょに生々流転する世界から一転させて、実在および実在のうちにもっとも光り輝くものを観ることに堪えうるようになるまで、導いて行かなければならないのだ。〔…〕教育とは、まさにその器官を転向させることがどうすればいちばんやさしく、いちばん効果的に達成されるかを考える、向け変えの技術にほかならないということになるだろう。（同書、一〇四―一〇五頁）

　プラトンが言う魂の転回の先には、光り輝くものである善がある。しかし、公共の福祉のため、上方（善の世界）にとどまることは許されない、と言われていることからすれば、光を見た者には再び転回することが求められている。プラトンが思い描く教育（パイデイア）には、善への向き直り（往相）と善からの回帰（還相）が認められる。ところが、「魂の中に知識がないから、自分たちが知識を中に入れてやるのだ」（同書、一〇四頁）という教育観が改められないかぎり、彼の言う転回は成し遂げられない。こうして「洞窟の比喩」における転回には、教育観の転回、光への転回、光からの転回という三つの相が認められることになる。

回心としてのパイデイア

コメニウスは『大教授学』でも「洞窟の比喩」を下敷きにしたと思われる考察を示している。

> 内なる明かりを灯すのではなく、他人の意見という照明をもって外側をまわるのであれば、闇の牢獄に幽閉された者のために松明《たいまつ》をもってそのまわりをめぐっても、その割れ目から若干の光線が漏れることはあるが、十分な光が射し込むはずはないということにしかならない。(DK 15-1, 62)

プラトンの比喩では、人々が動物や人間の像を火の光にかざして歩き、囚人たちがそれらの像の影を実体視してしまう。これはプラトンが批判した、知識のない魂に像を与える教育に対応している。ここでコメニウスは、プラトンと同様に人間の生得的な学習可能性を認めるとともに、それを知ることから人間を遠ざけてしまうような教育を退ける。

> 人間は闇から影へ、影から明かりへ、明かりから光へ、最後に光の輝きそのもののうちへと次第に高められるべきである。このことは別の仕方で起こることはない。(DK 14, 325)

コメニウスは三つの光のうち神の光が最上位にあると考えたが、それを唐突に差し出されても受け入れられないがゆえに、段階性（順序）が重要だと考えた。「的確」、「敏速」、「平易」、「着実」といった教育の主要な原理も、転回を効果的かつ段階的に進めるための方法とみなされる。

第一章で見たように、コメニウス自身の姿が投影された『地上の迷宮』の旅人は、二人の案内人の導きで世界を旅するが、首に手綱をかけられ、口には轡《くつわ》を差し込まれ、さらにはすべてが現実とは異なった反対の姿に見える眼鏡をかけさせられる。チェコ二〇世紀の哲学者ヤン・パトチカ（一九〇七—七七年）は、この旅人をプラトンの洞窟の囚人と対比させながら、コメニウスの教育思想の解釈を試みた。ハイデガーはフライブルク大学での講義（一九三一—三二年冬学期）で「洞窟の比喩」を取り上げているが、パトチカはその少しあとの一九三三年の夏学期にフライブルクでハイデガーに学んでいる。

『地上の迷宮』の旅人は、絶えざる動き（旅）に引き込まれる中で、自身の存在、中でも無と出会うことから遠ざけられる。案内人の惑わしの言葉が、それに拍車をかける。しかし、家族や故郷の喪失という不遇は旅人に自身の存在を問い直す可能性をもたらし、案内人と訣別した旅人は死の淵を見たのちに回心に至る。この過程はハイデガーの主著『存在と時間』（一九二七年）における良心の呼びかけを連想させるものがあるが、パトチカはコメニウスに実存の具体的・実質的経験に即した考察が認められると考えた（パトチカ 二〇一四、一八〇頁）。

コメニウスは、人間を段階的に光へと慣らしつつ魂の転回を実現する、という課題を扱う。プラトンが「洞窟の比喩」を通して論じた魂の転回としての教育は、キリスト者としてのコメニウスにおいては回心として把握される。死の淵を見た旅人は「自分が出てきた自分の心という家に戻りなさい」（DK 3, 366）という神の呼び声に応え、自身の胸中で神と出会って再生する。神は旅人に「以前通ってきた場所」に行くことを求め、神の言葉という枠に聖霊というガラスがはめ込まれた透視鏡を渡されて、世界に帰還する（DK 3, 374）。ここには、世界からの転回を経た世界への転回、という二度の転回がある。その過程にあるのが、自身に加えられた教育からの転回である。旅の前にかけられた惑わしの眼鏡は、習慣という枠に憶測というガラスがはめ込まれたものとされており（DK 3, 278）、旅人の回心は、この眼鏡を自ら投げ捨てることで可能になる。洞窟の囚人は、光への向き直りを強制され、洞窟への回帰も強制される。それに対して、旅人は、確かに束縛されてはいるが、二度の転回とも自身で選び取る。また、自身が受けた教育からの転回も、世界を学習する者としての旅人自身の、そしてこの物語の読者の課題であるべきことが示される。

コメニウスが魂の転回を哲学的に考察したことは明らかだが、その背景には前章で見たような歴史意識があった。すでに六つの技術が普及したが、宗教的・政治的・文化的な危機に陥っている当時の世界は、むしろそれゆえに普遍的な光の時を迎えつつある、と彼は考えている。教育は、旧約聖書『イザヤ書』に描かれた「諸民族の普遍的な回心（メタノイア）」によって「光の輝きを前にしたすべての者がその光へと向き直る」（DK 14, 307）ことを可能にする根本の手段であり、それは一人の人間から始まる。

誰か一人でも荒れ野の迷宮のような道を正しく導くことを知った人は、二人、三人、一〇人、一〇〇〇人、さらに誰がやって来ても、正しく導くことを知るだろう。〔…〕誰か一人にでも知恵、美徳、救済の正しさと正しい道を示してやることを知るなら、この一つの技術あるいは思慮

深さが世界全体を闇から光へ、誤りから真理へ、破滅から救済へと呼び戻すのに十分となろう。（CC 2, 19）

開放性への転回

その目的が回心へと方向づけられた教育は、コメニウスの時代と社会においては特異なものではなかった。しかし、科学技術が生活のあらゆる領域に浸透し、宗教的な伝統も異なる社会にあっては、彼の構想が疎遠に映るのも無理はない。では、コメニウスと宗教的信念を共有できない者は、その教育思想も理解できないのだろうか。この点で示唆的なのは、第一章で見たように、彼自身が投影された『地上の迷宮』の旅人が哲学的精神として位置づけられていることだ。コメニウスの思索は特定の宗教的伝統に根ざすものだが、哲学的思考を経ることによって、そこからさらに開けた可能性を示している。のちに第七章で見るように、コメニウスの教育思想が実際にさまざまな思想的文脈で解釈されてきたことは、その証である。

「幼児はすべてを潜在的に知っているが、実際に学んでしまったことだけをすべて知っているのだ」。幼児の可能性と適合性は無限であり、何に対しても限界がない。プラトンは、それを考察して世界の永遠の循環という考えに至り、「学ぶとは想起することだ」と述べた。（CC 2, 128）

『総合的熟議』の第四部「パンパイデイア」のこの一節は、プラトンの学習想起説にユニークな視点をもたらす。コメニウスは、幼児の可能性は身体によって制限されているとする一方で、聖書において子供たちだけが神の王国にふさわしいとされる根拠を「子供の魂は大人より率直である(simplicior)」(DK 15-1, 46)ことに求めた。もっとも、「アダム以来すべての人に継承されている生まれつきの素質」である堕落によって人間は「善を悪と、悪を善と考え、光を闇と、闇を光とみなし、命の小道ではなく死の道に入り込んで」おり、「最近この世界に入ってきた子供たちでさえそうだ」と記しているように(CC 2, 48)、子供の可能性を無条件に肯定するわけではない。しかし、子供の可能性に対する注目は、ピューリタンなどプロテスタントの一部で支配的だった厳しい躾《しつけ》によって子供から生得的な悪を追放しようとする子供観とは隔たっている。

宗教的な回心にせよ、哲学的な覚醒にせよ、そうした転回を可能にするには、人間の存在についての理解の転回が先行しなければならない。すでに見たように、コメニウスは人間を外部から知識が注ぎ込まれる受動的な器ではなく、光を受け取ると同時に返す存在と見ていた。子供はそうした人間存在の開放性の原型である。教育は、教育の中で出会う当事者がそのような開放的な可能性を想起すること、あるいは開放性の忘却を克服することから始まる。そして、それは自己の内面であれ外部であれ、そこに異なる何かを感じ、関心を払うこととして現れるのである。

コメニウスが哲学的思考を通したことで、その根底に宗教性のない教育は不十分である、という彼の認識はより広く接近可能なものになった。彼は人間存在の基盤に実存的なレベルでの開放性を見る。そして、従来から論じられてきたように、学習やコミュニケーションという機能レベルにおける開放性を実現する方途を考察している。私たちが存在から機能のレベルにわたって人間の開放性を考えようとするなら、コメニウスの思索は参照に値するものである。

照らし合いとしての学びへ

一九世紀後半以降の公立学校制度の成立にともなって、一人の教師がほぼ同質の集団を相手に同一の内容を同時に教える「一斉教授法」が一般化した。

> 生徒は誰も特に近づいてはならず、またどの生徒も教師に特に近づくことは許されない。太陽がその光線をあらゆるものにふりまくように、教師が教壇から動かなければ〔…〕、全員が目を凝らし、耳をそばだて、魂を緊張させて、教師の話や、教師が手や絵で見せてくれることを把握する。（DK 15-1, 131）

『大教授学』のこの部分を読むと、コメニウスは「一斉教授法」一辺倒だったように思えるかもしれない。しかし、彼は「全員を同時に一斉に（simul et semel）教える」（DK 15-1, 131）ことで事足りるとは考えていなかった。一斉教授は学びの前提にすぎない。コメニウスは、まず生徒を一〇人組に分けることを求める。例えば、文体を学習する場合、教師による授業のあとに生徒が集団内で発表し合って誤りを正し、批評し合うことを勧めている。相互学習は生徒の注意力を高めるだけでなく、「生徒が異なれば、異ならざるをえない文の多様性によって、事物の判断や言語の使用が形をなし、強まる」（DK 15-1, 133）からである。同じように教えられても決して同じにはならない人間の他者性とそれに起因する教育の不確実性を、コメニウスはよく理解していた。

そうであるなら、他者性を尊重して個別的配慮をとるべきであり、一斉教授は必要ない、という異論が出るだろう。しかし、コメニウスの光の哲学の視点からすれば、むしろ逆である。長所であれ欠点であれ、多様性は普遍性に照らされることで初めて明らかになる。個別的配慮は一見、個性の尊重に見えるが、往々にして相手を同化しようとする欲望を暗黙の前提にしているし、学習者をバラバラに引き離すことで相違の隠蔽に陥ることもある。互いの違いが明らかになることで相互の照らし合いも可能になることを考えれば、一斉教授が個性を抑圧するとは即断できない。一斉教授が学習者を光にさらすなら、それを受けた相互学習は学習者が光を発する場になりうる。コメニウスは、学習者が光を受け取る存在から光を贈る存在へと変容する過程を、学びとして捉えたのである。

魂の転回のためには、光は単に普遍的であるだけでなく、十分な影響力をもたなければならない。だが、あらゆる者をいきなり苛烈な光にさらしても効果は期待できない。それゆえ、プラトンは魂の転回に強制がともなうことを認めたが、コメニウスはいかにして強制を抑制できるかを考えた。例えば「成長するものに、⑴常に光と熱を、⑵時に雨と風を、⑶稀に稲妻と雷鳴を与える」太陽は「最良の規律のあり方を教える」一方で、「早春の新たで柔らかい植物を照りつけはせず」、「知らず知らずのうちに植物をあたためて成長させ、強め、実や種をつけるほど成長してから全力を注ぐ」(DK 15-1, 178-179)。春の陽光は、夏の烈日と同じように普遍的に贈られるが、若芽を枯らしたりはしない。ここにコメニウスは、人間を暗がりから光へ導くには光の側にも段階が必要であることを見て取っている。さらに、その光が普遍的に受けとめられるには、受け取る側の組織化も必要となる。

『大教授学』などの記述を素直に読めば、コメニウスが学年ごとのクラス分け（学年学級制）を主張したことは明らかだ（井ノ口 一九九八、二四二―二四五頁）。しかし、この時代の就学人口からしてコメニウスが学年学級制を構想したとは考えられないという思い込みがあるせいか、彼がクラスの必要性を考察していた意味は十分に受けとめられていない。クラス制や一斉教授の導入は、教育効率を追求したというより、教育を「光の相」から考察したためである側面が大きい。春の陽光を受けるべき段階の若芽のような子供を揃えること自体が画一化だという意見もあるだろう。しかし、よく目を凝らせば、同じ陽光を受ける若芽の伸び方も決して一様ではないことが分かる。

人間を世界に開かれた存在と見るコメニウスにとって、教育とは、人間がその開放性に目を開き、そこから世界へと開けていくために不可欠の作用だった。その作用が結果するためには、いかなる作用が魂に与えられる力として許容されるかが考察されなければならないし、それが実践と応用に向けて具現化されなければならない。コメニウスは、その技術的創案によって「近代教授学の祖」とされてきたが、そこに至るまでの周到な哲学的思索に目を向けるなら、むしろ「最初の教育哲学者」と呼ばれるべきだろう。

第四章　言語への開かれた問い

アムステルダムで執筆にとりくむコメニウス（ヴァーツラフ・ブロジーク作、1891 年）（チェコ科学アカデミー美術史研究所）

上から目線で「まだできていないの？」と言われ、思わず「はい、まだできていません」と返してしまう。否定疑問文に応えるとき、聞かれた事実のとおりなら、日本語では「はい」と返す。しかし、英語では「ノー」と言わなければならない。これが咄嗟にはなかなか出てこなくて困る。

言語は人々をつなぐ半面、摩擦や誤解の原因にもなる。誰もが言語の重要性を感じているが、「言語の共通性がもっと高かったら」とか、さらには「世界の言語が共通だったら」と思ったことが誰でも一度はあるだろう。

コメニウスは一七世紀随一の言語教育者として、『世界図絵』をはじめとする教科書を創案した。一六歳になって初めて学校教育を受け、語学の習得に苦労した彼は、言語教育の改革にとどまらず、その時代に模索された普遍言語の夢にまで踏み込んでいく。

1　問題としての言語

再演されるバベル的状況

コメニウスが言語をどのように捉えたかを考える際、参照すべきテクストが少なくとも二つある。一つはスウェーデンの庇護のもとエルブロンクに滞在していた際に著された『言語の最新の方法』で、これは言語についての哲学的考察から説き起こして、ラテン語の教授法を詳述したものである。もう一つはパンソフィア研究の集大成『総合的熟議』の第五部「パングロッティア」で、言語に関する全般的な考察と言語改革の提案から成る。

イタリアの哲学者ウンベルト・エーコ（一九三二―二〇一六年）は、『完全言語の探求』（一九九三年）で、ヨーロッパ思想史を貫く同一性の崩壊に対する怯《おび》えは旧約聖書『創世記』まで遡れるとしている。原初には同じ言語で生きていた人間が天に届くほどの塔を建てようとして神の怒りに触れ、神の罰によって言語の混乱のもとで生きる運命を負うようになった、という教説は、コメニウスに倣って言えば、「生ける印刷術」によって多くの思想家に刻印され、そこから言語をめぐるおびただしい数の考察が生み出された。コメニウスもまた、そうした刻印に応えた一人である。

神は死すべき者としての人間の共謀をかき乱そうとされ、相談の手段を最も効果的に妨《さまた》げようと、諸言語を入れ込んで混乱させてしまわれた。〔…〕人間社会の絆は言葉であるから、この絆が破壊されれば、必然的に社会そのものが解体させられる。〔…〕ゆえに、これまで通用し、また驚くべき仕方で増大してきた言語の多様性とは、われわれの軽率に対して下された罰なのだ。

（CC 2, 257）

「言語の混乱」という認識は、単一で普遍的な言語がかつて存在したという想定があって初めて成り立つ。ミシェル・フーコーは、この時代には「本来の形態で神自身から人間に与えられたとき、言語は事物に類似していたため、絶対的に確実で透明な事物の記号だった」（フーコー　一九七四、六一頁）と言う。「言語の透明性」という認識は長くヨーロッパの言語観の前提をなし、そこでは言語は二つの関係のもとに置かれる。一つは言語同士の関係、もう一つは言語と事物の関係である。前者においては、言語はより透明性が高められることで評価される。しかし、後者においては、言語は事物を透明に映す媒体とみなされ、事物に従属する地位しか与えられなかった。

われわれはまさに白い板に似た生のままの精神をもって生まれ、行い、話し、理解する行為のいずれの手段ももたらされていないため、すべてを基礎から努力するしかない。しかし、このことは完全性の状態にいるより、はるかに困難だ。事柄がわれわれには不明瞭で、言語が混乱しているからである。〔…〕実際、母語でさえさまざまなので、われわれが生まれながらにもっているものは何もないありさまだ。（DK 15-1, 68）

言語の透明性は、コメニウスを含む当時の思想家の多くにとって、理想ではあっても現実ではなかった。現実の言語が不透明であるという認識自体は、現代の言語学の理解から逸れたものではない。彼は母語に不案内な外国人教師の教室を例に挙げ、「行為のための共通の手段が欠け、目配せと憶測しかないのであれば、バベルの塔が建つほかにない」（DK 15-1, 113）として、バベル的状況が日常的に繰り返されていると見る。それゆえ、「言語は、学識ないし知恵の一部としてではなく、学識を身につけ、それを他者に伝達する手段として学ばれる」（DK 15-1, 151）と記しているように、コメニウスは道具的な言語観をとり、言語が本来的には事物を透明に映し出す媒体であること――媒体でしかないこと――を確認する。この言語観が、彼の教育方法論の有用性と相俟って、教育の近代化の中で受け入れられることになるのである。

一七世紀の教育熱

一六四二年、コメニウスはスウェーデンのストックホルムで宰相オクセンシャーナと会見した。コメニウスはパンソフィア研究に専念しようとしていたが、宰相から求められたのは、教授学、特に言語教育の研究だった。コメニウスにとって、それは「不服ながら、まる八年も言語機械の汚物の中にいなければならないことになった」(DK 15-2, 89) と記すほど気乗りしない仕事だった。彼は教授学者としての名声をすでに確立していたが、そのイメージを甘受してはいなかったことが分かる。

言語の修得が一七世紀ヨーロッパの教育における中心的課題だったことは間違いない。教会の権威よりも個人の内面的信仰を強調するプロテスタントにおいては、俗人が聖書を読めるまでになることが理想だった。カトリック側では『イエズス会学事規程』(一五九九年) に結実する古典語教育の対抗的な改革が進められ、イエズス会学校は中等教育分野で圧倒的な優位を占めるに至る。プロテスタント諸侯は教授学者を雇うなどして、これに対抗した。コメニウスは、彼に先立って教育改革を説き、フランクフルト帝国議会に建白書を提出したヨハン・ヴォルフガング・ラートケ (一五七一—一六三五年) らとともに「御用教授学者」として位置づけられたりもするが (梅根 一九六八、第四章)、当時の教育熱の中で取り立てられた教授学者たちは、脚光を浴びる一方で、革新的とされる方法を喧伝する、やや胡散臭い存在とも見られていただろう。

コメニウスは言語教育の改革は本業ではないと考えていたが、晩年には息子ダニエルのラテン語学習の遅れに手を焼いたように、公私にわたってこのテーマから逃れることはできなかった。幼くして孤児になり、学問の道に入るのが遅れたコメニウスにとって、学習の改善、特にラテン語教育の改善は他人事ではなかったのである。コメニウスの言語論は教育や学習という課題と不可分であり、純粋に言語学的とは言えない。しかし、だからこそ思考実験にとどまらない具体性がある。

言語の洗練

ドイツのヘルボルンで修学したあと、コメニウスは自ら主著と呼ぶ『事柄の普遍的世界の円形劇場』（『事柄の普遍的世界の劇場』という草稿の一部も現存する）に取り組んだ。これは全二八巻から成り、「必要とされるどんな事柄もいながらにしてもち、蔵書の要約をそなえた人間になれる」書物として構想された（DK 1, 112)。「祖国の言語を輝かせようとする希望」(DK 1, 112）という執筆意図は、実に光の思想家らしい。コメニウスの目に映った当時のチェコ語は、まだ十分な輝きを発していなかった。彼は言語教育の改善の前に、言語そのものを輝かせる必要があると考えたのである。

われわれが期待し、懇願するのは、知恵の学習がラテン語文書のみで伝達されるため、閉じ込められた事柄が学校に留め置かれることがこれ以上ないようにすることだ。それは、これまで民衆と世間一般の言語をこの上なく軽視し、侮辱することでなされた。どの民族にもその母語ですべてが伝達され、それによってすべての自由人に知恵の学習に従事するための手がかりが与えられるように〔…〕なれば、学問や学芸とともに、言語そのものも優雅に磨きがかけられるように

なるだろう。(DK 15-2, 53)

母語の輝きを高めるための取り組みは、チェコ宗教改革におけるクラリツェ聖書の出版に見られるように、一六世紀におけるモデルがある。教育史では「母語主義(vernacularism)」は教育の近代化の兆候の一つとして説明されることが多いが、信仰の回復が大きな動因だったことを考えれば、むしろ復古的な動きだったと言える。また、母語主義は民族主義と結びつけられがちだが、それはこの時代とコメニウスにはあてはまらない。母語が愛すべきものだったとしても、その輝きはラテン語に劣っているとコメニウスは見ていたし、当時のラテン語の通用性を無視するのも非現実的だった。コメニウスが母語主義者だと言える理由は、「学校で未知のものを未知のもので教えるのは前後転倒だ」(DK 15-1, 113)として、「外国語の案内人である母語」(OD 4, 50)から始めなければならないという原則を強調した点に求められる。

必要なのは、国内生活のための母語、隣国との交流のための隣国の言語、〔…〕そして学問的な書物を読むための、例えば学者の場合なら共通にラテン語、哲学者や医学者ならギリシア語とアラビア語、神学者ならギリシア語とヘブライ語である。(DK 15-1, 151)

コメニウスは国内生活、隣国との交際、国民間の交際、学識の向上、宗教的教化という面から言語の必要性を捉えた。母語とともに隣国のドイツ語の必要性を説いたが、特に重視したのはラテン語である。シャーロシュパタクでの講話では、ラテン語が重んじられるべきなのは、音が快く、構造の均整がとれており、形式的にも多様であるために優雅で、神と人間に関わる知恵の宝庫として有益である上、聖別された言語だからである、と言われている（DK 15-3, 286）。こうした評価はビベスから得たものである（DK 14, 352）。また、ギリシア語は新約聖書の保護者であり解説者、ヘブライ語は旧約聖書の配膳者であるとし、ラテン語、ギリシア語、ヘブライ語を「福音派に属する諸民族に天から命じられた三つの学識の言語」と考えた（DK 15-3, 196）。

だが、コメニウスは単なる古典語至上主義者ではない。同じ講話では「ヴァンダル族、ゴート族など、野蛮な諸民族と混合した別の言語によってイタリア語が生み出され」、ラテン語は「さまざまな民族のさまざまな野蛮や文法違反で汚れた」と批判している（DK 15-3, 286, 287）。言語の輝きを高めることは、母語だけでなくラテン語にも通じる課題だった。『教授学著作全集』第四巻に収められた「甦るラティウム」に見られる寄宿制ラテン語学校の構想は、「ラテン語学校は純粋で混じり気のないラテン国を再現するよう全力をあげるべきだ」（DK 15-3, 287）という主張に基づいている。コメニウスは言語の輝きの増進は人間にかかっていると見る。ラテン語の優美さを妬むべきではないと説く一方で、その優美さを「母語よりも多くの人々のより大きな努力によって手をかけられた」結果と考える。いかなる言語の輝きも高められねばならないし、それは可能である（OD 4, 30）。しかし、「どの言語もラテン語に対してそれぞれ特殊で、ある程度独特な関係をもっている」（DK 15-1, 113）がゆえに、同一の文法規則で教えるのは間違いだとも指摘される。ヨーロッパ各国の言語教育に携わったコメニウスは、言語の相対性と固有性をともに認識していたのである。

人文主義との距離

教育思想史ではコメニウスはリアリストとされるが、この用語は二重の意味で誤解を招きやすい。「リアリズム」は「言語主義（verbalism）」と対立的に捉えられる。言語主義とは、例えばルネサンス後期に見られる文体や修辞が過剰に重視された状態を指す。一部の階層の教養教育があらゆる人間の普通教育に組み替えられていくという暗黙の前提のもと、教育思想史では言語主義との訣別は教育の近代化の端緒とみなされている。「リアリズム」という用語には、過去に対してはルネサンスとの断絶を強調し、近代とのつながりを強調する含意がある。

コメニウスは確かに言語の空疎な学習を批判した。

> 言語学研究に携わった実に長い年月、神は私に次の事態を観察させてくださった。すなわち、世間一般では人間が話をしているのではなく、無駄なおしゃべりをしていること、言い換えるなら、さまざまな事柄やさまざまな事柄の意味を表現しているのではなく、理解できない単語、あるいはほとんど理解できないか、誤って理解している単語を互いにやり取りしていたということである。庶民ばかりでなく、やや学問のある公人ですらそうなのだ。(DK 1, 36)

しかし、ラテン語の優美さを評価したコメニウスをルネサンスの伝統から切り離して捉えるのは無理があるし、のちに見るように、彼のリアリズムを実用主義的な意味で捉えるのも妥当ではない。言語の輝きを増すという課題は、むしろルネサンス的理想に立ち返ることを求めたものである。一七世紀の知の変革に関心をもちつつも、コメニウスには伝統的な自由学芸への憧れがあった。『事柄の普遍的世界の劇場』には「同胞が自由学芸に対する愛で火を点《とも》される」(DK 1, 116) という願望が示されているし、実際、彼が論じた教育内容は自由学芸の三学四科（文法学・修辞学・論理学、算術・幾何・天文学・音楽）を包含している。

言語主義批判でやり玉にあげられる修辞学をコメニウスが否定していないことも無視できない。『大教授学』で言語の教授法を論じた際には、幼児期から若者期の課題を、とにかく話せるという段階から正しく話すことを経て、美しく話し、ついには力強く話せるように学ぶことだとしているが(DK 15-1, 153)、そこでは修辞や文体が不可欠である。コメニウスは教育内容の配列を考えるとき、易から難へという原則を重視すると同時に、学習課題を繰り返すことで定着を図ろうとする。幼児教育のために著した『母親学校の指針』では、「言語は、文法、修辞学、詩によって発達し、磨かれる」として、「この年齢の子供の修辞学とは、自然のままに、やや身ぶりを交えることや、聞き取ったことを詩の装飾を使って真似ることである」と記している (DK 11, 237, 238)。コメニウスは息子のラテン語教師に詩の教育を抑制するよう依頼したが、その理由は基礎が身についていないということだけであり、彼自身は詩作に取り組んでいる。

前章でコメニウスが非キリスト教著作の慎重な取り扱いを強調したことに触れた。その一方で、彼は古典著作を重視する。修学時代から取り組み始めた『チェコ語宝典』は、「この上なく正確なラテン語のどんな著作家の書でも母語に翻訳されるべきだとするなら、その翻訳を原典に似たように優雅にさせることもできるし、またその逆でも優雅にさせることができることを意図した」（DK 1, 18）ものだった。すでに見たように、彼が編纂した教科書『前庭』、『扉』、『広間』は「著作家の書に至る道（VIA）」として構想されていた。同じ時代に言語の改革を課題に掲げたロンドン王立協会では飾りのない自然な話し方が推奨されていたが（互 二〇一四、九七頁）、平易で明快な表現を重視しつつも、ルネサンス的優美さも重視したコメニウスには、言語主義者と見紛うような一面がある。

二つの『扉』

一六三一年に出版された『開かれた言語の扉』は空前の成功を収めた。複数の言語を対照させながら学ぶことができるこの教科書は、二ヵ国語版ばかりでなく、四ヵ国語版や六ヵ国語版が続々と出版されていく。

私が見た発刊されたものは、ラテン語、ギリシア語、チェコ語、ポーランド語、ドイツ語、スウェーデン語、オランダ語、英語、フランス語、スペイン語、イタリア語、ハンガリー語というヨーロッパの主要な言語による一二種類だ。そればかりか、アジアの言語、すなわち〔…〕アラビア語、トルコ語、ペルシア語から東インド全体で知られているモンゴル語にまで、われわれの小冊子は翻訳されたのだ。（OD 3, 827. ここで記されている版のいくつかはまだ確認されていない）

この教科書には実はモデルがあった。スペインのサラマンカで一六一一年に出版されたラテン語–

スペイン語対訳による『言語の扉』である。著者はイエズス会のアイルランド人（ヒベルヌス）教団に属するウィリアム・バテウス（一五六四―一六一四年）で、この教科書はロンドンで英語訳が出たのを機に普及し、コメニウスの入手するところとなった。頻繁に用いられるラテン単語が一二〇〇の文章に収められ、語彙は基本的に重複が避けられるなどの工夫が凝らされている。

　扉といっても、やっと近づいてくる者をひょっとしたら入れてやらないことがあるのではないだろうか。〔…〕このヒベルヌスの教父たちの「扉」は、他の何らかの言語からラテン語に導かれる初心者にとって、寄与するところはわずか、または皆無である。（DK 15-1, 264）

「扉が閉じている」という批判は、日常的に使用する上で必要な語彙が十分に含まれておらず、初心者には見慣れない語彙が多いこと、多義語と同音異義語を含めた語彙が一度ずつしか用いられておらず、学習効果が期待できないこと、文章を優美にするために語彙が比喩的に用いられ、本来の単純な意味で用いられていないことに要約される。コメニウスはバテウスの教科書には『扉』ではなく『裏口』という名がつけられなくてはならない」（DK 15-1, 264）とまで記している。

『開かれた言語の扉』でコメニウスが重視したのは、単語数や語彙の意味よりも、「理解力と言語が常に対応して進むようにさせる」ことだった（DK 15-1, 265）。その背景には「言葉で言えない事柄を理解している者は物言わぬ彫像」であり、「精神を用いずに音を出すのはオウムのすること」だという見方があった（DK 15-1, 265）。この教科書の副題「言語と学芸の苗床」は、言語を学ぶことを通して学識、徳性、敬虔の基礎的な概念の形成を図るという意図を示している（DK 15-1, 266-267）。コメニウスの周辺では『開かれた言語の扉』の増補版が企てられたが、子供の理解力を超えているような語彙が詰め込まれることにコメニウスは批判的で、「扉はしょせん扉以外のものであってはならない」（DK 15-1, 151）と記した。教科書と言語は、それ自体が目標なのではなく、文字どおり知恵への扉だったのである。

　とはいえ、『開かれた言語の扉』やコメニウスの言語教授法に疑問を感じる箇所がないわけではない。例えば、新しい言語の学習において、文章の意味を理解することの次に書くことに慣れ、「最後に話すのに慣れる」という順序は——コメニウスが古典語の学習を重視し、会話には瞬間的な応答が必要だと考えていたという理由があるにしても——多くの賛同は得られないだろう（DK 15-1, 113）。また、「ラテン語の学習は二年で済み、ギリシア語は一年、ヘブライ語は半年で済む」（DK 15-1, 152）というのは誇大宣伝に映る。

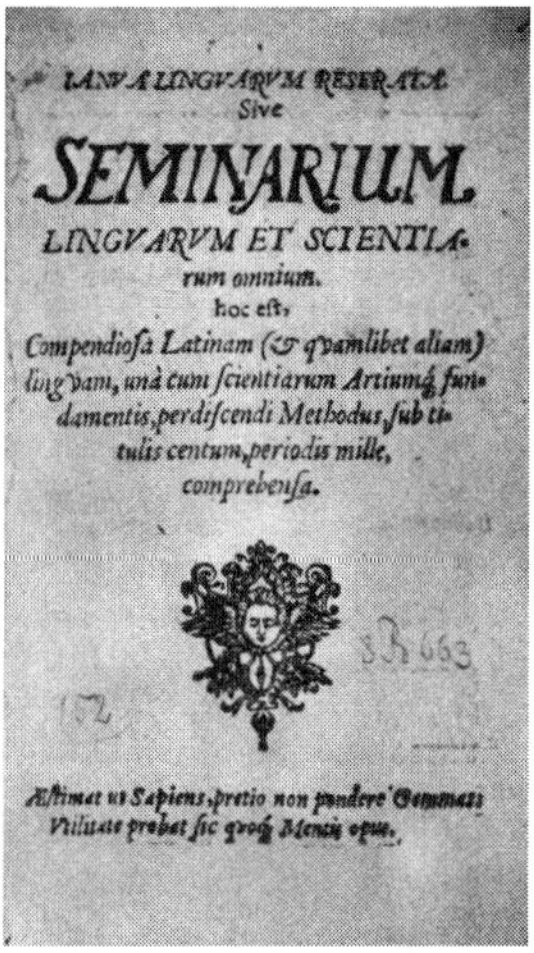

『開かれた言語の扉』表紙

2　言葉と事物の周辺

言語と事物の照応

コメニウスは、言語教育で第一に意識したのは学習負担の軽減だった、と振り返っている。

(1)あの言語〔ラテン語〕はあらゆる学校の労苦であり、実際、この上なく煩わしく、その苦労を（教授者にも学習者にも）軽減できるようにする。それは学習にさらに容易に取り組めるようにするためだった。(2)それは学識を獲得する道とみなされるため、凸凹道や迂回路ではなく平坦な道にする。それは案内して導かれる場所に正確かつ迅速に案内されるようにするためだった。(3)それは諸国民の絆であるがゆえに、真の絆にする。それは今後あらゆる民族があらゆる者とあらゆることを容易に話し合えるようにするためだった。（OD 4, 45）

方法上の工夫については前章で見たが、特に言語の学習で重要と考えられたのは、「さまざまな事柄と単語の絶えざる合致」、そして「母語とラテン語を対応させること」である（OD 4, 45）。前者については次に考察するが、後者の取り組みによって「諸民族の言語にさらに手がかけられる」ことが期待されていたことも無視できない（OD 4, 45）。『開かれた言語の扉』のような対訳教科書の作成には諸語の語彙、文体、文法の綿密な検討が不可欠だが、この作業自体がラテン語との照らし合いによって各言語の輝きを増進させる取り組みだったと言える。そうして作成された教科書による学習とは、言語同士を照らし合わせる営みにほかならない。コメニウスは言語の学習に、異文化の理解を広げるだけでなく、自らの言語が照らされることの意義を見出した。その照らし合いは、「ラテン語と母語の比較対照を絶えず行い、至る所で実践を理論に結びつける、すなわち類似の実例による吟味を絶えず行うことである」（DK 15-2, 131）と言われているように、言語の差異に対する感覚を研ぎ澄ませる。だが、前節で見たように、照らし合わされる言語が空疎だったり不明瞭だったりすれば、言語同士の照らし合いは実を結ばない。そこで、もう一つの照らし合いが必要になる。『開かれた言語の扉』執筆時の書簡によれば、学校教育が停滞している原因は「知能と言語の併進に関する事柄」にあると考えたコメニウスは、「基底としての自然から基礎を掘り出す」ことに三年を費やしたという（PK, 9)。そこで目指されたのが「生来の意味を基に語彙を事柄に結合する」（PK, 17）ことだった。

語彙とはさまざまな事柄の記号なのだから、さまざまな事柄を知らなかったら、それは何を意味するというのだろう。子供が一〇〇万の名詞を暗唱しても、それをさまざまな事柄に結びつけることを知らなかったら、そのことにいかなる有用性があるというのだろう。（DK 15-1, 263）

『開かれた言語の扉』の序にそう記したコメニウスは、「言語の学習は事柄と平行して進まなくてはならない」（DK 15-1, 151）という原則を守り続けた。『開かれた言語の扉』は初学者には難しいという声に応えて編纂された『開かれた言語の前庭』の表題には、「言語と事柄の蝶番《ちょうつがい》を提示する」（DK 15-3, 9）という文言が付加されている。言語を事柄との関連の中で学ぶことは、言語の輝きの増進を図るとともに、精神を照らし、形成することだと考えられていたのである。

われわれは精神がないのに音は十分に出せるオウムではなく、事柄の主人、すなわち、あらゆる事柄に広がる神の知恵の見学者、証言者、解説者としての理性的被造物を形成しようとしている。それゆえ、事柄を満たさずに単語を拡大するのは、神の方策の目標から逸脱し、人間の偉大さを矮少化させ、精神に事柄の知識の代わりに知識の影を注ぎ込むことで卑劣に欺くことに違いない。（DK 15-2, 105）

コメニウスが事柄を重視した背景には、教育における権威主義に対処するという動機があった。当時は、大学でも徒弟制度でも、知識や技術の修得は先行者の権威に大きく依存していたが、権威は「学習者を事柄から引き離して自分のほうに引き寄せる」がゆえに、「ありのまま感覚に刻みつけることしかできない」事柄による教育が重要だったのである（DK 15-2, 24）。「理性で行える時に権威に訴えるのは恥ずべきことである」（DK 15-2, 42）とコメニウスは記している。

事柄の秩序

学習において言語と事柄の結びつきが重要だというのは、ごく当然のことのように思えるかもしれない。しかし、言語の学習が意味の理解を度外視した言葉の暗記に陥りがちであることを考えれば、コメニウスが事柄を重視した意義は決して小さくない。バテウスの教科書に同音異義語が一度しか取り入れられていないのを批判したが、それは音声的差異を知るだけでは事柄の認識が難しい事例があることを通して、言語が事柄から完全に独立して存在するわけではないことを彼が認識していたことを示している。事柄への注目は、彼がやはりリアリストであることを示している。

事柄を表す単語が分けて学ばれるべきでないのは、そもそも事柄は分かれて存在しておらず、認識もされないのであって、結びつきに従ってあちこちに存在し、あれこれのことをなしているからだ。(DK 15-1, 151)

『開かれた言語の扉』初版の導入部には「教養全体の基礎を据えた者とは、自然と実践的知識の命名法を学び尽くした者である」(DK 15-1, 269)と記されている。神の創造による世界の端緒から始まって、自然界、人間の身体、労働や生活、宗教や政治、教育と学問、道徳と信仰が取り上げられ、「この扉に踏み込んだあなたに今後残されているのは、学問あるいはラテン語の宮殿を生き生きと調べることに直ちに取りかかり、そこで急いで少しずつ見たものをさらに豊かに著作家の書の中で見渡せるようになることでしょう」と結ばれる(DK 15-1, 301)。コメニウスが言う事柄とは「存在ないし言われたり考えられたりしているすべての事柄」(DK 18, 163)である。ここには、第一章で見た『地上の迷宮』の草稿にある絵に描かれた人間社会の六つの街路に関する事項が含まれているほか、当時の社会生活に必要な要素が盛り込まれている。そこには修学時代に学んだ百科全書思想が活かされている。コメニウスはパンソフィア研究を進める中で事柄の世界をいかに捉えるかを考察し、それが『開かれた言語の扉』の改訂や『世界図絵』の編纂に反映されたわけである。

『開かれた言語の扉』という表題で公刊すると、賞賛をもって受け入れられ、教養人たちのほぼ一致した同意によって、思いがけず、いわば真正な言語教授の手段として是認される、という事態が生じた。私はそこから新しい手がかりがもたらされたと見た。「事柄そのものの扉」、少なくとも、あらゆる事柄に普遍的に意味を対応させる「人間の理解力の鍵」に取り組む、という手がかりである。(DK 15-2, 44)

そうしてコメニウスは『事柄の扉』の構想に取り組む。それは『キリスト者のパンソフィア』や『学問の門』とも称された。この構想は彼の青年時代からの問題意識に由来しており、右の一節にある「思いがけず」という言葉は正直な実感だっただろう。コメニウスは「扉は一人一人が入ったあとで錠が下ろされるのが常だが、門は静かな都市では開いたままだ」(DK 15-2, 53)と記し、「扉」に代えて「門」を表題として考えもした。

それは、有害な事柄をいっさい知らずに済むように、必要なあらゆる事柄を一冊で指し示している書物である。また、何一つ外部から影で覆われることなく全体が明るみに出され、またそれによって正しく理解されざるをえないような状態を作り出すために、あらゆる事柄がまさに最初から最後まで一貫した秩序で配列されている書物である。(DK 1, 36)

コメニウスは事柄そのものによる教科書の構想を生涯持ち続けた。それは現実離れしたものかもしれないが、文法書や辞典では抽象的にしか学べないと考えたコメニウスは「それぞれの事柄にそれぞれの名簿（nomenclator）をあてがう」（OD 4, 51）事典のような書物を思い描いたのである。第二章で触れたように、フーコーは「類比」による認識から「秩序」に基づく認識への転換がおよそ一七世紀になされたと主張した。「分析が類比的な階層構造にとってかわったこと」によって「相似は、計量と共通の単位によって、さらに根源的には、秩序と同一性と相違の系列とによって、ひとたび発見されたうえ、はじめて認容される」ようになったとフーコーは言う（フーコー 一九七四、八〇頁）。ここから見ると、右の一節で言われる「あらゆる事柄がまさに最初から最後まで一貫した秩序で配列されている書物」の構想は、コメニウスが「類比」に代えて「秩序」を意識していたように思わせるが、彼の世界観は類比的な階層構造をとっており、秩序を導く手続きも比較を通しているわけではない。その意味で、コメニウスの教科書が秩序だった内容の構成をとるものとして広く受け入れられたのだとしても、そこで言われている秩序は類比的な認識の枠内にあるものだったと言える。

フーコーの言う「言語と事物とが際限なく交錯しあっていた」（同書、七九頁）時代には、言語が事柄との関連で意味をもちえたとはいっても、ルネサンスの爛熟を経たあとでは、その意味はかなり不透明で、意味の自明性の再構築が必要だった。コメニウスの著した教科書は、自然、社会、人間をめぐる無数の事物から一定の価値観に基づいて選択された事項から成る事典という体裁をとっている。その選択の方法や視点を批判するのはたやすいが、現在でも教科書や事典を編集しようとするなら、いかなる視点にもよらないというわけにはいかない。

絵と言葉

一六五八年にドイツのニュルンベルクで出版された『世界図絵』は、『開かれた言語の扉』を上回る反響を呼んだ。これはコメニウスの教育実践における実りの時期と言えるトランシルヴァニア滞在中に編纂が進められたものである。

ご覧のとおり、この小冊子はまったく大著などではないにもかかわらず、世界と言語全体の要約であり、(1)絵、(2)名簿、(3)事柄の描写に満ちている。(1)絵は、目に見える事柄(目に見えない事柄もそれなりの仕方でその枠内に収めている)の肖像を、普遍的な事柄の世界からとり、図表全体に配列している。しかも、それは事柄そのものの秩序に則っており、また必須で蝶番《ちようつがい》になる事柄が何一つ除外されないようになっているほど充実している。(2)名簿とは、その個々の絵の上に置かれた表題、あるいは、あらゆる事柄を普遍的な語彙で表現する表題である。(3)描写とは、交互に眺められるものが両側の脚注に添えられたものから明らかになるように、その固有の名称によって表現された、名簿の部分的な解説である。(OD 3, 828-829)

コメニウスは教科書に挿絵を取り入れる効用について、「生徒たちは公の教室の中だけでなく至る所で教わることができる」(DK 15-3, 209)と記している。事柄による学習は教師との権威的な関係から学習者を解放する、と指摘していたことを考え合わせるなら、コメニウスは『世界図絵』に、いつでもどこでも学ぶことのできるユビキタスな教材の可能性を見ていたと言える。

『世界図絵』の各項目には挿絵があり、その中の事柄に番号がふられ、対応する名称と概説が複数の言語で示される。第二章で見たように、コメニウスを単純に感覚論者とみなすのは妥当ではないが、「学びにおける光とは注意力のことであり、それによって学習者は精神を開かれ、あらゆるものを受け入れる」ので、「あらゆるものについて直観的な教材が用意され、学校がそれらを所有するのが望ましい」(DK 15-1, 142, 143) と言われているように、感覚の刺激が重視されていることは間違いない。一八世紀後半になると、スイスの教育家ヨハン・ハインリヒ・ペスタロッチ（一七四六―一八二七年）による実践とドイツの哲学者・教育学者ヨハン・フリードリヒ・ヘルバルト（一七七六―一八四一年）による研究に基づいて、「直観」は教育の重要なテーマとみなされるようになった。そこから遡ってコメニウスは「直観教授法」の創始者とみなされてきたが、ここで「直観」と訳している「アウトプシア」は啓蒙主義の感覚論以前の概念である。彼自身、アウトプシアが何であり、なぜ瞬間的・直接的に物事を認識できるのかについては論じていない。

コメニウスは、熟練した版画工に恵まれなかったせいで『世界図絵』の出版が延びた、と記しているように (OD 3, 830)、絵画に相当なこだわりをもっていた。模倣的な技術が爛熟したマニエリスムの時代にあって、コメニウス自身、さまざまに表象された。第二章の扉は、プラハに生まれてロンドンで活躍した版画家・画家であるヴァーツラフ・ホラー（一六〇七―一六七七年）による版画である。序章に掲げたように、レンブラント派の画家ユルゲン・オーヴェンス（一六二三―一六七八年）は、アムステルダムで過ごす晩年のコメニウスの肖像を描いたし、レンブラント・ファン・レイン（一六〇六―一六六九年）によるとされる老人の肖像画（フィレンツェ、ウフィツィ美術館蔵）（第六章の扉参照）もコメニウスを描いたものという説が有力である（晩年の二人はアムステルダムの近接した地域に居住しており、絵画談義をしていたとしても不思議はない）。これらの事実は、コメニウスが絵画に特別な力を期待していたことを推測させる。

　絵とは、可視的な事柄の描像による表象のことである。不可視のものも絵で表象されることがよくあるが、それはある類比的な様式によってであり、この点ではエンブレムが優れている。絵を描くことには多大の効用もあれば、濫用もある。（CC 2, 1138）

コメニウスは『総合的熟議』の「パンソフィア事典」でこのように定義し、絵は善用ばかりでなく濫用されてもいる、と注意を促している。「濫用とは事柄を描き写す術を知らない」ことだと指摘していることを考えれば、彼は描かれる事柄から独立した地位を絵に認めていたわけではない。シャーロシュパタクでの学校運営について記した『よく秩序づけられた学校の規則』でも、「模倣させるための具体的な手本としては、ありのままのもの、あるいは、それをありありと再現するもの」を用いるように勧め、「それは彫像であれ、画像であれ、言葉による描写でもよい（しかし、実物そのものをありのままに見るのが最善だ）」と記したように（OD 3, 786）、絵画は事柄の代用とされている。

　こうした記述を見るかぎり、コメニウスは事柄を透明に映すことを絵に求めていたのであり、言葉と事柄という軸で言えば、できるかぎり事柄に近いのが望ましいと考えている。しかし、可視的な事柄のようには描けず、類比的な仕方によらざるをえない対象があることもまた事実である。

エンブレムとは、知性的な事柄を感覚的に表象する、描かれた知恵のことである。それは、(1)シンボル、(2)警句、(3)解説から成る。シンボルとは感覚的な事柄の絵であり、警句とは秘密の意味合いを込めた鋭い格言のことであり、解説とは必要ならば置かれる、それら両方についての詳しい説明のことである。（CC 2, 951）

『世界図絵』（ニュルンベルク、1660年版）の挿絵より「正義」

例えば『世界図絵』で正義の徳が扱われる際、剣と天秤をもって目隠しをしながら裁きを行ったギリシア神話の女神アストライアが描かれ、その絵の解釈でテクストが構成されていることは、エンブレムの使用例として分かりやすい。一五三一年には『エンブレム集』と称する書物が現れ、一七世紀になるとエンブレムを超えて象形文字に対する関心も高まった。エンブレムで扱われる知性的な事項は、まず言語で表象される。コメニウスがエンブレムに言語（観念）を映す役割を見ていたのだとすれば、エンブレムとはより言語に近い絵ということになる。ウンベルト・エーコは『世界図絵』の「版画は、言葉の表示する事物とのあいだに明白なイコン的関係をもっており、言葉による事物の名称は単にタイトル、説明書、補足でしかない」（エーコ　二〇〇一

一、三二〇頁）と言う。また、英文学者の高山宏は「物と言葉の乖離は、自ら半ば物でもあり、半ばは言葉でもある『絵』の媒介によって少しは緩らげられたというのが『世界図絵』という画期的な絵引き辞書の、一七世紀中葉期に占める意味である」（高山 一九九五、三八三―三八四頁）と記している。こうした解釈の妥当性について考えてみよう。

思考と事柄のあいだ

『総合的熟議』の第五部「パングロッティア」の次の一節によるかぎり、コメニウスはもっぱら語用論（プラグマティクス）の面から言語を捉えている。

> あなたが語るさまざまな事柄なくして、何を語るのか。あなたが聞かせる相手である、さまざまな精神なくして、あなたは誰に聞かせるのか。そして最後に、あなたの心に浮かんだ概念を刻みつけ、音を通してあたかも荷車のように他者の精神に運び込む言葉なくして、あなたはその概念をいかにして伝えられようか。（CC 2, 261）

言語は対象となる事柄と語られる相手があって初めて成り立つ伝達手段とされている。「自分の精神に浮かぶ概念を自分のうちに見出す者の誰が自分自身に話しかけるだろうか」（CC 2, 261）と記すコメニウスは、内面的な思考や独白に意義を見出さなかったように見える。そうした言語観を考える上でヒントになるのが、第三章で見た「知恵の三角形」である。

事柄は感覚を通して思考の原因となる。その過程で、事柄のイデアは「イデアトゥム」としての絵や言語を介して、精神に「イデアンス（摸像）」を結ぶ。思考は再び言語によって表出され、言語は行動に移されることで再び具体的な事柄となる。この流れの中で、事柄は精神と言語と手によって、より確実に把握される。これら三項は、理性、発話、行動という流れ、あるいは理論、実践、応用という移行の過程に対応する。言語は理論の理解や構成にとって不可欠ではあるが、言語が理論や観念のレベルにとどまって実践や応用に流れていかないのであれば、それはコメニウスにとって看過できない事態だった。

> さまざまな事柄についての理論があちこちで不明瞭になって形が損なわれると、実践は困難で厄介なものになり、実践が厄介で不安定で聞いても分からないものになれば、さまざまな事柄の応用も、望ましい状態、つまり普遍的で確実で快い状態にはならず、そうしてわれわれは際限なく右往左往することになる。（DK 1, 36, 38）

コメニウスは理論の世界としての言語を認めながら、「事柄を知り、事柄を理解し、事柄を使用することができるようになろうと努めること」（DK 18, 163）に人間の課題を見ている。「言語とは、それ自体のためではなく、さまざまな事柄を精神から精神へと移動させるために設けられたのだから、さまざまな事柄や精神を抜きにして学んではならない」（OD 4, 51）という主張は、人間の存在を動的に捉える彼の哲学から理解されるだろう。

コメニウスは「さまざまな事柄がありのままに理解され、また理解されたとおりに語られるなら、事柄と精神の調和も、精神と口の調和も生じる」(CC 2, 262)と言う。事柄、思考、言葉の関係は、彼の光の哲学に関わる。序章で見たように、光とは自ら光る「発光体」から光を伝達する「透明体」を経て、光を受け取る「不透明体」に至る運動とみなされた。思考の原因になる事柄は発光体に対応する。事柄からの光を受けとめ、さまざまにまき散らすのが透明ならざる精神(思考)にほかならない。言語(言葉)とは、事物を透明に映すべき透明体である。ここに明らかなように、コメニウスにとって、言語や音声は三つの光のうち「内的な光」(知の光)に対応している。

そうすると、『世界図絵』における絵とエンブレムの意味も理解できる。可視的な事柄を透明に映して思考にもたらすのが絵である。絵の助けによって、言語の意味はより明らかになる。その際に介在しているのは、三つの光のうち「外的な光」である。そこでは「外的な光」としての絵の導入によって「内的な光」を呼び覚ますことが意図されている。しかし、正義の徳のような写実的に描けない事柄は類比的に表現するしかない。そこで用いられるのがエンブレムである。それは不透明体としての精神における知恵(観念)が描画の技術で具象化されたものである。つまり、絵とは逆に「内的な光」が「外的な光」に変換されたものである。その観念が忠実に描写される根拠が脆弱であることは否定できないとしても、「外的な光」のレベルにおける感覚への提示に一定の効果があることは確かだろう。そして、第三の「永遠の光」を「外的な光」のレベルに変換して表すのが困難であることは明らかだが、『世界図絵』本文の冒頭で、神が三位一体を表す三角形と全方位への光の放射として表象されているのは、「目に見えない事柄もそれなりの仕方で」(OD 3, 829)というコメニウスの苦心をも表象しているだろう。

コメニウスにとって、言語とは事柄と精神の媒介であり、そうあるべきであるがゆえに可能なかぎり透明であることが望まれた。それは人間同士の交流を確実にする意味でも重要である。絵やエンブレムは可視的だったり不可視的だったりする事柄を「外的な光」のレベルで一元的に陳列し、言葉と事柄の乖離をとどめるための手段だったと言える。この理解が正しいなら、『世界図絵』では絵が主で言葉は補足である、というエーコの指摘は間違っているし、絵やエンブレムそのものに言語的意義を読み込むことにも無理がある。コメニウスにとっては、たとえ透明な何かでしかないとしても、それを修得することで人々を悩ませたり迷わせたりする言語は、それ自体として問題だったに違いない。

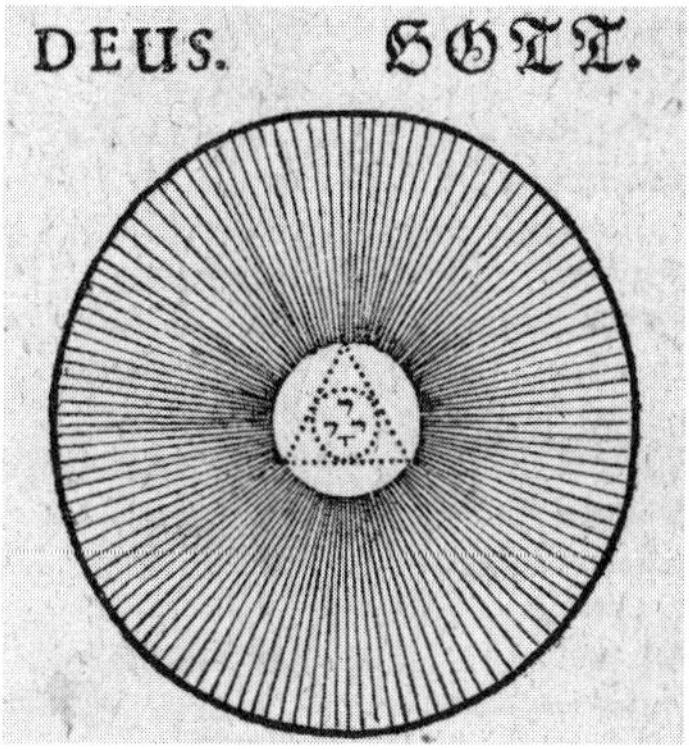

『世界図絵』（ニュルンベルク、1660年版）の挿絵より「神」

3　普遍言語の探求

普遍言語論争の中で

一六六八年六月のロンドン王立協会事務総長オルデンバーグからコメニウス宛の書簡は、コメニウスが一七世紀の普遍言語論争のただなかにいたことを示している。

こちらでは、つい最近、普遍言語の作成の見本を示す、王立協会名による公的な書物が作られました。それは、あなたが著書『光の道』第一九章第二一節で示唆されたのとほぼ同じ仕方によっています。著者は王立協会の一員ジョン・ウィルキンズです。最初の実例として、あなたに見本を送ります。(KK 1, 352)

内戦が勃発する中、コメニウスがロンドンで著した『光の道』は言語を含む普遍的な改革に論及していた。オルデンバーグからの書簡で触れられているジョン・ウィルキンズ(一六一四—七二年)は人工的な普遍言語を構想した哲学者・神学者で、ここで言われている「普遍言語の作成の見本」というのは、おそらく『即物的記号に向けての試論』(一六六八年)を指している。

コメニウスと普遍言語論争の関係をうかがわせる史料は他にもある。彼のパンソフィア構想はロンドンを拠点にして知識人の文通を仲介したハートリブによって広められたが、当時のヨーロッパにはさまざまな知的エージェントがいた。その有力な一人が、デカルトの文通を仲介したことで知られる修道士マラン・メルセンヌ(一五八八—一六四八年)である。メルセンヌの関心は幅広く、普遍言語にも早くから言及していた。デカルトに当時の普遍言語の構想の一つを伝え、それに対してデカルトが懐疑的なコメントを記した書簡が残っている。デカルトは普遍言語の可能性を完全には否定しなかったが、それは「物語の国でのみ提案できること」(デカルト 二〇一二、八九頁)だとしている。『開かれた言語の扉』の評判を知り、さらにハートリブのネットワークを通じてパンソフィアの構想を読んだメルセンヌは、一六四〇年一二月、コメニウスに宛てて書簡を送る。彼はコメニウスの構想を高く評価するとともに、普遍言語を話題にして「通訳なしで、中国人や日本人、それどころか、もしもいるなら月の人々に対しても、自分が思ったとおりにどんなことでも書ける」アルファベットが発明されたと記している（PK, 32）。この時期、メルセンヌはすでに『普遍的調和』（一六三六年）で『起源の言語』であるアダムの言語を人為的に創造する企て」（互二〇一四、一〇一頁）を提示していた。「話せなくても、少なくともあらゆる者が理解できる新たな言語を作り出すほうが大いに容易なはず」であり、「その言語の中には唯一の結びつきがあって、それが失われても哲学者の誰かが再建することができる」（PK, 32）と彼は記している。

時を経た一六四七年六月（または五月）、コメニウスが盟友ハートリブに送った書簡は、普遍言語についての思索を伝えている。そこでは「諸言語の混乱はバビロンに始まり、神の憐れみによって、その崩壊に終わる」とされ、「福音を諸国民に広げて再び集めるという御業」は「諸言語の複合」によって完成される、と記されている（PK, 135）。言語の混乱によって離散した人間が言語の統合によって再び結合する、という同一性に対する憧憬は、コメニウスにも強く刻まれていた。しかし、ハートリブから普遍言語のアイデアを紹介されたコメニウスは「現存の言語と同じくらいおびただしい数の言語を、また現存のきわめて混乱した言語を、同じ文字によって表現され、精神が抱く同じ概念という枠に収められることを、私は疑っているだけでなく不可能だともみなしている」（PK, 135）と記す。その背景には「ラテン語とドイツ語の単一な対照においてすら、私とその協力者たちが、あらかじめ誰も考えられなかったほどの迷宮に入り込んだと感じたほど、多くのもつれがあることを見出した」という教科書編纂者としての体験があった（PK, 135）。コメニウスは言語の相対性をよく認識していたのである。

だが、コメニウスにとって普遍言語は避けて通れない課題だった。同じ書簡には、二箇所に「パングロッティアへ」と書き添えられている。スウェーデンから教科書の編纂を求められていたこの当時、彼はひそかに『総合的熟議』を書き進めており、この書簡を書いた時には、執筆は第五部「パングロッティア」に近づいていたのだろう。

『光の道』の普遍言語構想

オルデンバーグがウィルキンズと同じ方向と評した内容を、コメニウスはすでに一六四一年から翌年にかけて『光の道』に書いていた。

> われわれの新しい言語では、すべてが事柄の正確で完全な表象に適応しなければならない。(もしこれが達成されるなら) ついにわれわれは真の容易な調和を得るだろう。事柄そのものがあらゆる人の感覚に同じ方法で提示されるがゆえに、人々が言語を理解し、習うのが容易になるからである。(DK 14, 356)

言語の混乱が神の罰なら、普遍言語の創案による人間の再結集は神意に背《そむ》く企てとみなされかねない。コメニウスは「事柄の観想と、事柄に名前を与えることは、神が人間に付与した、事柄に対する支配の一部である」(DK 14, 355) と弁明し、人間の普遍的な再結集のためには、普遍的な書物、普遍的な学校、普遍的なコレギウム、そしてとりわけ普遍言語が不可欠である、と言う（DK 14, 337）。彼の構想は楽園の回復という宗教的使命感に基づいているが、それは諸民族の理解の促進という世俗的な目的とも矛盾しないものだった。

人間の言語的才能を高めるか、共通の言語を確立するか、という選択肢はいずれも困難だが、コメニウスは後者のほうが容易だと言う。彼は普遍言語構想の先駆者としてビベスを評価したが、「普遍言語では準備があらゆる者に公平であるべき」（DK 14, 353）として、ラテン語に代わる新たな言語の創案を訴える。ラテン語については「多くの単語は単なる偶然で使われ、絶対的にあれこれを意味する原則に立って適用されたものではなかった」（DK 14, 353）と言語の恣意性を指摘し、加えて同音異義語などによる混乱にも論及している。言語が不完全なら、異なる言語のみならず同じ言語のコミュニケーションにおいても「互いの行為や言葉を自身でも互いにも正しく理解していない」（DK 14, 354）というバベル的状況が再演されることになる。「事柄の過程と言語の過程が平行」な言語でなければ、「思考の混乱の普遍的な治療手段」にはなりえないのである（DK 14, 353）。

普遍言語の要件として、コメニウスは規則の合理性、変則を含まない類似性、事柄と概念の調和を重視した。そのほか、漢字のような象徴文字には大いに研究する余地があるとする一方で、人間が限られた文字の混合から多様な事柄を表現する多くの言葉を形成したという事実を重視している。美術史家のスヴェトラーナ・アルパース（一九三六年生）は、一七世紀イギリスの日記作家ジョン・イーヴリン（一六二〇—一七〇六年）が『世界図絵』を評して「絵は一種の普遍言語である」と記したことに注目したが（アルパース 一九九五、一六八頁）、コメニウスが文字による言語の表象力を高く評価したことを考えても、『世界図絵』に取り入れた絵画に普遍言語の可能性を見ようとしていたとは思えない。もしそうなら、『総合的熟議』の第五部「パングロッティア」を書く必要はなかっただろう。

「パングロッティア」における試み

『光の道』の執筆以降も、コメニウスは普遍言語の検討を続けており、第五部「パングロッティア」ではイギリスの文法学校教師で、やはり普遍言語を構想したジョージ・ダルガーノ（一六二六頃―八七年）の分類原理が参照されたりもしている。また、ローマ字のアルファベットに代わる表記法として、アルファベットをアラビア数字で示す方法や、既存の文字によらない図形による表記も考案されている。同時代のイギリスのフランシス・ロドウィック（一六一九―九四年）、ケイヴ・ベック（一六二三―一七〇六年頃）、ドイツのヨハン・ヨアヒム・ベッヒャー（一六三五―八二年）らにも同様の試みが見られるが、コメニウスは言語の混乱を治癒する方法として、(1)ラテン語のような一定の共通性がある言語を洗練する、(2)各母語を洗練することで相互の通用性を高める、(3)新たな共通言語を創案する、という三つの可能性を示した。前の二者は、本章で見たように、言語教科書の編纂を通して取り組んだ方向であり、第三の方向が第五部「パングロッティア」の主題である。「パングロッティア」では全一〇章の本文のあとに「新しい調和的言語の最初の試案」が付されているが、ここでは普遍言語論争に関連したポイントを押さえておこう。

普遍言語の探求では原初の言語への遡及が試みられ、そこではしばしばヘブライ語が起源の言語とされた。コメニウスは、ヘブライ語の単純さはその古さの証であるとする一方で、ヘブライ語は十分に洗練された言語ではないとも言う。そして、ギリシア語、ラテン語に始まり、スラヴ語やドイツ語、さらにはアジア・アフリカの言語の吟味がなされているように、起源の言語への回帰という方向は見られない。ヘブライ語やドイツ語の語根の簡潔さ、ラテン語とスラヴ語の派生の多様性、英語における名詞の性の単純さなどに注目することで、各言語の特質を合成できるとコメニウスは考えていたのである。

言語の規則の合理化という点では、語幹の精選、異音同義語や同音異義語の排除、倍数の排除、名詞の性の単純化、格変化の精選、話法は不定法・直説法・命令法に限る、時制は過去・現在・未来に限る、といった工夫が示されている。語幹は多くても三文字構成で二〇〇（多くても三〇〇）で足りるとされる。ラテン語の“Amor”が「愛」、“Amnis”が「渓流」を意味するような不統一は排除されるべきである。チェコ語などのスラヴ語では、複数を表現する際、二つと三つ以上で区別があるが、そのような区別は無用である。「犬」は男性、「猫」は女性といった名詞の性の区別は、根拠が認められない上、修得の妨げになるので、英語のように自然の性の区別がある対象は男性か女性、その他は中性とすべきだとされる。名詞の格変化は、主格、所有格、与格、目的格、造格（前置詞とともに用いられる）の五つで足り、ラテン語などで呼びかけに用いられる呼格は不要だと言われる。仮定法や完了形の表現には、それを表す語を付加すればよい、とも言う。

変則を含まない類似性に関しては、類縁的な性質をもつ事柄は類似の音声で表現されることが強調される。ラテン語の「紳士（dominus）」と「淑女（domina）」が類似の音声で表現されるのに対して、ドイツ語では「紳士」は“Herr”、「淑女」は“Frau”であること、古チェコ語で「考える」は

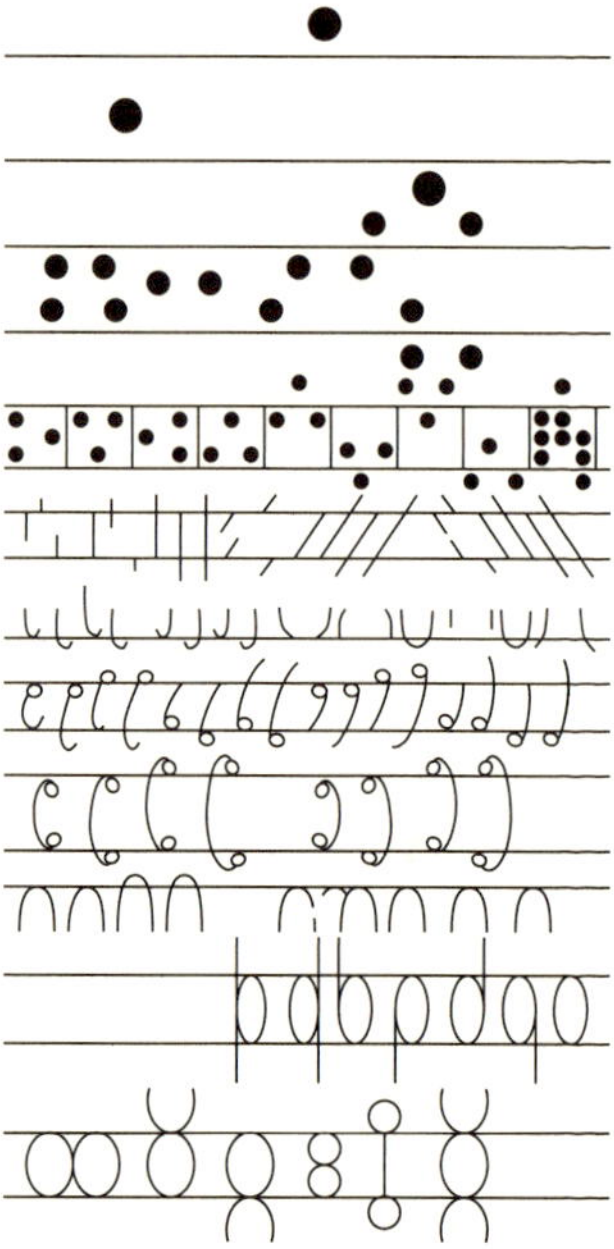

「パングロッティア」に記されたアルファベットによらない言語表記のアイデア

“mysliti”、「精神」は“mysl”という対応が見られるが、「足(noha)」と「歩く(chodjm)」には対応が見られないことなどが例として示されている(チェコ語は一七世紀当時の表記である)。コメニウスは、音の意味づけ、自然的な関係に基づいた語の命名などによって言語と事柄の対応を図ろうとした。他人の笑いにその者の喜びを感じ取ったり、突然の叫び声に災難を感じ取ったりする例を引いて、「仲介する個々の手段によらずに自分の精神を他者に伝える」実例を見出している(CC 2, 291)。そこでは、あたかも「天使の言語」のように言葉と事柄が対応していると考えられており、新たな言語は事柄の本性を表現する音声で構成されるべきだとされる。『世界図絵』では、「カラスはアーアー鳴きます」として「A」の音を学ぶ、といったようにアルファベットの発音を学べるようになっている。確かに、こうした音声は自然的で、規約によるものではないが、「カラス」を表す語がその鳴き声に基づいた語になっているわけではない。『世界図絵』は実際に用いられている語を学ぶことを目的としている以上、そこに普遍言語を盛り込むのは無理がある。

しかし、言語と事柄の対応というコメニウスのこだわりを、ここに見て取ることができる。

『総合的熟議』の第五部「パングロッティア」には、空想的あるいは詩的とも言える考察が見られる。例えば、母音の「A」は巨大で広く開いたものを示し、「O」は丸いもの、「U」は太くて鈍く角ばった平行なもの、子音の「L」は液体のように流れるものを表現するのに適している、といった具合である（CC 2, 340）。ただし、考察はそこでとどまっており、具体的な事柄がどのように表記されるかは示されていない。自然的な関係に基づいた語の命名については他にもさまざまなアイデアが提示されており、例えば曜日に関しては、英語ではラテン語の影響で「七月（July）」や「八月（August）」に古代ローマの皇帝の名が入っているが、チェコ語の「一一月（leden）」が「氷」を、「一一月（listopad）」が「落葉」を示すように、季節の原因となる太陽の運行に基づいた命名が望ましいとされる（CC 2, 291）。語全体は『開かれた事柄の扉』で示された「本質」、「偶有性」、「欠如」、「対置」、「半存在」といったカテゴリーに分類され、名詞は固定した本質を、動詞は流れるような本質を表し、分詞や間投詞は「半存在」として位置づけられる。

また、表記法にも工夫が見られる。ヨーロッパ諸語の数の発音は日本語と比べて長くて複雑だが、コメニウスは「i」を一の桁、「e」を一〇の桁、「a」を一〇〇の桁、「r」を六とすれば、六六六は「ar er ir」となり、「アルエルイル」と簡潔に発音できると主張する。さらには、図に示すように、異なる位置に置かれた点、線、図形による表記にも論及している（CC 2, 301）。

言葉と光

コメニウスの言語論には空想的と思われる点もあるが、『総合的熟議』の第五部「パングロッティア」に見られる次の一節のように、全般的な印象は合理的である。

語とは音である。すなわち、音とは空気や他の物体の振動である。ゆえに、物体から成る事柄と語は、すべて物体の運動、すなわち静止か変動から形作られたものだ。本来、語は物体から成る事柄を表現するために作られたものだが、同じ規則を通じてのみ、霊的なものを意味づけるためにも用いられる。(CC 2, 326)

『言語の最新の方法』や「パングロッティア」では、アルファベットの文字列の順列組み合わせが考察されている。そこにはライムンドゥス・ルルスの結合術の影響がうかがえるが、コメニウスの師アルシュテットについてエーコが「鉄のようにがっしりと分節化された知識体系を構築することに結合術をしたがわせている」(エーコ 二〇一一、二〇四—二〇五頁)と述べたことはコメニウスにも妥当するだろう。また、人間社会から隔絶された「野生児」にも言及しているが、それは教育の必要性を説く文脈に置かれており、笑い声や叫び声に事柄と結合した言語の可能性を見つつも、「野生児」の語られざる言語は主題化されていない。

旧約聖書『創世記』の冒頭では、神の「光あれ」という声によって世界は光に照らされ、あらゆる現象が生起する。これは、言葉があらゆる創造を可能にする根源的な光であることを示唆している。それゆえ、言葉の霊性や神秘性はヨーロッパの言語思想史では無視できないテーマだった。第一章で見たように、『地上の迷宮』で地上の虚しさを思い知り、死の淵を経験した旅人には「戻りなさい」

という神の声が到来する。それは旅人が惑わしの眼鏡を捨てたあとのこととされる。その眼鏡は習慣という枠に憶測というガラスがはめ込まれたものだった。習慣も憶測も、その形成に決定的に作用しているのが言語にほかならない。コメニウスが日常性における言語の虚構性を洞察していたことは、特に「甘言」という名の案内人の饒舌さによく示されている。

前章で見たように、コメニウスにおける教育の根本的な目的が人間の開放性に向かって人間を向き直らせることだったとすれば、彼が特に教育との関連で洗練しようとした言語は開放性に至る道(Via)とみなされていたと言ってよい。その実現性はともかく、「ラテン語だけでなく、同時にすべての言語の洗練を、さらにはただ単に言語の洗練ではなく、きわめて広範な魂の洗練をも同時に目指している」(DK 15-2, 107)というのは偽らざる思いだっただろう。だが、開放性への道、よりコメニウスに即して言えば回心への道をある程度は整備できるとしても、そこに至るか否かは個人の内面の問題である。例えば、神秘主義者ヤーコプ・ベーメ(一五七五—一六二四年)が『アウローラ』(一六一二年)に綴ったような神秘体験が存在するとしても、それが一律に学習の対象にされてしまうなら、内面的な体験を外的に方向づけようとすることになる。『大教授学』では敬虔を養うための教授法が扱われているが、コメニウスにおける教育の根本的な目的が魂の向き変えなら、より踏み込んだ提案がなされていても不思議はない。ところが、実際に示されているのは教師に求められる配慮だけなのである。それに対して、読者によって自由に選択される書物として書かれた『地上の迷宮』や「慰めの書」などには、言語をめぐる私的で内面的な経験が記されている。つまり、コメニウスの教育論や言語論では肝心なことが論じられていないように見えるが、そこには個人の内的経験を重視する自由意志論者としての思索があったのだろう。
ひとたび「神の光の中で光を見る」ことができたあとには、つまり「光への道」(往相)に対する「光からの道」(還相)では、人間の言葉はそれまでとは異なる重みをもつ。コメニウスは一六三九年の書簡で「予言は不信者たちに対してではなく信者たちに対する徴」であるが、「言語は(すでに)信じている者たちに対してではなく不信者たちに対する徴である」という使徒の言葉を引いている(KK 2, 21)。信を前提にしなければ受け入れられない予言に対して、言語には光をあらしめた神の言葉に代わって、人々に向き直りを促す合理性と普遍性が認められる。エーコが一三世紀のルルスの『大いなる術』は異教徒を改宗させることのできるような哲学的完全言語の体系として企図された(エーコ 二〇一一、九五頁)と記しているように、普遍言語の探求は宗教的使命感に裏打ちされていた。コメニウスの試みもその伝統に連なるものであり、彼のパンソフィアに関心を寄せ、「普遍的記号法」を考案したライプニッツが生涯の課題に掲げた活動の一つもまた教会間の和解だったことを見逃してはならないだろう。

言語相対主義を超えて

一七世紀には、言語と事物の結合が前提され、言語は事物を映す透明な媒体とみなされていた。しかし、それは所与としての言語ではなく、理念としての言語について言えることである。コメニウスが既存の言語の洗練と普遍言語の探求を通して企てたのは、言語の透明性の回復だった。それは現代言語学の示すところからすれば挫折せざるをえない試みだと言わざるをえないが、コメニウスは言語が規約に基づく恣意的な記号であることを認識していたし、長らく言語教科書の編纂に携わった経験から翻訳の限界に直面し、目の前の世界が言語によって異なる概念で切り分けられている様相も捉えていた。その上でコメニウスがあえて言語の相対性を問題にしたのは、一種の構成主義的状況に対する深刻な懸念があったからに違いない。人間だけが絶対の記号を把握できる、というルネサンス以降の主観主義の高まりは、人間の有能感を増大させるとともに、意識や言語に現実の世界に先立つ優位性を与えた。技巧によっていかようにも記述できる、という信念のもとで、言語は本来の不透明さを増大し、独自の世界として立ちはだかりつつあったと言えるだろう。

そうしてみると、言語の規約性や相対性を知悉していたコメニウスが、あえてそれに抗したのは、言語の力を見据え、それを統御する術を模索していたからだったことが理解される。言語と事柄の結びつきを繰り返し強調したのは、言語をその外部の世界につなぎとめることで、言語の独走に手綱をかけられると考えたからだろう。彼が第五の光の道とみなした活版印刷術の発明はルネサンスと宗教改革をもたらしたが、それは同時に多くの混迷の原因にもなったのである。

> 野心や貪欲が、よい書物も悪い書物も不必要に増大させ、洪水のように氾濫させ、学校と知能を洗い去っている。かつて書物の欠乏は大変なものだったが、今はそれを追い越して嫌気がさすほどである。さらには題名で書物を買い漁る怠慢な人も増えている。(DK 19-1, 124)

一七世紀のヨーロッパでは、検閲や禁書という言語への規制がなされる一方で、書物の氾濫が看過できない問題になっていた。その結果、検閲などの公的規制から思考の自由を保護するだけでなく、真理の相互承認と普及の手段として知識人のあいだでは「文通」が重視されるようになる。他方、書物の増大によって高まる言語の相対性にいかに対処するかは、普遍的な改革を望むなら放置できない問題であり、知識階層における文通のネットワークを上回る強力な公共性の担い手が求められることになる。そうしてコメニウスの普遍的改革は政治に関与せざるをえなくなり、前章で見たように、出版の促進だけでなく管理をも担う「光の協会」という組織の必要性を論じるに至る。

こうした主張は、言語の相対性を有力な盾として思考の自由を主張する立場から見れば、受け入れられるものではない。コメニウス自身、パンソフィア構想に疑念を向けられて弁明を余儀なくされたように、思考の自由の意義は知悉していた。それにもかかわらず言語をめぐる不透明な状況に対峙したのは、言語教育に取り組む中で、言語が理解の障壁であることを見据えながらも、現にある程度は理解が成立しているし、理解を成立させる必要性から逃げることはできない、という実践感覚のゆえだったろう。その根底にあったのは、やはり言語への信仰だったに違いない。

第五章　地上の平和への道

アムステルダム市会に教授学著作を付託するコメニウス。チェコ国立博物館の半月壁の絵画（ヴァーツラフ・ブロジーク作、1898 年）

「社会の仕組みがよくない」と、ため息をついたことはないだろうか。制度を作ったのが人間なら、人間によって改善できるはずだ。しかし、言うは易く、行うは難い。

コメニウスは宗教者であると同時に教育者としても名声を得たが、次第に政治への関与を強めていった。それは、人間と世界の関係を断絶ではなく連続と調和とみなすかぎり、選択の余地のないことだった。

制度の改善は必要だろう。しかし、制度に問題があると言われるとき、ともすれば満足のいかない社会に対する責任がカッコに入れられてしまう。責任を棚上げにする者が増えれば増えるほど、制度は強化され、社会は窮屈になる。そこで問題なのは、人間の構えである。

一七世紀に名だたる政治思想家たちが近代に連なる法や制度を探求する中で、コメニウスは法や制度よりも、それらを生み出す人間を問題にした。今日のユネスコに連なる国際的な教育・文化機関の構想は、そうした問題意識から生まれたものにほかならない。

1　総合的熟議

人間の政治性と堕落

一六四八年のウェストファリア条約締結後も、スウェーデン－ポーランド戦争やイギリス－オランダ戦争など、ヨーロッパの戦乱はやむことがなかった。大著『総合的熟議』の焦点は人間にある。人間に理性、意志、行動にわたる生得能力を見るコメニウスは、人間的事柄はそれらの能力に対応した哲学、宗教、政治に集約されると考えた。

真理への熱望から哲学が生じる。それは知恵への努力である。善への願望から宗教が生まれる。それは最高善の崇拝と享受である。事柄を自由に配置しようとする欲求、最高の努力から政治が生じる。それは絶えずさまざまな企てをもつ人間を、仕事を互いに妨げずに助け合うような秩序に戻すことである。(DK 19-1, 30)

しかし、人間が政治的存在であるとしても、人間社会の現実は「人間が互いに忠告し、援助し、慰め合うように、すべての人間と理性的に、平穏に、正しく交際することを知る」(DK 19-1, 31) 状態からは程遠く、政治の固有の目的である「人間のあいだの魂の平和」(DK 19-1, 36) は実現されていない。「職人が自分の機械的技術を哲学者や政治家や神学者以上にいっそう完全に完成した」のに対して、「後者の技術が進歩していないことは明らかである」(DK 19-1, 42)。

コメニウスの政治批判の矛先は、統治者の怠慢、慢心、無能、無知、無気力に向けられている。統治者は「世界は自分のためにあると考え、ほしいままに人間と動物を濫用」して、「抵抗があると従順にさせる方法を求め」、「法の力を策略で欺《あざむ》いて空虚な法で支配しているマキアヴェリストであふれている」(DK 19-1, 46, 47)。しかし、政治が人間的事柄であるかぎり、それは人間によって改善可能である。政治の堕落の根本的な治癒は統治者の変革にあると見るコメニウスは、具体的な対策として為政者の啓蒙を課題とした。その意味で、彼の政治論は教育者の政治学である。それを理想主義的かつ道徳的と断じるのはたやすいが、始まりは個の変革にあるという視点には、第二次世界大戦後にユネスコ憲章で掲げられた理念に通じるものがあることもまた間違いない。

熟議の理念と倫理

『総合的熟議』は、学者、神学者、権力者を会議に招き、共通する課題について熟議する、という体裁をとっている。

懇願したいのは、これまで至る所でますます悪化している世界の状態をともに顧みよう、ということだ。絶えずこうなってしまう、いや、持続している、われわれを次第に食い尽くしている、事柄の恐ろしい崩壊に、ともに震撼しようではないか。いや、むしろ何らかの方法で可能なら、助けをもたらすことについて熟議しようではないか！（DK 19-1, 24）

コメニウスは「熟議するとは、新しい事柄の正しい確立、堕落からの再建、失われた事柄の回復について、人間が熟慮すること」であり、それは「(1)各人が自分の魂で、(2)友人との相互の会話で、(3)何らかの事柄そのものに即して、悪を避けて善を得ようと努めること」だと言う（DK 19-1, 56)。ここで「熟議」にあたるラテン語は“consultatio”（英語の“consultation”）である。この語はコメニウスが学者、神学者、権力者に自身の構想を勧めるという趣旨を考慮して「勧告」と訳されることもあるが、「望まれながらも困難を含む事柄について、それが求められるかどうか、いかにして見出せるか、いかにして容易に行えるかを、多くの人々のあいだで友好的に、思慮深く探求すること」(DK 19-1, 100) と定義されているように、コミュニケーション的な意味が重視されている。実際、コメニウスはコミュニケーションの規則を具体的に提案しており、そこには現代政治で重視されつつある「熟議」のニュアンスを読み取ることができる。

コメニウスは「感情は知性の奉仕者ではなく意志の奉仕者」であり、「意志と能力のあいだに介在している」がゆえに、「事物の重要性を勘案する熟慮の際には、感情の興奮を招かないように注意しなければならない」(DK 19-1, 102) と言う。そして、「熟議に愛や憎しみや他人への嫉妬と軽蔑が混じらない」ようにするため、「個人、国民、言語の異なる民族・宗派に対する考慮が一般に留保される」(DK 19-1, 112) ことを求め、「純粋な目、自由なまなざしで、眼鏡をつけず、何か新しいことや異常なことが現れても偏見にとらわれないでほしい」として、「目を開いて来たれ！」と呼びかける (DK 19-1, 113-114)。そこで特に重視されるのが「公開性」である。コメニウスは「あらゆる人に関係することは、あらゆる者が知るべきである」として、「あらゆる国民、言語の異なる民族・宗派が招待される」べきだと主張する (DK 19-1, 106, 108)。人間的事柄は多様であり、「部分的努力」がなされていることはコメニウスも認めるが、部分的努力が齟齬を来たすことで混乱が増大することも少なくない。そこで彼が人間的事柄の普遍的な改革のために最も重視したのが、公開性なのだった。彼は次のような原則を示している。

(1)誰しも自分の願望を表明することを禁じられない。
(2)誰しも自分の意見表明を排斥されたり排除されたりしない。
(3)あらゆる人の共通の同意なしには何も決定も結論もされない。(DK 19-1, 103)

これらの規則は、ドイツの哲学者ユルゲン・ハーバーマス(一九二九年生)が討議を成り立たせる諸条件を考察した際に挙げた「理想的発話状況」に近いものである。両者に歴史的な隔たりがあることは言うまでもないが、コメニウスの理性概念が対話に開かれていることは彼の言語論を見ても明らかだろう。

熟議に対しては、変化に即応できず意思決定が遅れる、という批判がある。コメニウスは「性急にされてはならない」が、「長く延期してはならず」、「僭越に先取りしてはならない」ことを強調している(DK 19-1, 104)。「遅延は、よく予見された事柄に対して、多くの場合、有害で、熟議を行う時を逸したり、事柄の進行を取り逃がしたりする」(DK 19-1, 104)。また、「この事柄について民衆的に論じよう」(DK 19-1, 26)とも言われている。ここでは立ち入って論及されていないが、民衆的な方法に対置されているのは『総合的熟議』の第四部「パンパイデイア」で示された「哲学的な厳格さ」だろう。コメニウスは議論をいたずらに複雑化する主知主義の弊害を見据えていた。

公共性の射程と限界

『天への手紙』で農奴制を放棄しないチェコ貴族を批判し、『地上の迷宮』で為政者に対する辛辣な批判を記したコメニウスには、反権力的な志向性が認められる。しかし、例えばイギリス内戦には必ずしも共感的ではなかった。内戦時のイギリス宗教界では、個々の教会の自主性を主張する独立派が有力で、さらなる宗教的自由を求める水平派（レヴェラーズ）や真正水平派（ディガーズ）もいたが、コメニウスは独立派を批判する著作を発表している。第二次世界大戦後、東ヨーロッパ諸国ではコメニウスに革命的な性格が認められるか否かをめぐって議論があり、日本でもコメニウスとその協働者は勃興しつつあった絶対主義のもとでの「御用教授学者」、あるいは「漸進的改良主義」を標榜する者として位置づけられた（長尾 一九七八、七四頁）。確かに次の一節を見ると、コメニウスは政治形態に頓着していなかったように見える。

今なお将来の統治形態が探求されている。〔…〕さまざまな事柄の新しい状態では、どうなるだろうか。君主制、貴族制、民主制という三つの統治形態のすべてにおいて成功を収めるに違いない。というのも、キリストが諸王や司教や哲学者たちを支配することになり、名家が至る所でさまざまな事柄を先導することになり、いかなる者も自分の家や自分の良心にあって、例外なく王、司教、博士であるに違いないという状態が到来するからである。（CC 2, 514）

ハーバーマスは「宮廷的公共性」が「市民的公共性」に取って代わられる移行過程の中で「公権力の公共性の傘の下」にある「非政治的形態の公共性」を「文芸的公共性」と位置づけた（ハーバーマス 一九九四、四八―四九頁）。コメニウスとその協働者の活動は、その先駆的実例と言えるだろう。しかし、イギリスの王政復古（一六六〇年）やフランスのルイ一四世（一六三八―一七一五年）の親政開始（一六六一年）あたりを境にして、コメニウスはヨーロッパ思想史の表舞台から消え、一八世紀の啓蒙主義とも断絶したかに見える。一見すると「宮廷的公共性」に仕える「御用教授学者」としての命脈は長くなく、「市民的公共性」との関係では改良主義者として一段低く評価されるように思われる。しかし、「熟議」の理想はコメニウスとその協働者の実践と照らし合う関係にある。アメリカの歴史家エリザベス・アイゼンステイン（一九二三―二〇一六年）は、宗教戦争が相次ぐ中でも知識人の文通や往来が行われ、「異教徒集団との共同研究から、寛容な教会一致の精神が育まれた」（アイゼンステイン 一九八七、一七四頁）と指摘している。デカルトとメルセンヌ、コメニウスとハートリブのように、知識人の交流を仲介するネットワークは主義主張の違いを超えた交流をもたらした。ハートリブがコメニウスのパンソフィアについて『日誌』に残した記述は、二人が党派的に結束した関係ではなかったことを示している。

コメニウスは自惚《うぬぼ》れすぎだ。全人類に向けてパンソフィアを著すのは小さなことではない。一国やヨーロッパに向けて著すだけでも困難なのに、全世界に向けてといえば、どれほどの困難がともなうだろう。コメニウスは、パンソフィアが理解されるレシノや彼の国民やあまり洗練されていない国々やハンガリーを一歩も出ていない。（HP 30-4, 18a）

コメニウスを支えた盟友ハートリブがパンソフィアの実現可能性に懐疑的だったことに驚かされる

が、重要なのは、こうした見解の相違にもかかわらず現に知的交流がなされたことである。そこには交流を維持させる実践的な理念があった。プロテスタント教会の和解活動にあたった盟友ジョン・デュアリは「もしわれわれの分裂と不和が至る所で続いて増大するなら、われわれ自身の善のために相互啓発の方途によって互いを理解することはできない」(HP 6-4, 126a) と述べ、「他者の福利のためにわれわれの意志を放棄しようと耐え忍ぶ競争のうちで、合法的な自由と他者の啓発は和解する」(HP 68-5, 9b) として、知識人の交流の目的が「相互啓発 (mutual edification)」にあることを力説している。デュアリも考察しているように、「啓発」は「神殿」、「家」、「部屋」などを意味するラテン語 “aedes” と、「作る」という意味の動詞 “facio” から成る “aedifico” を語源とし、元来は「建築」を意味した。より語源に即して言えば、外界と区別されたある種の道徳的空間を構築する、という意味に解される。つまり、デュアリは相互を道徳的に高めようとする意識が知的交流を支えると見ていたのである。

コメニウスらの知的交流の理念が最もよく示されているのが、コメニウスがロンドンを離れるにあたって一六四二年三月に作成された「友愛の盟約状」である。その冒頭には「キリスト教の公共善の促進における相互啓発のためのこの『友愛の盟約状』は、敬虔にも神の御前に届いた」とあり、遵守されるべき一〇項目が掲げられたあと、デュアリ、コメニウス、ハートリブらの署名で結ばれている (HP 7-109, 1a-2b)。一〇の項目には、互いの同意を得ないことは行わず、何事も協議を経て行う、考えていることは包み隠さず話し合う、個人の意見に固執せず、他者と協調する、互いに自由に忠告し合い、批判されても悪くとらない、といったコミュニケーションの規則が列記されている。ハートリ

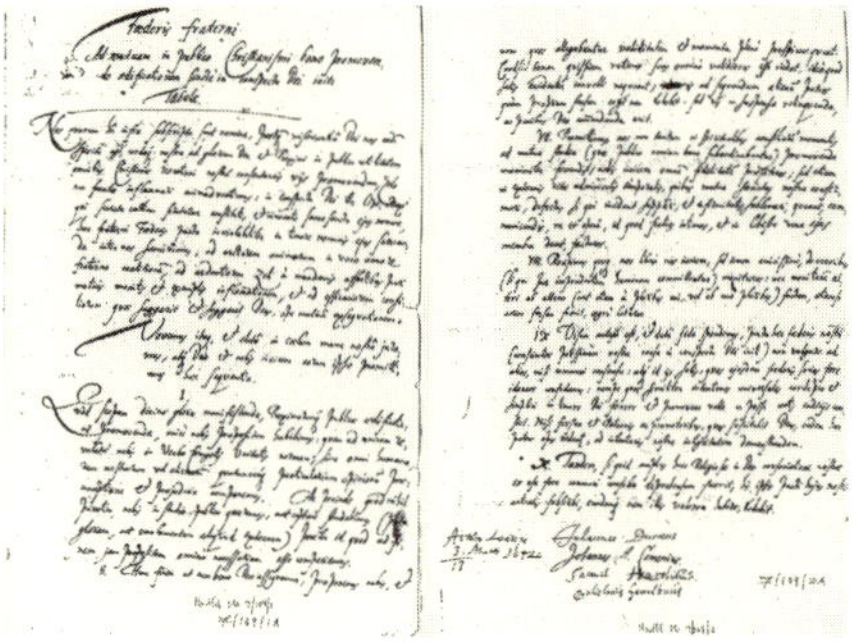

ハートリブ、デュアリ、コメニウスによる「友愛の盟約状」（1642年）（ハートリブ文書、シェフィールド大学図書館）

ブの死とともにこのサークルは消滅したが、メンバーの一部はイギリス王政復古後に成立したロンドン王立協会の草創期を支えた。コメニウスは王立協会が組織の目的を自然科学研究に限定したことを批判したが、王立協会はそうした目的の限定によって、むしろ影響力を維持することができた。

文通による知的交流の成果のいくつかは出版されているが、十分に公開的だったとは言えない。薔薇十字団との関係を連想させるような「友愛の盟約状」に秘密主義的なトーンがあることも事実である。しかし、チェコのコメニウス研究者ヤン・クンペラ（一九四六年生）が「コメニウス派の計画は、排他的な政治的意味では構成されて」おらず、「特定の政治体制やイデオロギーには依存していない」と述べているように（AC 28-1, 37)、党派性という意味での政治的性格はなかった。それにもかかわらず彼らが当時の教育、学術、宗教などの問題に関与できたのは、彼らが普遍主義を標榜したがゆえだろう。その主張は絶対主義の興隆の中で忘れ去られたが、党派的・部分的利害の極大化を図る絶対主義や国家主義に対して、彼らの普遍主義が批判的機能を有していたことを忘れてはならないだろう。

2　三つの国際機関

「パンオルトシア」

学問・政治・宗教の改革に論及した『総合的熟議』の第六部「パンオルトシア」の意図は、地上を覆う分裂、複雑化、暴力に対して単一性、単純性、自発性を回復する方途を探求することにある。全二七章は、総体的改革の必要性についての理論的考察、さまざまな堕落からの回復のための実践的考察、そして具体的課題への応用的考察から成る。考察の焦点はやはり人間であり、『光の道』で示された構想に沿って、総合的哲学、総合的宗教、総合的政治、総合的言語の確立が論じられる。そして、国際的な教育・文化機関である「光のコレギウム」、国際的な紛争調停機関である「平和法院」、宗教的な和解のための国際機関である「教会平和会議」（または「神聖教会会議」）の創設が提唱され、これら三つの会議体が「全キリスト教界会議」に包括される（CC 2, 658）。本章では、光のコレギウムと平和法院を中心に見てみよう。

諸個人の共住が家族をなし、諸家族の共住が都市をなし、諸都市の共住が州をなし、諸州の共住が王国をなすが、諸王国の共同体全体が人類の誰にでも共通する単一の国をなすのと同様に、個々の家庭にも都市にも州にも王国にも、そして最終的には地上全体にも参議院があるはずだ。
（CC 2, 535）

コメニウスは精神相互の分裂としての異論、意志と感情が相互に分裂することによる憎悪、実力の行使に至る不法行為や報復といった不和を「非人間性（inhumanitas）」と呼ぶ（CC 2, 440-441）。ラテン語の"humanitas"は「人間性」と訳されるが、この訳語は理性に基づく意志の自由を強調した一八世紀のカント的な意味でのそれ（Humanität）と混同されやすい。ここで言われる"humanitas"は英語の"manhood"（人間らしさ、成熟性）に近い。人間らしさの特質は、赦し、寛容、和解が実践できるか否かにある、とコメニウスは考えている（CC 2, 449）。

コメニウスは、あらゆる改革は「あらゆる者を分断と分派から呼び戻し、あらゆる者を集めて普遍性に、言い換えれば、真の総体性に向かわせることである」（CC 2, 482）と言う。これはパンソフィアの意図にほかならない。哲学がいくつかの部屋の鍵のようなものだとすれば、パンソフィアはすべての部屋の錠を開けられる一つの鍵のようなものである（CC 2, 507）。そして、改革の徹底性について、コメニウスはギリシア神話にあるヘラクレスの一二の功業のうちのアウゲイアスの家畜小屋の話を引く。ヘラクレスは三〇〇〇頭の牛を所持するアウゲイアス王の三〇年間掃除されていない牛小屋に二つの川から流れを変えて水を引き込み、三〇年分の汚物を洗い流した。コメニウスは「歪んだ意図という糞の山」（CC 2, 411）である世界の汚物を洗い流す奔流とは、神の業、人間に刻み込まれた神の衝動、神の言葉だとして（CC 2, 413）、「神の奔流をわれわれの家畜小屋に直接引き込んで全体を巻き込み、隅々まで流れ広げることで、あらゆるものを柔らげ、洗浄し、洗い流すようにさせるべきである」（CC 2, 417）と記している。

三つの国際機関を提唱したあと、コメニウスは個人、家族、学校、教会、政治にわたる個別的な改革について論じる。「公的な改革は個々人が自分を個人として改革しないかぎり進行しない」(CC 2, 567) という認識は、改革が個から全体へ向かう同心円的な広がりの中で捉えられていることを示している。実際、コメニウスは個人の変革の次の焦点は家族にあるとし、「あらゆる家の中に、(1)学校、(2)教会、(3)小国があるようになれば、個々の家族の改革は最善のものになる」(CC 2, 578) と言う。その一方で、使用人の女性に二〇にわたる家庭の規則を書き取らせたというエピソードや、家庭の規則が遵守されているかどうかを確かめることは「家父長自らであれ、配下のスパイを使ってであれ、できるだろう」(CC 2, 581) という言葉など、首をかしげたくなる記述があることも事実である。

光のコレギウムと学校改革

平和法院のような国際紛争の調停機関の提唱やそれに連なる国家連合の構想は、一六世紀のエラスムス、一八世紀フランスの啓蒙思想家シャルル・サン＝ピエール(一六五八―一七四三年)、さらには『永遠平和のために』(一七九五年) を著した哲学者イマヌエル・カント (一七二四―一八〇四年) などに見られるが、現代のユネスコのような国際的な教育・文化機関としては、コメニウスの提案が最初期のものだろう。

コメニウスは、学校改革について論じる際、「どの王国も (ドイツでも、オランダでも、またどんな州でも)、自分だけのアカデミアをもつことに躍起になっている」(CC 2, 582) として、当時の大学設立熱を批判している。彼はアカデミアを青年期の学校としたが、『総合的熟議』の第四部「パンパイデイア」には「アカデミアはコレギウムの中にあるべきだ」(CC 2, 183)という記述がある。学者の共同体としてのコレギウム(学寮)と学生の学びの場であるアカデミアは一体のものとして捉えられており、これは現代の高等教育・研究機関としての大学に対応している。そして、「学識者のコレギウム」は「結集させて一つの光のコレギウムにしなければならない」(CC 2, 536)と言われているように、「光のコレギウム」の構想は諸大学の国際的な会議体を組織しようとするものだった。

光のコレギウムの役割は、諸国民のうちのある国民がどこからも教わらなくても当然だとか、いわんや、どの国民が何かある必須の事柄に無知であって当然だというようにはさせず、あらゆる者が神から教われるように配慮することだろう。(CC 2, 536)

光のコレギウムは他の二つの機関とともにすべての州に置かれ、それを統括する上位のコレギウムがヨーロッパ、アジア、アフリカ、アメリカに一つずつ、そして最上位には世界全体のコレギウムが置かれる(CC 2, 672)。その場所として、『光の道』ではロンドンが推奨されている。各コレギウムには一人の監督者と一定数の長老のほか、書記や秘書が置かれ、選出は各国に任される。国際会議は一〇年に一度開催され、ヨーロッパの次はアジア、その次はアフリカ、というように持ち回りで行う(CC 2, 672-673)。コメニウスは「光のコレギウムは光の力で誤りという闇を追い払う」(CC 2, 671)として、学術研究に大きな期待をかけるとともに、組織の国際的な統一によって、学術研究と教育の徹底的な開放性を求めた。

「光の工房では、明瞭でないものや沸き立っていないものや愛らしくないものが何一つ放置されないようにする」ために、学校教師だけでなく「常勤の監察官や教育行政官や視学官を正規に任命する」ことが求められ、視学官は「一定の時間をあけて繰り返し訪問」する（CC 2, 541）。教師の給与は公的な支給と親からの授業料収入で賄われるが、前者は「生計を維持するための原資」であるのに対して、後者は「勤勉の刺激」であり、最低限の給与水準を公的に保障した上での出来高払い制が考えられていた（CC 2, 594）。さらに、教育成果を上げるため、視学官の訪問のもとでの試験の実施、褒賞や競争も奨励されている。

教育や言語の考察において、書物の氾濫にいかに対処するかということは、コメニウスが重視した課題だった。彼は「いかなる印刷業者も、行政当局や教会や光のコレギウム以外の者によっては任じられない」ことを要求する（CC 2, 543）。さらに、「光の工房」である印刷所は「光の教授がいるところ、すなわちアカデミアのみに設けられるべきである」（CC 2, 543）として、出版活動が高等教育機関に限られるべきだと考えた。このような構想に管理主義的・全体主義的傾向があることは否定できないだろう。

平和法院と政治改革

コメニウスは「学校と教会を入れている容器は政治である」（CC 2, 658）として、政治改革を重視した。その際にも、「人間に固有なこととは理性によって扱うこと」であり、「感情や怒りや暴力あるいは武器によって取り扱うことではない」として、暴力的な手段によらない平和の実現を求めた(CC 2, 548)。

平和法院の役割とは、どんな国民も他の国民に対抗して決起することがないように、あるいは戦争したり武器を製造したりすることを教える者が現れないように警戒することだろう。(CC 2, 536)

人間には栄養の摂取、生命の維持、感覚の錬磨、場所の移動、発言、防衛、発生という七つの動物的な行動能力(CC 2, 642)があるとされ、それぞれに対応した社会改善の課題が示される。為政者の義務は、当時教会が担っていた孤児院、養老院、病院のほか、学校、牢獄、時計塔、道路、旅行、裁判、食料などの社会の機能や施設の管理と改善にある。私人の義務は、天職にとどまり、節度のある食事、衣服、余暇、婚姻を享受することだとされる。その他、統治を確実にするために、法の支配や情報の普及、人材育成のための若者の留学支援、裁判の公正化も論じられる。

政治という名称は、その語源をなしているものが意味づけることができるものよりさらに広い意味で使用されることになるだろう。もちろん、「都市(civitas)」という語は「ポリス」から来ており、元来それは都市の住民たちが自分たちのあいだで使用したもので、(田舎の庶民が使用しているのに比べて)より上品な交際を暗示している。それにもかかわらず、「ポリス」という語は

「ポリ」、すなわち「経過する」あるいは「歩き回る」という語から来ており、あらゆるていねいな、よく習慣づけられた、愛らしい人間の交際を意味する語として使用されるものとして受け入れられているのだから、この場合にも同じように受け取られなくてはならないだろう。(CC 2, 509)

コメニウスは人間の交際のあらゆるレベルに政治を認める。このことは力に対する彼の視点に関連している。しかし、政治改革の主張にも管理主義的な色彩があることは指摘しておかなくてはならない。宗教的な禁欲主義ゆえに居酒屋、高利貸、賭博、大道芸人を容認できなかったことは理解できるとしても、児童は洗礼を思い起こさせる白、青年は罪のない人生の黄金時代を記念する黄金色、学識者は精神の喜びを表現する緑色、教師は天を思わせる紺色、為政者は深紅または紫、老人は黒灰色または黒色の服を着るべきだ(CC 2, 651)といった記述に違和感を抱かない人はいないだろう。植民地についても、「スペイン、ポルトガル、フランス、イギリス、オランダ等々がしている」強奪という手段を否定しつつ、「平和の意志によって折半することでなされなければならない」と主張している(CC 2, 547)。『総合的熟議』の序文にも、次のような一節がある。

われわれヨーロッパ人は、いわば一つの船に一緒に乗っており、アジア人、アフリカ人、アメリカ人、その他が各自の船に乗って世界と(無知、迷信、隷属の悲惨といった)世界の不幸の同じ大海を漂っているのを眺めているようなものだ。われわれと一緒に乗船しているキリストがすでに十分われわれを祝福し、われわれの網を神秘の無限の富で満たしたとすれば、他の船の仲間に、やって来てわれわれを手伝うよう合図を送ること以上によいことが考えられるだろうか。

(DK 19-1, 62-63)

コメニウスはあからさまな植民地主義はとっていないし、ヨーロッパが絶対主義国家に分裂し、そこから民族主義が台頭していったことを考えれば、ヨーロッパという視点は、彼が祖国を失った愛国主義者であるにもかかわらず個別主義を乗り越える普遍性として展望されていたことをうかがわせる。しかし、ここには明らかにヨーロッパとその外部を峻別する思考があることも事実だ。晩年、イギリスとオランダの第二次戦争に衝撃を受けたコメニウスは、ともにプロテスタント陣営である両国の早期の和解を望んで『平和の天使』を提出したが、そこには「日本であなたがたが犯した誤り」(DK 13, 195) という一節がある。イギリスとオランダはキリスト教の布教と通商を切り離すことで鎖国体制をとった日本と通商を続けたが、その政策は「憐れむべき異教徒たちのレベルにまで自分たちを押し下げる行い」(DK 13, 195) として批判されている。コメニウスは宣教において強制的な手段をとるべきではないと考えたが、その教育論や言語論の根底には「諸民族の普遍的な回心」を実現しようとする宗教的使命感ゆえの教化的な傾向があった。

『総合的熟議』の第六部「パンオルトシア」における改革提案の徹底ぶりは、当時の社会に深淵を見たコメニウスの危機意識を反映している。彼は理論にとどまらず、実践への適用と応用的な展開を求め、自らそれを実行した。その改革構想は、あらゆる次元に光を通わせて開放性を実現しようとする極限的イメージを示している。

3　一七世紀ヨーロッパ政治の中で

政治への参画

一六四八年、スウェーデン軍はプラハまで侵攻し、ウィーンに逃亡した皇帝フェルディナント三世（一六〇八—五七年）はついに講和条約の締結を決断する。ミュンスターとオスナブリュックで講和条約が締結され、三十年戦争は終結した。弱体化があらわになった神聖ローマ帝国はオーストリア、ボヘミア、ハンガリーの統治に注力するようになるが、それはチェコ人コメニウスにとって故郷への帰還が絶望的になったことを意味した。彼はスウェーデンの宰相オクセンシャーナに抗議の書簡を送ったものの、状況は好転しない。

「われわれが見捨てられることはない」と聞くのは、福音のために窮地に陥ったわが民族にとって、これまでどれほどの喜びだったことでしょう。しかし、今〔…〕オスナブリュックの平和条約で「見捨てられてしまった」と聞くのは、正反対に悲しむべきことです。〔…〕奪い取られたものを解放する力があなたにはあるというのに、それを再び破壊者たちの手に渡すのであれば、あなたがたがわれわれの涙という援軍によって勝利を得ることをどうして喜べるでしょう。

(PK, 144)

この年、兄弟教団の主席監督となったコメニウスは、各地に離散している兄弟教団の行く末を悲観し、二年後には『死に逝く母なる兄弟教団の遺言』を著す。そこに記された「愛する祖国よ、他の民より前にお前に与えられていたこの遺産の権利を、お前の救い主なる主がお前を憐まれ、主の真理が大道を歩むとき、再び自分のものとして引き受けよ」(KJ, 27-28)という一節は、民族の独立を求めるチェコ人のよすがとされるようになった。

コメニウスの現実政治への関与には、祖国の解放と亡命している教団員への支援という二つの動機がある。教授学やパンソフィアの研究で著名だった彼は、ヨーロッパ諸侯にとって利用価値のある人物であり、そのことは彼自身も自覚していた。その結果、神学者、哲学者としては異例とも言える一七世紀ヨーロッパ政治の大立者との広範な関係が生まれる。三十年戦争の初期、チェコからの亡命が必至となった一六二六年にはオランダのハーグに落ち延びていた元ボヘミア王フリードリヒを見舞い、イギリス訪問後、内戦の激化によって当地から去ることになった際にはフランスの枢機卿リシュリューから誘いを受けている。フランスはカトリック国だったが、ローマ教皇庁によって長く投獄された哲学者カンパネッラの亡命を受け入れたように、有為な人材の招聘には熱心だったのである。コメニウスは結果的にスウェーデンの庇護を受けることになり、宰相オクセンシャーナと面会して、文通を重ねている。

三十年戦争の終結後も祖国解放の希望を抱き続けたコメニウスがプロテスタント同盟の再構築にお

いて重要だと考えたのが、スウェーデンとトランシルヴァニアだった。トランシルヴァニアのラーコーツィ家からはそれ以前にも学校教育の助言を求められており、相当数の教団員が身を寄せていたこともあって一六五〇年から五四年までシャーロシュパタクに滞在している。そこではジェルジ二世やその弟ジクムント（一六二二―五二年）と密接な関係を築き、学校運営について助言する傍ら、積極的な政治工作を行った。トランシルヴァニアからレシノに戻ったコメニウスはレシノで焼け出され、アムステルダムに移る。彼が去ったことで、ポーランドに亡命していた兄弟教団員の生活状況は、より困難なものになった。この頃、カトリック信仰の強いアイルランドへの対応に苦慮していたクロムウェル統治下のイギリスとのあいだで、兄弟教団がアイルランドに移民する話が持ち上がった。この話は立ち消えになったものの、イギリスの王政復古後もコメニウスはチャールズ二世に教団への支援を求める嘆願書を送っている。イギリスからは、三十年戦争期から一六五〇年代まで、教団にかなり

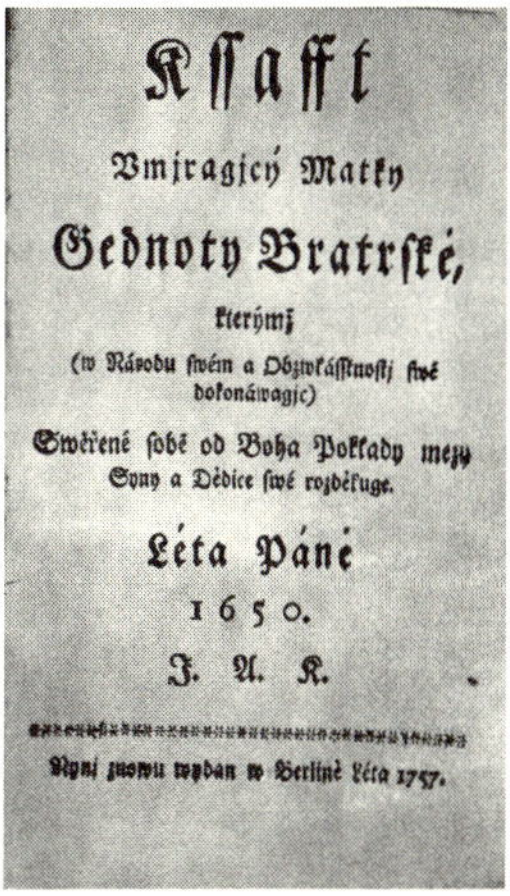
Kssafft
Umjragjcý Matky
Gednoty Bratrské,
kterýmž
(w Národu swém a Obzwlásstnosti swé dokonáwagjc)
Swěřené sobě od Boha Poklady mezy Syny a Dědice swé rozděluge.
Léta Páně
1650.
J. A. K.
Nyní znowu wydán w Berlíně Léta 1757.

『死に逝く母なる兄弟教団の遺言』表紙。この書物は何度も再刊された。

アクセル・オクセンシャーナ

の額の義援金が贈られた。

君主教育論の光と影

諸侯との関わりの中でコメニウスが物した著作がある。その一つがトランシルヴァニアのジェルジ二世に献呈された『民族の幸福』である。ここで彼は民族の幸福の条件として、①十分な出生率、②恵まれた土地、③民族的統一性、④隣国との友好、⑤有事の対応策、⑥内政の安定、⑦官僚組織と法の整備、⑧法の適切な運用、⑨同民族による行政、⑩国民の自由の保障、⑪国民の自主性、⑫経済や技術の発展、⑬物質的豊かさ、⑭安全の確保、⑮教育と文化の充実、⑯敬虔な信仰、⑰神の祝福、⑱他国民の評価を挙げ（DK 13, 39）、トランシルヴァニアの改革を勧める。民族的な統一性や行政官が同民族であるべきという主張の背景には、フン人のほか、ドイツ人、ルテニア人、ワラキア人、トルコ人も暮らすトランシルヴァニアでは五つの言語が用いられ、バベル的状況が公の幸福の妨げになっている、という認識があった（DK 13, 43）。また、オスマン帝国の影響下に置かれている上、カトリックを奉ずる神聖ローマ皇帝側に対抗する有力なプロテスタント国であるというトランシルヴァニアの不安定な状況も考慮されていただろう。

トランシルヴァニア公ジェルジ二世

この著作は、『総合的熟議』第六部「パンオルトシア」における社会の全体的な改革の理想が実践的に展開されたものと見ることができる。コメニウスの政治家に対するアプローチは、『キリスト教君主教育』（一五一六年）を著したエラスムスらの君主教育論の系譜に連なるものと思われる。コメニウスは、この著作に先立って、レシノに滞在していた一六三七年に領主ボグスワフ・レシュチンスキ（一六一五―六〇年）とその弟に『運命の建造者』を献呈した。その内容は、『総合的熟議』の第三部「パンソフィア」で示された八段階の世界のうち、第六の「道徳界」の内容と関連している。このことは『総合的熟議』が――イデアについて考察されたものであるとはいえ――現実的な課題への応答の中で著されたことを示す。コメニウスの助言が効果を生んだとは言えないが、この著作は道徳論として重要なものである（ここでは、のちに内容が拡張された続編を参照する）。

コメニウスは、運命の建造はベーコンが『学問の尊厳と進歩』（一六〇五年）で残した課題だったと言う。そして、「自分自身に意を用いる術を正しく知らなければ、自分のあらゆる事柄も自分自身も運命だけに依存することになり、偶然の出来事に巻き込まれたり、不運に葬り去られたりされるままになってしまう」（DK 13, 241）と記し、人生に臨む心構えとして、全体観に立つこと、成功を真剣に望むこと、物事を理性的に見ること、よい目的観に立つこと、妥当な手段によること、機会を選ぶこと、障害を取り除くこと、警戒心を持続すること、信仰を堅持すること、苦難に耐えること、悪意をうまくかわすこと、節度と品位と厳格さを保つこと、控えめにふるまって嫉妬を避けること、敵意を示さずに憎悪を避けること、恐怖心を与えないこと、自身の思慮を深めることなどを挙げている。特徴的なのは「出てきたものを感謝の気持ちで、心を平静にして、喜んで受け入れてください」と一種の諦観が説かれている点である（DK 13, 247）。コメニウスは「そうした者は、すでに運命を超越しているがゆえに、不幸な出来事も人間たちの悪意の感情も恐れなくなっている」（DK 13, 248）と言う。

諦観は単なる諦めではない。「賢者は出来事を捉えて徳の機会に変え、不安定な事柄から次第に永遠へと向きを変えることによって、その出来事を修正する」（DK 13, 249）と言われているように、いかに逆境を捉えて意味づけるかが説かれている。そこには次章で見る彼の信仰が反映しているだろう。事実、この著作には運命の建造のための日々の祈りまで付されている。

トランシルヴァニアで『民族の幸福』を著す以前に、コメニウスがジェルジ二世の弟ジクムントに献呈した著作がある。それが『ダビデに対するナタンの秘話』（一六五一年執筆）である。表題にあるナタンとは、旧約聖書でダビデが巨人ゴリアテを倒すために予言したとされる人物である。ダビデは皇帝を打倒すべきジクムント、ナタンはその予言をするコメニウスであることが示唆されている。

あなたのところでは、今なお陣営が他の陣営に対抗し続けています。あちらの陣営は自分たちのほうから襲撃したり、あなたの陣営を招き寄せたりして脅かしています。〔…〕こういう場合には何が欠けているのでしょう。それはダビデのような方です。〔…〕ゴリアテが多くいるので、ダビデももっと増える必要があるなら、ご覧ください、神がその人々を奮い立たせてくださるはずです。すなわち、その人たちはダビデとヨナタンの実例によって自分たちのあいだで同盟を結ぶはずです。（DK 13, 14）

ジクムントは一六五一年六月に結婚した。相手はファルツ選帝侯にしてボヘミア王だったフリードリヒの娘ヘンリエッテ（一六二六—五一年）であり、この結婚はプロテスタント同盟の再構築に向けた慶事とみなされた。コメニウスはジクムントに、トルコの圧迫からの独立、カトリックの支配のもとにある中央ヨーロッパ諸民族の解放、ヨーロッパ全体の政治秩序の確立、トルコ人への宣教という使命があることを力説し、続編には「あなた自身を神の道具として神に与えることがあなたの任務である」(DK 13, 25) と記した。この言動に、祖国の解放への執念あるいは熱烈な信仰心を読み取ることもできるだろうが、エラスムス的な君主教育論を超えて、コメニウス自身が批判したマキアヴェリズムに接近していると見ることもできなくはない。シャーロシュパタクに到着して早々、彼は友人の天文学者ヘヴェリウスに手紙を書き、ジクムントのために当時きわめて高価だった望遠鏡を送るよう依頼している。

挫折に次ぐ政治工作

ここでは、三十年戦争後のコメニウスの政治的な動きを押さえておこう。彼の基本的な戦略はプロテスタント同盟の再構築によってカトリックとハプスブルク家に対抗しようというものである。その意味で、ポーランドの王位継承権を有するトランシルヴァニアのラーコーツィ家は重要な存在だった。

トランシルヴァニアへの途上、コメニウスは少年時代の友人ミクラーシュ・ドラビーク(一五八七—一六七一年)と再会する。ドラビークは、シャーロシュパタクへの道中、コメニウスに、ハプスブルク家が崩壊し、プロテスタントが勝利する、という予言を述べ続けた。トランシルヴァニアに入ったコメニウスは、学校運営に関わる一方で政治工作を進めたが、『ダビデに対するナタンの秘話』を献呈したジクムントの妻ヘンリエッテは結婚後二ヵ月で死去し、翌年にはジクムントまで他界してしまう。そこでコメニウスはジェルジ二世に献策することにし、『民族の幸福』を献呈した。しかし、兄弟教団の要請もあって、一六五四年夏にはレシノに帰還している。

その頃、スウェーデンでは女王クリスティーナ（一六二六―八九年）に代わって、ファルツ伯カール・グスタフが王位に就いた（カール一〇世）（一六二二―六〇年）。それを知ったジェルジ二世は、重臣シャウム（生年不詳―一六六二年）をスウェーデンやイギリスに派遣する。この間、コメニウスの献策が一定の影響を与えたことが文通から裏づけられる。一六五四年には第一次イギリス－オランダ戦争が終結して両国の共同条約が成立し、イギリスを含めたプロテスタント同盟に対する期待が高まったが、宗教は次第に国家間の対立軸ではなくなりつつあった。イギリス－オランダ戦争もプロテスタント国同士の争いであり、クロムウェルは一六五五年にローマ教皇とのあいだで地中海の航海権を分割している。コメニウスは盟友デュアリへの書簡でクロムウェルを批判した。

共和国が何だというのか。それは重大なものではない。まどろみであり、麻痺である。あなたがたの国のかの人は、われわれすべてを空虚な期待で欺《あざむ》いた。地中海のあの艦隊が何だというのか。インドで何だというのか。商品と富以外には何も求められていないのか。われわれはかの人に別のことを期待していたが、私は今ではまったく失望している。（KK 1, 196）

スウェーデン王カール一〇世は、一六五五年七月にポーランド遠征を開始する。ポーランドでは、カジミエシ五世（一六〇九―七二年）が王位を継いだのち、カトリックへの傾斜が強まっていた。このときコメニウスはトランシルヴァニアにも挙兵を勧めたが、スウェーデンはそれを望まなかった。スウェーデンがポーランドの当時の首都クラクフを占領すると、コメニウスはカールを讃えるパンフレットを著したが、そうした行動に対しては兄弟教団の亡命を受け入れたポーランド側から強い疑念が寄せられた。しかし、コメニウスは亡命者によるチェコ遠征軍の組織に資金援助を惜しまず、スウェーデンとブランデンブルクの仲介をも担って、祖国の解放に備えた。

だが、一六五五年にはロシアもポーランドに攻め入る。バルト海の覇権をめぐってデンマークがスウェーデンに戦端を開き、混迷は深まる。一六五六年になるとポーランドの抵抗は激しさを増し、四月末にはコメニウスが居を構えていたレシノが焼き討ちに遭う。コメニウスは蔵書や草稿の大半を失い、シュレジアに避難したのち、ハンブルクを経由してアムステルダムに入った。彼は書籍の寄付を募り、焼け残った原稿を基にして教授学やパンソフィアの研究を進める傍ら、ポーランドに居住している教団員への支援を呼びかけた。

コメニウスの政治に対する関与はさらに続く。スウェーデンは一六五六年一二月にトランシルヴァニアと同盟を結び、ジェルジ二世は翌年春にはポーランドに侵入して、ほぼ全土を掌握した。両国がプロテスタント国として結束するようにとコメニウスが著したパンフレットには、デマと見られても仕方のない内容も含まれていた。

しかし、一六五八年になると、トランシルヴァニアではジェルジ二世に対する謀反の動きが起こり、トルコがハンガリー全土で勢力を強める。さらにスウェーデンはデンマークとの戦闘に集中するため、ポーランドとの和解を進めた。戦況の膠着を見て取ったスウェーデンとトランシルヴァニアはポーランドから撤退する。同年クロムウェルが、一六六〇年にはスウェーデン王カール一〇世とトランシルヴァニアのジェルジ二世が相次いで他界する。

一六六〇年代に入ると、コメニウスは支持者であるスイス人ヨハン・レーディンガー（一六一九―八八年）に働きかける。レーディンガーは、コメニウスが出版した予言書をフランスのルイ一四世をはじめとする有力諸侯に伝えた。カトリックに改宗した元スウェーデン女王クリスティーナをローマに迎えた教皇アレクサンデル七世（一五九九―一六六七年）は、領内の教会の自立を模索するフランス側と対立を繰り返しており、コメニウスはそうした状況にも関心を寄せている。しかし、捕囚時代には教皇庁があったアヴィニョンまでがフランスの手に渡り、一六六四年には教皇がルイ一四世に謝罪するなど、世俗権力の勢いは押しとどめられなかった。それは宗教的和解を通した地上の平和の樹立を願うコメニウスの思いとは相容れない状況だった。

4　自発性への力

問題としての暴力

コメニウスの普遍的改革の意図は、暴力の除去にあった。『総合的熟議』の第四部「パンパイデイア」で幼児期からの教育的配慮の重要性を述べる際、彼は暴力を家政、教育、宗教、政治といったあらゆる人間的事柄を貫く問題として捉える。

家や学校や教会や国の至る所で、それぞれさまざまな手法で改革が試みられているが、たいていは暴力的である。成長した子供を両親が棍棒で改革しているのを、われわれは知っている。支配者たちは家来に牢獄や剣や縄や刑車を用いる。王たちも家来にマキアヴェッリの技法による欺瞞と詐欺を用いるがゆえに、家来は逆に自分の王に反抗して復讐する。そうして戦争、暴力、災難であふれている。〔…〕なぜ理性的な被造物が理性の手綱で統治されないのか、その原因を探るべきだ。適用されている統治そのものが非理性的に適用されているのではないか。〔…〕物事の始まりが間違っている。精神を正しく形成していないので、意志のために正しく照らしていない。意志を善に向けていないので、良心が力で苦しむことになる。ゆえに、幼児期の用意周到な配慮が必要なのだ。(CC 2, 121-122)

『総合的熟議』の第一部「パンエゲルシア」にも「学校でも寺院でも市場でも、ほとんどの者が暴力的に強制され、奴隷のようにふるまっている」(DK 19-1, 145) という同様の問題意識が示されている。ノルウェーの平和学者ヨハン・ガルトゥング(一九三〇年生)は「平和」の対概念を「戦争」と捉える発想を転換して、貧困、抑圧、差別といった「構造的暴力(structural violence)」が解決された状態である「積極的平和(positive peace)」の概念を提唱した。歴史的文脈は考慮しなければならないが、暴力をマクロな領域とミクロな領域で分断することなく一元的に捉えるコメニウスの視点は、暴力を構造的に捉える見方の端緒とみなすことができる。

コメニウスが暴力や力を問題にしていたことは、『総合的熟議』の「パンソフィア事典」にも見出される。「力」を表す最も一般的なラテン語“vis”は「何かをなすべき能力」あるいは「なすことができ、知り、欲する事柄の質」を表すが、彼はそこに権力（potentia）、知識、意志という三つの側面を認め、それらは「自然、技術、あるいは慣習や習慣」に由来するとした（CC 2, 1270）。権力については「何かに権力を行使するとは、何かを権力のもとに置くことである」と言われている（CC 2, 617）。そして、問題の「暴力（violentia）」は次のように定義される。

暴力とは、力をもって力を克服しようとする努力である。

暴力は本性に反して存在することである。ゆえに、暴力は外部と他の作用因から生じる。

結　論

(1)作用とはそれ自身の衝動からは到来しない。

(2)しかし、暴力はどこか外の作用因から到来する。

(3)それ自身の本性は本性に対抗して働き、対立しているものと対抗する。

格　率

(1)暴力的なものは何でも自然に反している。

(2)暴力的なものは何でも、石を上向きに投げるように、長く続きはしない。暴力的な運動は最初のうちは強いが、次第に衰退し、ついには消失する。（CC 2, 678）

コメニウスが暴力を外部から加えられる作用とみなすとき、そこではそれと対立する「自然」が想定されている。自然は「それ自身と一致し、自由に発する活動」としての「自発性（spontaneitas）」（CC 2, 653）として現れると考えられているのである。

コメニウス思想のシンボル

コメニウスは、一六四〇年代の半ばから、太陽が輝き万物が繁茂する様子が描かれたデザインを著作の表紙に掲げるようになった。トランシルヴァニア滞在時の講話に「方法の改善に関する私の試みによって『あらゆる事柄が自発的に流れ出て、事物から暴力がなくなる』ようにするという目的を確立し、その小品そのものの表紙にそれをつけた」（DK 15-3, 298）とあるように、彼はそのデザインの周囲に“Omnia sponte fluant; absit violentia rebus”という自身のモットーを掲げる。書簡や講話での言及を見ると、この短い文にコメニウスが相当な意味を込めていたことが分かる。そこには「あらゆる事柄が自発的に流れ出すなら」、「物事から暴力が取り除かれるなら」という二つの願望が読み取られるが、これらはただ並列的に並べられているのではない。先に見た「暴力」と「自発性」が対

『世界図絵』（ニュルンベルク、1660年初版）表紙の挿絵。コメニウスは後半生、多くの著書の表紙にこの種のデザインを掲げた。

置されていることを考慮するなら、彼のモットーは「物事から暴力を取り除くことができるなら、すべてが自発的に（その本性に従って）流れ出すだろうに」という意味に解される。

このモットーは、あらゆる強制を否定するコメニウスの思想のシンボルとみなされてきた。確かに、これは暴力の除去という彼の改革構想の意図を端的に表現しているように見える。教育学におけるコメニウス研究でも、「教育印刷術」などの用語のみを捉えて「コメニウスの教授学は教え込み的な教育だ」とする見解に対して、「コメニウスは強制のない教育によって子供の主体性を実現しようとした」という反論がなされる際、このモットーがよく引き合いに出される。事実、コメニウスは教育にあたって「規律（disciplina）」の必要性を説く一方で、「あらゆる暴力的な規律に人間本性の破壊力があることは明らかだ」（DK 15-2, 183）として、当時はごく一般的だった厳しい体罰を批判した。彼の暴力批判は教育にとどまらず、普遍的な改革においても方法の非暴力性が強調されている。

来たるべき治療法は、暴力的なものではなく、できるかぎり魅力的なものでなければならないだろう。なぜなら、暴力によっては何も進展しないことは、戦争、論争、審問、牢獄、捕り縄、刀剣、火刑場など、これまで無益に使用されてきたあらゆる強制的な手段によって証拠立てられているからである。〔…〕神は人間から何かを要求する際には、それがどんなことであれ、力ずくで要求するのではなく、教え、勧告し、奨励し、誓約し、褒賞を約束し、懲罰で脅すことによって要求する。それは嫌がる者に強制するためではなく、自発的にやりたがる者を生み出すためである。（DK 14, 302）

このような視点の背景として、コメニウスが自由意志論者だったことは無視できない。彼は『総合的熟議』の第一部「パンエゲルシア」で「自由は神性の特徴である」として、「神はこの同じ特徴を自己の似姿である人間に刻印した」と言う（DK 19-1, 144）。自由意志論は神の全能性を制限する見方だという批判を想定し、コメニウスは「神は、よく考え、欲し、なすことができるように人間に警告し、教え、励ますが、強制はしない」（DK 19-1, 144）として、神が介入しないのは「服従の自発性が取り除かれ、かつて与えられた自由権が破壊される」ことを望まないからだと論じている（DK 19-1, 144）。「神自身は人間の自然に力を持ち込まないようにされ、別のものが持ち込まれると非常に気分を害する」という記述もある（DK 19-1, 144）。コメニウスの自由意志論は、あくまで神による人間の創造を前提としているが、「われわれのあらゆるものを満たしている暴力から離れ、もって生まれた自由に戻らなければならない」（DK 19-1, 140）という視点には、近代的な自由主義につながるものを読み取ることができる。

光の力

ところで、コメニウスのモットーとデザインの関係はどう考えられるだろうか。このデザインの中で自発的に流れ出す様子を示しているのは太陽と水である。コメニウスの自然界の理解は現代とは異なるが、太陽が降雨や植物の繁茂といった自然界の運行を司っていると見る点は変わらない。だとすれば、このデザインではモットーの半分である「あらゆる事柄が自発的に流れ出す」様子だけが表現されているのだろうか。暴力が取り除かれた世界が示されていて、暴力は表象されていないのだろうか。

この点は、力をめぐる思想史の問題として興味深い。自由を保障する制度の構築を目指してきた近代政治学は、そのマクロ的なアプローチを批判されている。フーコーは、近代に至る過程で、教育や軍隊などに見られる個人の身体に対する規律訓練と、統計調査などによる健康や人口の全体的な管理が一般化することで、人間を馴致する権力技術が進歩したという、いわゆる「生-権力」論を展開した。彼によれば、制度の構築と運用それ自体が権力技術の行使にほかならない。この視点は、権力の正当性や妥当性をめぐる議論を封じてしまう点ではニヒリズムだが、安易な権力性悪説を相対化しているという意味ではリアリズムである。暴力をマクロなレベルからミクロなレベルまで貫く構造的な問題として捉えたコメニウスは、単に力一般を除去すれば自発性が生じると見ていただろうか。自然界の運行は、実際にはいつも快適なわけではない。日照が足りなければ植物は育たず、日照が過剰だと地上は砂漠と化す。科学技術が進歩した現在でも太陽は制御不能な力だが、彼の生きた一七世紀には今にもまして畏怖の源泉だったことは間違いない。

常に心地よいわけではなく、時には一種の暴力としても現れてしまう太陽が、このデザインには描かれている。しかし、コメニウスが自らのモットーと矛盾するデザインを用いたとは考えられない。世界が光の現れとして捉えられるなら、光は現象をもたらす力とみなされる。力が少しでも介在すれば直ちに暴力である、というような見解を彼はとっていなかっただろう。逆に、あらゆる事柄が自発的に流れ出すことを可能にするような力とは何なのか、と考えたに違いない。唐突なようだが、ここで和辻哲郎（一八八九―一九六〇年）の『風土――人間学的考察』（一九三五年）を引いてみよう。彼は風土の諸現象を人間がいかに受けとめ、それに応答してきたかを記している。

着物、火鉢、炭焼き、家、花見、花の名所、堤防、排水路、風に対する家の構造、というごときものは、もとより我々自身の自由により我々自身が作り出したものである。しかし我々はそれを寒さや炎暑や湿気というごとき風土の諸現象とかかわることなく作り出したのではない。我々は風土において我々自身を見、その自己了解において我々自身の自由なる形成に向かったのである。（和辻 一九七九、一五頁）

和辻は、環境的制約を受けとめ、それに応答していった人間の行為を「自己了解」に基づく「自由なる形成」とみなす。炎暑は時として暴力的である。しかし人間は、それに自発的に対処し、文化を生み出してきた。人間の自発性が現れているという意味では、たとえ心地よくないとしても、炎暑だからといって直ちに暴力だとは言えない。和辻の言を援用すれば、コメニウスの言う自発性は、外的作用の「自己了解」を通して現れる「自由なる形成」として捉えられるだろう。そこからすると、コメニウスのモットーは、裏を返せば「何かが自ずと流れ出ているなら、そこに暴力はない」と読むことができるだろう。

こうした理解をとるなら、その時々の判断に照らして時に過剰であったり不足であったりする外的作用を単純に暴力とみなすのは適切ではないことになる。自然と人間の関係をそのまま人間同士の関係に適用すべきでないことは言うまでもないし、こうした見方が徹底されると、外的作用への懐疑や異議申し立てを封じてしまいかねないという問題もある。しかし、自発性を無制約に位置づけるあまり、私たちの周囲のコミュニケーションが毒にも薬にもならない関わりに矮小化されているのだとすれば、コメニウスの力への視点には見るべきものがある。教育や福祉などの場面では、制度の充実や配慮が行き届いているように見えながら、そこから「何かが自ずと流れ出ている」様子がさっぱり認められないことがままある。コメニウスの視点に立つなら、それらの措置は、表面の非暴力的な姿とは裏腹に、自発性を導き出せていないかぎりで暴力ではあることになる。

> 人間の魂を普遍的に革新するために、ある種の普遍的で、魅力的で、強力な手段が求められている。〔…〕この問題をしっかり思いをめぐらせて追求するなら、それは何か光に似たものでなければならないことが明らかになるだろう。実際、この世界で天にある光、すなわち太陽ほど、万人にとって共通で、あらゆる人と物を楽しませ、形作り、造り変えるものなど何一つ見出しうるものではない。(DK 14, 302)

コメニウスは「人間的事柄の改善が試みられるべきだとすれば、まだ試みられていないまったく総合的な道で、すなわち単一性、単純性、自発性の道で試みられねばならない」(DK 19-1, 139) と言い、普遍的な改革の範を太陽に求めた。万物に普遍的に光を贈る太陽は、混乱に対する単一性を象徴している。一定不変な輝きは単純性を表す。誰に頼まれることもなく輝く姿は自発性の現れと言える。そうして、コメニウスは太陽の輝きの実効性を重視する。

手段は強力でなければならない。つまり、力強く感覚を打ち、それによって鋭く魂に入り込み、強く知性を触発して、意志の向きを転換するものでなければならない。それは長く用いているうちに根づいた歪んだ習慣がひどく頑固に定着してしまっていて、何か活発で力強いものによってでないと取り除けないからである。(DK 14, 302)

第三章でコメニウスの教育思想を考察したが、さまざまな手立てを講じても、何らの魂の向き変えも実現されないのなら、その取り組みは有効ではなかったことになる。コメニウスの改革構想には実行可能と思えない点もあるが、彼が結果を生むことに相当に意を注いだことは確かである。それでもなお、光の普遍性には一種の暴力性が感じられる、という意見もあるかもしれない。コメニウスは「闇の中にいるかぎり、自分の自由には任されない」(DK 19-1, 151) と述べ、「事柄の根拠を知らない内面の盲目は、何をなぜなすべきかを知らずに行動し、強制され、強いられざるをえない」(DK 19-1, 151) と記している。確かに、あらゆる物事は光を通して初めて形を現し、それによって私たちの認識も確かになる。「白日のもとにさらす」ような光の力に私たちが時にたじろぎを覚えるとしても、それもまた光の中にあって認識が可能であるがゆえに事後的に得られる認識である。「自由の回復は目から闇が取り除かれなければ不可能だ」(DK 19-1, 151) と断言するコメニウスの哲学とは「向日性」の哲学なのである。

コメニウスが「あらゆることに捉えられたあらゆる者が、同じことにわれわれとともに耳を傾け、見て、判断するように、これらを太陽の下で公然と進める」(DK 19-1, 157)と述べ、総合的熟議の実現を強調してやまなかったのは、公開性をすべてに先立って要請される光とみなしていたからだろう。彼はヘラクレスを例に挙げて「神の奔流」に喩えられる徹底した改革を論じた際、異論を予想して「それは誰かの暴力という権威」でも「強制命令という権威」でも「不愉快な懲戒という権威」でもない、と強調した(CC 2, 412-413)。ニヒリズムが力からの逃避にとどまり、リアリズムが力の基準についての有効な議論を提示できていないとすれば、コメニウスの力をめぐる考察には参照する価値がある。世界を光の現れとみなすコメニウスにとっては、力がなければ自発性もない。そう考えると、「暴力が取り除かれるなら」という願望の中で言われている暴力は、一般にイメージされるような束縛や強制とは単純に同一視できないものである。すでに見たように、『運命の建造者』では予期せざる出来事も目を逸らさずに受け入れる諦観が説かれていた。彼は時代の光にあるがままに照らされる中で、人間が自ら光を発するようになるのは何によるのかを考えた。そのとき、私たちが目を逸らすべきでないのが、コメニウスの信仰にほかならない。

第六章

闇の中に光を

レンブラント・ファン・レインによる老人の肖像（ウフィツィ美術館、フィレンツェ）。この絵画はコメニウスの肖像と考えられている。

「軽く済んでよかった」と思ったことはないだろうか。もっとひどい目に遭うところだったのかは分からないのだから、このような納得の仕方に合理性はない。とはいえ、そこには「自分は世界から見捨てられてはいない」という思いがあり、同時に人知を超えた世界が予感されてもいるだろう。

コメニウスはヤン・フス以来のチェコ宗教改革の継承者である。晩年には、一六世紀以来の宗教的熱狂が急速に冷めて理性と国家の時代が到来する中で、信仰の再建にこだわり続けた。

現在、ＡＩ（人工知能）などの進歩によって、人間の理性的な営みのかなりの部分が機械に取って代わられることが予測され、人間を人間たらしめるのは何なのかが改めて問い直されつつある。

多くの困難に直面したコメニウスは、その現実を単に外的な要因に帰するのではなく、自身の問題として引き受け、なおかつ希望を失わなかった。それを可能にしたのが、彼の信仰をめぐる自問自答である。

1　神と人間の協働

苦の感受

『必須の一事』には、コメニウスの諦観が示されている。

私はわが神に感謝を捧げている。というのは、神は私を生涯全体にわたって、さまざまな願望を抱いた者にしたいと思し召し、私をさまざまな迷宮に巻き込まれるようにされたにしても、それにもかかわらず大半の事柄をすでに克服させてくださり、幸福な安らぎを見通せるように自ら御手で私を導いてくださったからである。〔…〕私は、これまでにもさらによいものを（その数を知らないほど）限りなく願望してきたが、こののちは自分があらゆる願望の終極そのものに向けて導かれていることを感じ取れる事態へと招来されることにも喜んでいる。（DK 18, 123）

波乱万丈の人生をくぐり抜けた老境がコメニウスの諦観を可能にしたと言うこともできるだろう。だが、同様の認識は、前章で見たように、レシノの領主らに献呈された『運命の建造者』にも見られる。このことは、コメニウスが苦の感受を広く共有されるべき人生の知恵として見ていたことを示している。実際、『必須の一事』は、元ボヘミア王フリードリヒの三男であるライン宮中伯のバイエルン公ルプレヒト（一六一九—八二年）に献呈されている。ルプレヒトは、イギリスに渡って王党派の軍人として戦い、王政復古後は海軍卿になって、王立協会にも名を連ねた人物である。その意味で、『必須の一事』も前章で取り上げた君主教育のテクストの一つに位置づけることができるかもしれない。

『必須の一事』表紙

運命の受容や忍耐は、キリスト教に限らず、さまざまな道徳論や宗教に見られるものである。道徳的行為や宗教的実践は、コメニウスの世界観に対応させるなら、人間同士の社会的交流がなされる第六の道徳界および神と人間の交流としての第七の霊界にあたる。さらに人間が自然に則って創造する第五の技術界を加えた三つの世界が、政治、宗教、学問に集約される人間的事柄である。それ以前の四つの世界があらかじめ人間に与えられた事柄であるのに対して、三つの人間的事柄は思考と言語と行為を通して創造される。第四章で見たように、言語の不透明性を放置できなかったコメニウスは、政治、宗教、学問における言語と事柄（実践）の一致を特に重視した。その成否や評価はともかくとして、彼の言葉が重いのは、それらが具体的な実践に裏づけられているためである。

現世志向的態度

苦の感受の強調は、科学的社会主義の祖カール・マルクス（一八一八—八三年）がその宗教批判で示したように、世界に対する能動的な態度の欠如と状況の無批判な肯定につながりかねない。しかし、「全能なはずの神がなぜチェコ社会の矛盾を放置しているのか」と問うた『天への手紙』の一節は、状況を安易に肯定せず、理性の尺度に賭けようとするコメニウスの姿勢を示している。

愛しい主よ、われわれがあなたに対してまったく慎《つつし》みを失っているとしても、また、われわれの心に浮かんだ考えをどんなことでもあなたの前にさらすことになったとしても、どうかお許しください。地上における無秩序とわれわれに襲いかかるあの者たちの強欲を目にすると、われわれ人間のあいだにこのような不平等を存在させることがあなたのご意志であるのかどうかを考え

てみたいと思うのです。(DK 3, 165)

世界と意識の距離への対処は、世界への態度のとり方によって異なる。ドイツの社会学者マックス・ヴェーバー（一八六四―一九二〇年）の比較宗教社会学的研究は理念志向的と言われるが、人間が世界に対してとりうる態度を考察する上で示唆的である。ヴェーバーの分析の一方の極には既存の生活秩序を受容する現世適応的な態度があり、他方の極には既存の生活秩序を受け入れない現世拒否的な態度がある。

コメニウスの生きた時代には、積極的な社会運動として、神の王国を実現しようとするミュンスターの再洗礼王国のような千年王国運動や、理想的な共同体を建設しようとするピューリタンのアメリカ移民などの試みがあった。他方、新たな社会的秩序を積極的に構築するのではなく、神の国の到来を待望する静寂主義的な生活形態が選択された事例もある。さらに、この時代に多く著されたユートピア文学では、いつかどこかに実現されるべき世界が表象されていた。これらの試みは相互に関連し合い、個人や集団の意識も状況に応じて変化する。コメニウスについて言えば、『地上の迷宮』は一種のユートピア文学的表象と言えるだろうし、前章で見たプロテスタント同盟の再構築による祖国解放を目指す運動には千年王国論的な大義が掲げられている。そうした揺らぎや広がりを踏まえた上で、コメニウスに特徴的なのは、世界の現状を安易に受け入れない点で現世拒否的であるにもかかわらず、なおかつ世俗的価値に関わろうとする態度である。

マキアヴェリズム的な色彩すらうかがわれるコメニウスの政治工作には、ウェストファリア体制に挑戦する現世拒否的な意識が見られる。しかし、彼は異なる主張をとる教会間の和解を宗教活動のライフワークとした。また、三十年戦争初期の逃避行の時期には世俗からの逃避や隠棲というニュアンスが見られるが、その時期を経ると、教育改革から学問全般の改革、さらには政治や宗教の改革を構想するようになった。ヴェーバーは、現世拒否と現世適応の狭間に「《現世》そのものが、被造物的であるとともに罪の容器にすぎないものとして、宗教的にはいよいよ価値をうしない拒否されるにしても、心理的にはそれだからこそかえって、現世において〔召命としてあたえられた神のための〕《職業》をつうじて神の欲したまう活動をおこなう舞台として、いっそう〔現世が〕肯定されることになるほかなかった」（ウェーバー 一九八八、一四一頁）という態度があるとし、それを「現世志向的」とみなした。ヴェーバーの見方によれば、コメニウスの生き方は現世志向的だったと言える。

自由意志と恩寵

第二章で見たように、コメニウスは人間のあらゆる悪の根源は人間の自己中心性にあると考えた。その背景には、人間を含めたあらゆる事柄が神という中心に依存した存在であり、そこへの転回なくして平安は得られない、という認識がある。これは、宗教的価値を認めない立場からすれば、状況の無批判な肯定につながりかねない。しかし、次の一節が示すように、人間の意識の外部を想定し、意識がそこに係留されていると考える見方は、人間の存在を世界への開放性において捉えることを可能にする。

いかなる被造物も、その本質の始源であり、また依存しているもののところでなければ、いかなる平安も平静も見出せない。あらゆる人間にとって必須の一事とは、さまざまな事柄がなす円の周辺から身を解き放して中心に包み込まれるようにすることである。(DK 3, 386)

コメニウスによれば、存在の依存性の否定や忘却は「自己依存」(DK 3, 411)を招く。自己依存がなされるとき、自己は世界に対して閉じている。その意味で、人間存在の依存性は、意識の無条件の肯定に反省を迫る論理である。ただし、この論理が実際に力をもつためには、言葉に対応するだけの実践が求められる。彼にあって、それはやはり「神の意志への自己放棄ないしは委託」(DK 3, 427)であるが、コメニウスには神への自己放棄と状況への能動的な関与を両立させる論理があった。

前章で触れたように、コメニウスは自由意志論者である。自由意志論は決定論との関係で今日でも哲学の重要な論点であるが、キリスト教思想史にも長い議論がある。神は自身の似姿として人間を創造したが、アダムが神に背《そむ》く罪を犯したことで、人間は生まれながらに罪を負った堕落した存在になったとされる。信仰の課題は、そのような罪を負った人間の救済にある。その際の論点は、神の人間への関与と人間の罪性に集約されるだろう。

神の全能性と人間の罪性を絶対視する極端な例としては、ルターがいる。人間は自発的には罪を犯すこと以外に何もなしえない悪魔にとらわれた存在であり、人間の意志は悪魔が介入すれば悪をなしてしまう奴隷的な意志にすぎない。人間の救済は神から人間への一方的な憐れみによるため、人間が善行だと思って選択する行為も救済とはまったく関係がない。このように救済を打算的に捉える余地を与えない見方が、個人にその罪を深く見つめさせることを可能にする面は確かにあるが、神への自己放棄を貫く以外に道はないという見方には、高度の精神的緊張の持続を強いるように感じさせるものがあることも事実だろう。いかなる行為が救済を確実にするのかは人知を超えているというなら、信仰は結局、心がけの問題となり、社会的実践から切り離されてしまう、という批判もある。

第二次世界大戦後の日本では、コメニウスには原罪説が見られない、という解釈が示された（鈴木秀勇訳『大教授学』(2)一八六頁、訳注（９））。しかし、自己中心性の分析に見られるように、コメニウスはルターらと同様に人間の本源的な罪性を洞察している。とはいえ、意志の自由が完全に奪われているほど堕落しているとは考えない。その点では、コメニウスの見解はローマ・カトリックやギリシア正教会に近い。

あらゆることにおいてあらゆることをなすのは神であり、神なくしてはいかなる被造物も無であるように、神なくしてはいかなる被造物も誤り、倒れ、没落するしかない。だが、神は最初の創造以来、被造物の中で自ら直接には何もなさず、あらゆることを被造物自身によってなすことは周知のとおりであり、特に被造物が自分自身によって支配していることが知られている。つまり、神は各人に自己愛と、自己保存の努力と、それによって目指すものを求める技巧を与えたのである。（DK 19-1, 138）

創造のあと神は世界に直接作用するのではなく被造物のうちでその業をなしているという見方は、

被造物の頂点とされる人間の思考と行動に意義を認めるものと言える。

人間の本性は人間的な仕方で統治されたいと思っており、牽引されることよりも指導されることを、強制されることよりも説得されることを欲している。もちろん、それは人間が神の模像として、理性的な者、自由な者、神の占有物にされたからである。それゆえ、命令の技法とは知恵であって力ではない。思慮深さであって罠ではない。つまり、人間本性の状態が獣の状態より下等であるはずがないのだ。(DK 18, 109)

だが、自由意志が無前提に認められてしまうなら、人間存在の依存性が忘却され、意識や自我の拡大に歯止めがかからなくなる。そこで人間の自由意志に対する上位の審級とされたのが、コメニウスにあっても神の恩寵だった。『地上の迷宮』では、神の恩寵は人間を自発的な回心に導く普遍的な作用として描かれている。

その方は、あらゆる人間を愛し、幸福を求め、罪人を受容し、罪を赦し、さまよう者を呼び戻し、帰る者を迎え入れ、ためらう者を待ち、異議を唱える者に耐え、自分を苛立たせる者を忍び、改悛する者を許し、身をかがめる者を抱擁してくださる。また、無知の者には教え、悲嘆に暮れる者を慰め、堕落する前に戒《いまし》め、堕落したあとでは引き上げ、求める者には与え、求めない者にも授け、扉を叩く者には開き、叩かない者にも叩かせるようになさり、探す者には見出され

るようにし、探さない者にもその目に映るようにしてくださる。(DK 3, 378)

神人協力説

人間の自由意志と神の恩寵の関係について、コメニウスは「神人協力説(synergism)」を採った。

その方がご自分の業をなさるのに、ご自身の民に協力させたいと思われているのも事実である。つまり、父なる神が、いかなる被造物の助けもなく遂行なさる創造の御業をご自身のみで成し遂げられたのちは、ご自身の被造物に関する残りの事柄をご自身の被造物を通して遂行されるがゆえに、すなわち、第一原因は二次的原因を通して遂行するがゆえに、それと同様にキリストの場合にも、ご自身の力のみで遂行される贖《あがな》いの業を一人で成し遂げたあとは、残りのあらゆる事柄を他の人々を通して行われたし、また行っておられる。(CC 2, 402)

ギリシア正教会では、救済は神の恩寵と人間の自由意志の共働とされる。ローマ・カトリックにも同様の神学説がある。ルターの宗教改革を支えたフィリップ・メランヒトン(一四九七—一五六〇年)も、人間は神の恩寵に自ら応えうると主張した。また、オランダの神学者ヤーコブス・アルミニウス(一五六〇—一六〇九年)は、恩寵の普遍性とそれを受け入れる人間の自由意志を論じ、カルヴァンの主張を緩和する教説を打ち出した。人間の努力による救済を強調する極にペラギウス(生年不詳—四一八年以降)が置かれるとすれば、反対の極には人為の意義を認めないルターが置かれるだろう。コメニウスは、ペラギウス主義とは距離をとりながらも、神の恵みの普遍性にいかに主体的に応答するかということに人間的課題を見出した。

　神の創造によるはずの世界に悪が存在するという事実に直面するとき、信仰者にとっては、その矛盾をいかに解釈するか、という弁神論（神義論）が問題となる。特に自分は虐《しいた》げられた状況にあると考えている者にとって、それは不可避だろう。コメニウスの宗教論は、被抑圧者に世界の悪を除去する使命が与えられているとする「苦難の神義論」の典型と言えるが、人間の罪性を見据えつつも、そこに一種の明るさが見出されるのは、神人協力説と自由意志論が採られているためだろう。

　コメニウスが生まれたモラヴァは、九世紀半ばにギリシア人のキュリロス（八二七―八六九年）とメトディオス（八一五頃―八八四／五年）によって宣教を受けた。一六世紀には兄弟教団の教義の確立に貢献したヤン・ブラホスラフがメランヒトンに学んだが、メランヒトンはギリシア語名を自称するなど、ギリシア文化に深く傾倒していた人物である。人間の自由とその限界という問題にユニークな視点を提示するコメニウスの宗教論の背景には、キリスト教思想史の茂みが広がっている。

ヤン・ブラホスラフ

信仰、慈愛、希望

　コメニウスは『総合的熟議』の第六部「パンオルトシア」で古来の宗教の定義を吟味した上で、信仰とは神と

真の哲学	真の政治	真の宗教
	がわれわれをその充実に導く先は	
信仰（fides）	慈愛（charitas）	希望（spes）
	であり、それらが何からなるかといえば、	
啓発された信仰	活力ある慈愛	確かな希望　だろう。

（CC 2, 671）

人間の結合であり、その紐帯は信仰と慈愛と希望であるとした。

> 宗教という名を、われわれは世間一般で言われているより完全な意味で解釈する。〔…〕総体的宗教（Religio catholica）〔…〕は、神に対する忘恩はすべて放棄し、その方の神聖な律法を絶えず再考し、かつ遵守し、最後に信仰と、慈愛と、そして永遠の希望という解《ほど》きえない絆で〔人間を〕神に縛りつけている。（CC 2, 515）

興味深いのは、コメニウスが宗教の三つの基本原理を主要な人間的事柄としての学問、政治、宗教に対応させていることである。人間の自己中心性と平安の中心としての神からの逸脱を、彼は哲学的な考察から導く。信仰を「感覚にとって拒絶されることであっても、理性にとって愚かと思われることであっても、啓示された事柄をすべて信じること」（CC 2, 520）とする彼にとって、その目的と乖離しているとみなされる哲学は改革の対象だった。ここには哲学を信仰に従属させようとするスコラ哲学的傾向がうかがわれるが、彼は「スコラ哲学的論争」が「真理を失わせたり、もつれさせたりしてきた」として、「非宗教的な口論は宗教から遠ざけられねばならない」と言う（CC 2, 521）。慈愛を「肉や血にとってこの上なく厄介であっても、命じられたあらゆる事柄をなす」（CC 2, 520）ことと捉えるかぎり、それは狭い意味での信仰の領域にはとどめられず、社会的・政治的局面に展開されることが必要になる。そして、「期待できる事柄が何一つ現れていない場合でも、約束されたあらゆる事柄に希望を抱くこと」（CC 2, 520）を可能にするのが狭義の宗教にほかならない。このことは、コメニウスにおける人間的事柄としての学問、政治、宗教が信仰に包摂されていることを示している。つまり、その根底に信仰のない学問や政治は不十分であらざるをえない、と彼は考えていたのである。

2　宗教平和への努力

宗教的不寛容の中で

宗教対立はコメニウスの生涯を通じての問題だった。彼が生まれたとき、兄弟教団はチェコのカトリック化を推し進めようとする皇帝側と厳しい対立関係にあった。モラヴァ南部は皇帝とトランシルヴァニアの対立で戦火に見舞われ、両親を失っていたコメニウスは避難を余儀なくされた。宗教的不寛容は学問にも影を落とし、彼が学ぶことができたのはカルヴァン改革派のアカデミアだった。そして、三十年戦争のために、コメニウスと兄弟教団の同志たちは祖国を離れなければならなくなる。

兄弟教団の教義は基本的にはカルヴァン派に近かったが、チェコでの逃避行の時期にルター派教徒であるモラヴァの領主カレル・ゼ・ジェロチーナ（一五六四―一六三六年）の庇護を受けていたように、コメニウスとルター派の関係は強かった。薔薇十字団関連でのつながりが指摘されるアンドレーエもルター派である。こうした関係の近さから、教団員の中にはルター派に移ることを望む者も出始め、それをとどめようとする教団の動きにルター派が疑念を強める、という事態も起きた。そして、教団内部にも何の問題もなかったわけではない。一六三九年三月にレシノで招集された兄弟教団宗教会議では、コメニウスのパンソフィア構想は「熱狂とペラギウス主義とソッツィーニ主義を、また天上の知恵に人間の知恵を、天に地を混ぜ込むという無用な神聖冒瀆」(KK 2, 35)ではないかと批判された。最晩年にもコメニウスは宗教論争に巻き込まれる。カトリックをはじめ、ソッツィーニ派やアルミニウス派と多くの論争を行ったカルヴァン派の代表的な神学者サミュエル・マレジウス(一五九九―一六七三年)は、コメニウスの千年王国論を厳しく批判した。

宗教的な価値を受容しない者には、宗教をめぐって対立が生じることが容易には理解し難い。一般に、寛容とは価値の多様性を肯定して相互に認め合うこととされる。だが、そうした見方がとられるとき、ある価値は他の代替可能な価値と等置されている。信仰者にとって、人間の傲慢と堕落を防ぎ、永遠性を覚知させるために選ばれた道が信仰なら、そうした尊厳性を考慮に入れない単なる相互承認は、信仰の当事者には受け入れられるものではない。寛容は、当事者として状況に関与する中でこそ深刻な問題となる。自身の信条は維持しながら、なおかつ異なる価値を受容する可能性を追求することが寛容の実践の課題である。

われわれがこの世でいかに相違していようとも、いかなる憎しみの感情も宗教のために表されるべきではない、ということも付け加えなくてはならない。第一に、われわれはキリスト者を憎んではならないからである。なぜなら、キリスト者とはキリストの下僕であり、自分はそのような者だと確かに告白しているからだ。われわれはイスラム教徒に敵意を抱いてはならない。なぜなら、彼らはわれわれのキリストを偉大な予言者として認め、その方に対する冒瀆を許さないからだ。われわれはユダヤ教徒にも寛容でなければならない。〔…〕すなわち、養子縁組も、栄光も、同盟も、律法の仕組みも、礼拝も、約束も、またそれゆえ肉に従ってみればキリストご自身も彼らのものだからである。〔…〕改宗するという希望もある。〔…〕そして最後に、いかなる異教徒にも寛容でなければならない。なぜなら、彼らは盲目であり、憎悪されるよりむしろ同情されるのがふさわしい者たちだからである。（CC 2, 449-450）

ユダヤ教徒や他の非キリスト教徒に改宗の可能性が認められるがゆえに寛容であるべきだ、というコメニウスの見方を教化主義的と見ることはできるだろう。しかし、価値の相対性を絶対化してしまうと、異なる価値は棲み分けするしかなくなり、異なる価値の交流・接触は不可能になる。さらに問題なのは、いかなる価値も不変ではありえず、接触によって相互に変容が生じ、新たな価値がもたらされる可能性が看過されてしまうということである。コメニウスにおいては寛容論もまた、あらゆる事象は伝播と交流の中で相互に変容していく可能性がある、という「光の相」から考察されている。

教会平和運動

教会間の和解について、コメニウスの周辺で最も顕著な活動を繰り広げたのは盟友デュアリである。スコットランド生まれでカルヴァン派の聖職者だったデュアリは、ルター派とカルヴァン派の統合を企て、一六二〇年代の終わりにはスウェーデン王グスタフ二世（一五九四—一六三二年）にプロテスタント統一の大義を訴えた。一六三〇年代は英国教会のもとで働き、最初はスウェーデンに派遣されたが、のちにオランダで活動する。内戦が迫る一六四一年にはイギリスに戻って、四五年に議会で説教を行い、チャールズ一世（一六〇〇—四九年）の子供たちの家庭教師になった。ウェストミンスター宗教会議にも関与し、一六五四年からはクロムウェルの特使としてドイツ、オランダ、スイスを訪問している。エドワード一世（一二三九—一三〇七年）の時代に追放されたユダヤ人のイギリスへの再入国をクロムウェルが認めた際には、デュアリがその意思決定に影響を与えたと考えられている。さらに妻は化学者ボイルの叔母にあたり、娘は王立協会の初代事務総長オルデンバーグの妻になるなど、幅広い人脈を有してもいた。コメニウスの娘婿ペトル・フィグルスは、もとはデュアリの秘書である。

コメニウスは祖国を離れて各地に離散した兄弟教団の指導者であり、デュアリのように教会間の和解そのもののために活動する十分な余裕はなかった。しかし、一六四四年には現在のポーランド東部のオルラで開催されたポーランド・プロテスタント会議に参加している。この会議は成功しなかったが、コメニウスは詳細な報告を残した。カトリック教徒だった当時の王ヴワディスワフ四世（一五九五—一六四八年）はポーランド国教会を創設しようと考えており、一六四五年にはワルシャワ北方の都市トルンでプロテスタントとカトリックの和解会議が開催された。コメニウスは予備会談から出席したが、双方の対立の激しさに直面し、途中で兄弟教団の代表団を辞任して会議を去る。その後、ポーランドではプロテスタント各派の分立が固定化する一方で、カトリックの勢力が増大し、ヴワディスワフのあとを承けたカジミエシ五世は対抗改革を推進することになる。

トランシルヴァニア、スウェーデン、イギリスにプロテスタント同盟の再構築を呼びかけた一六五〇年代のコメニウスの活動は実を結ばずに終わる。アムステルダムに移ってからも、直接間接にプロテスタント同盟の可能性を模索したが、宗教の社会的インパクトは急速に弱まっていったにもかかわらず、宗派間の反目はやむことがなかった。

平和神学の試み

コメニウスは宗教をめぐる改革の歴史を振り返り、「人間を神に、神を人間につなぎとめる」(CC 2, 516) という総体的宗教の理想を実現するには、他の改革と同様、すべてが「普遍性と単純性と自発性に呼び戻されるべきだ」(CC 2, 516) と考えた。そこで提案されたのが、教義の簡素化と国際的な教会会議の創立である。以下、『総合的熟議』第六部「パンオルトシア」の記述を見ておこう。

総体的宗教の真理と堅実さに関係する外面的な事項は、(1)信仰され、行われ、希望されるべき事柄における教義はわずかなものにすること、〔…〕(2)宗教の容易さと宗教の現実に役立つ儀式の単純化、(3)自発性を生み出すのに役立つ懲戒の秩序である。(CC 2, 518)

教義の面に関しては、信仰の本質に関わる偶像崇拝、迷信、無神論、形式主義、快楽主義、生命の冒瀆などが厳しく否定される。論争や経済的な報酬は信仰の堕落をもたらす外的な要因として戒《いまし》められる。その他、儀式や細則の過剰が堕落の付随的な要因とみなされた。そうしてコメニウスは当時の教義論争に対する調停案を示したが、それらの多くが教義論争の当事者の目には折衷的・妥協的と映ったとしても無理はない。例えば、われわれが義とされるのは信仰によるのか、それとも行いによるのか、という問題に関して、それらは二つに分かれているように見えるが両方とも不可欠だとしているのである。

だが、コメニウスは「理論上のすべての疑問を実践上のものに置き換える」ことで「平和と救いの巨大な成果がともなう」(CC 2, 469) と考えており、「義認の仕方について口論する」よりも「自分が義認してもらえるように、すべてを行うことだ」(CC 2, 470) と説いた。ここにも、事象を理論のレベルにとどめて考察するのではなく、理論から実践へ、実践から応用へ、という流れの中で捉える動的な視点が反映されている。信仰の形式化を批判して具体的な実践を重視する姿勢は、フィリップ・シュペーナー(一六三五—一七〇五年)らドイツの敬虔主義者たちに注目され、コメニウスは敬虔主義の創始者の一人ともみなされる。

とはいえ、コメニウスは宗派間の和解ができさえすればよいと考えていたわけではなく、神学者ツヴィッカーの『和解案の中の和解案』(一六五八年)がソッツィーニ派的な主張であることを見て取ると激しく批判し、その論争は五年に及んだ。「光のコレギウム」や「平和法院」とともにコメニウスが国際機関として構想した「教会平和会議」は、そうした教義論争を公的に扱おうとするもので、その目的は「教会におけるキリストの統治権を守護することによって」、「聖徒たちの交際を損害なく確保し継続させること」とされる（CC 2, 550）。

「パンオルトシア」第一八章の後半ではユダヤ人とトルコ人の改宗に言及されているが、その際コメニウスは改宗を試みることは良心を抑圧することになるのではないか、という異論を予想して、「無知や強情あるいは不敬虔という絆によって拘束されているところに自由な良心は存在しない。また、正義と平等の十分な知覚のない自由は自由ではなく、この上なく危険な気紛れである」（CC 2, 559）と記している。一定の知識や道徳性が獲得されて初めて良心の自由も行使できるのだとすれば、コメニウスの主張はそれほど独断的とは言えない。もちろん、無知、不敬虔、正義、平等といった価値の判断基準の正当性や、そうした価値自体の相対性まで見据えていたとは言えないものの、トルコ人と宗教をめぐる議論は困難であるという事実を踏まえて「言語と学芸という形態」で「光を注ぎ込む」ことが推奨されている点には（CC 2, 559）、前章で見たように、人間的事柄の改善は非暴力的にもたらされねばならないという見解が反映されているだろう。コメニウスは言語や学芸に宗教を超えて伝播する力を見出し、それらを通した交流こそが――たとえ迂路であっても――諸民族の普遍的回心につながると考えていたのである。

3 希望の源泉

千年王国の待望

矛盾に満ちた世界が近い未来に覆《くつがえ》されて理想的な世界が到来する、という救済の希望を説く「千年王国論」は、無神論者だけでなく、平均的なキリスト教徒にも拒否感を抱かれがちである。まず、救済の過程に関する説明の非合理性が批判される。次に、この教えを信じる者以外は救われないとする選民思想が指弾される。さらに、この思想を奉ずる者たちの熱烈さが危険視される。

三十年戦争中の逃避行の時期に著された『地上の迷宮』の記述を見ると、コメニウスが千年王国論を信奉するようになったのは一六二〇年代前半と考えられる。彼の周辺では、盟友デュアリが一六四〇年代の終わりに『使徒の鍵』という著作の英語訳とその普及に取り組んだが、それは前章で触れたコメニウスの少年時代の友人ドラビークによって書かれたものだった。コメニウスもデュアリも新約聖書の『ヨハネの黙示録』に示されている救済のヴィジョンを信じ、その到来は一六五五年だと考えた。彼らの立場は一五世紀のターボル派のように過激ではなく、千年王国論から人間の道徳的・実践的課題を引き出そうとする穏和なものだった。しかし、周囲の神学者からは千年王国論者とみなされ、それは彼らの思想が啓蒙主義の隆盛の中で否定される要因となる。

千年王国論では、多くの場合、救済の確実性の根拠として歴史解釈が提示される。『総合的熟議』第六部「パンオルトシア」の記述は、おおむね次のように整理できるだろう。旧約聖書『創世記』で描かれる七日間の世界創造は「教会の地上に対する闘争」（CC 2, 386）に適用される。創造の一日は千年にあたるとされ、七千年目の勝利によって教会の安息日が到来する（CC 2, 386-387）。それ以前の六千年は創造の六日間に対応している。最初の千年に罪という闇が出現したが、天からの約束が下され、信仰という光が生じた。第二の千年には、教会の設立によって偶像崇拝者たちが分離された。第三の千年に文芸と学問と学芸が繁栄した。第四の千年にキリストと使徒が現れ、地上に新しい秩序をもたらした。第五の千年には、野蛮な国民の増加と教会の荒廃が生じた。そして、第六の千年は、『創世記』の六日目で神の似姿として人間が創造されたことを考慮して、理性的な人間の時代であるべきだとされた。

『創世記』で七日目について他の六日間のように夕があり朝があったと言われていないのは、「教会の最終的な形成は、この上なく栄光に満ち」、「夕暮れを知らない」ことを示唆している（CC 2, 387）。七日目は休養のために聖別され、復活祭から七週目に聖霊降臨祭を祝うよう命じられ、七年ごとに大地の安息期を設けるよう命じられたことが示しているように、「七」という数には特別な意義があった。それゆえ、地上の安息日は第七の千年と考えられる。

地上そのものの場合でも、その周期全体において、その安息日、その休養、そのヨベルの年をどうして期待しないはずがあろうか。そして、そうした時とは、地上の千年の七番目でないというのなら、いったいいつだというのか。（CC 2, 388）

ズトフェンのハインリヒ（一四八八／八九—一五二四年）などの年代記学者によれば、コメニウスの当時は六千年が経過し、地上の安息期が始まる段階にあった。キリストの生涯に六回、教会に七回適用される「四〇」という数にも秘密があり、母の胎内に四〇週間いたキリストは、母と四〇日間を過ごしたのち寺院に出かけ、四〇日間、荒れ野で試練に遭い、四〇ヵ月間の宣教をして、墓の中に四〇時間あったのちに復活し、四〇日間、弟子と交流して、天に昇られた（CC 2, 389）。そこから福音と地上が格闘する期間は四〇年の四〇倍（一六〇〇年）と決められたと考えられる。また、キリストの生涯である三三年三ヵ月に大地の安息期七年を七倍した四九年（ヨベルの年）をかけると一六二九になるが、これは地上の安息期がまさに到来しつつあることを示している。

創造の七日間と地上の七時代を対応させる救済の歴史解釈は、ヘルボルン修学時代の師アルシュテットの著作を通じて、オランダの改革派神学者ヨハンネス・コッツェーユス（一六〇三―六九年）から得られたものと考えられる（Atwood 2009, 372）。コッツェーユスは神と人間の交流の歴史を、神とアダムのあいだの行いの契約、神とイエスのあいだの贖《あがな》いの契約、神と選ばれた民のあいだの恵みの契約という三つの契約として捉えた。すでに見たように、コメニウスは創造ののちの神の業は被造物を通じて行われると考えている。それは神の似姿としての人間に自由意志が認められる根拠として重要だった。他方、自由意志論は世界に対する神の関与を原初の創造に限定することにつながる。そこには千年王国の到来が待望される余地はない。コメニウスは、神が人間にその業の遂行を委ねたとする一方で、世界への神の関与は恒常的になされていると考える。特に選ばれた民との契約を神が果たすことは重要な業であり、その業に備えようとする選ばれた民の行動は、神と人の協力を遂行するものとして義とされる。コメニウスは千年王国を神の恵みの契約と捉え、その実現のために人間の積極的な行動が求められると考えていた。

予言への傾倒

コメニウスの予言に対する傾倒は青年期まで遡る。一六二五年に兄弟教団の移転先を探るためラウジッツ（現在のポーランドとドイツの国境の中央部付近）を旅した際、彼は皮革工コッター（生年不詳―一六四七年）が、カトリック教会とハプスブルク家が没落してプロテスタント諸国が勝利し、キリストの再臨によって千年王国が到来すると予言している、という噂を耳にした。直接コッターを訪ねたコメニウスは、ドイツ語の予言書を自らチェコ語に翻訳し、序文を付して一六二九年に出版する。ポーランドに移る以前の国内逃避行の渦中、モラヴァの領主ジェロチーナ家に匿《かくま》われていた際には、その司書の娘ポニアトフスカ（一六一〇―四四年）が失神状態になって口にする予言に強い関心を示し、彼女の父の死後、彼女を養女にしている。

ミクラーシュ・ドラビーク

モラヴァのプシェロフ時代の旧友ドラビークとは交流が途絶えていたが、ドラビークが予言を始めたとの知らせがエルブロンクに移ったコメニウスに届くと、文通を始めた。そして一六五〇年、トランシルヴァニアに訪問する道中、コメニウスはドラビークから、ハプスブルク家の崩壊、プロテスタントの勝利、それにトランシルヴァニアのラーコーツィ家が活躍するという予言を聞かされた。コメニウスの秘書ペトル・フィグルスがロンドンのハートリブに宛てた書簡に、皇帝がドラビークの首に懸賞をかけた、という記述（KK 1, 187）があることは、この予言がかなり知られていたことを示している。

運命的な時が近づいているという一事以外、ここにまったく新しいことはありません。なぜなら、コッターに天使が八年間にわたって常々現れては語り、書きつけるように命じたからです。ポニアトフスカには天使と神ご自身がこの上なく厳《おごそ》かな失神状態を通じて繰り返しお話しになったからです。そして、ドラビークには、彼が二六年にわたって寝ているあいだも、目覚めているあいだも、主はさまざまな形で語られたからです。（LE, 13）

コメニウスの予言に対する態度には揺らぎが見られる。ポーランドに滞在していた一六三九年の書簡には予言を迷信として退ける言及が見られる一方（KK 2, 20）、一六五四年頃にはチェコの予言者が見たという幻覚に強い関心を示し（KK 1, 193）、アムステルダムの女性予言者とのやり取りに触れた死の二年前の書簡には再び予言に対する逡巡が見て取られる。しかし、晩年のコメニウスが予言書の編纂と普及に相当な精力をつぎ込んだのは事実である。まず一六五七年、コッター、ポニアトフスカ、ドラビークの予言をラテン語訳し、序文を付して『闇の中の光』と題して出版している。この書に対してはロンドン王立協会会員のジョン・ビール（一六〇三―八三年）が賛意を示したが、カルヴァン派の神学者マレジウスが厳しく批判したほか、コメニウスにパンソフィア研究の集大成に取り組むよう助言する声も少なくなかった。にもかかわらず予言へのこだわりは一六六〇年代になっても続き、一六六五年には三人の予言に新たな序文と索引をつけて編集した『闇からの光』を刊行している。そこに収められた予言の概要は次のようなものである。

世界は洪水前のノアの時代のように堕落しているが、キリスト教徒の諸国民の中でもドイツとイタリアはその堕落が顕著である。ローマ教皇は世界の混乱の主要な原因であり、反キリストで聖者たちの血に酔うバビロンの娼婦である。その娼婦が生み出した獣が皇帝で、この数世紀はオーストリア家（ハプスブルク家）がその地位を占めている。これらの混乱に神が耐えられなくなり、不敬虔な者たちの世界は消滅する。それによって世界は狂乱の戦争に駆り立てられる。戦争は、教皇がその王国およびオーストリア家とともに崩壊することで終結する。彼らの諸国民に対する抑圧には四方からの反抗がある。特に主要なものは、北方と東方の民からの反抗である。中でも、スウェーデンとその王、およびライン・ファルツとラーコーツィ家が神の命を受けた。彼らが望まなければ、トルコやタタールやモスクワが呼び出される。西方からもフランスその他の国々がドイツやイタリアやスペインにおける神の審判の遂行のために呼び出される。トルコとタタールは神の審判に関与した報酬として福音の光を見出すようになる。世界の諸民族における普遍的な改善が進む。偶像が消滅し、純粋な信仰が花開く。世界と教会の平和が生じる（LE, 40-41）。

『闇からの光』扉絵（コメニウス博物館、ウヘルスキー・ブロト）

回心への力

前章で見たように、コメニウスは本性的な現れとしての自発性を抑圧する力を暴力とみなし、人間的事柄における暴力の除去を改革の課題とした。しかし、彼が太陽の光を取り上げたのは、力一般を忌避したからではなく、自発性の発現を可能にする外部からの作用が必要だと認識していたためである。では、千年王国論はコメニウスの暴力論との関係では、どのように理解できるだろうか。それを考えるために、ドイツの文芸批評家・哲学者ヴァルター・ベンヤミン（一八九二―一九四〇年）の『暴力批判論』（一九二一年）を参照しよう。

ベンヤミンは「法措定的暴力」、「法維持的暴力」、「神話的暴力」、「神的暴力」という四つの概念を挙げている。法措定的暴力は、ある目的を暴力的な手段で追求し、そこでは新たな秩序の樹立が目指される。戦争がその実例である。法維持的暴力は、例えば交通法規のように、社会的な安全を維持するために加えられる強制力を言う。法措定的暴力は、例えば革命や専制で行使されるとき、暴力の是非を問わせない絶対的な強制力として君臨し、それゆえ「神話的暴力」とも呼ばれる。そしてベンヤミンは、神話的とみなされる暴力を批判しうる根拠が「神的暴力」であると言う。というのも、他の暴力が何らかの秩序の樹立や維持を掲げるのに対して、神的暴力は秩序そのものを破壊するからである（ベンヤミン 一九九四、五九頁）。

神的暴力は宗教的な伝承には限られないとベンヤミンは言うが、その有力なモデルが千年王国論にあることは間違いない。だとすれば、コメニウスは、暴力を終結させるためとはいえ、究極の暴力としての神的暴力を是認したことになるのだろうか。自然状態を戦争状態とみなす者にとっては、暴力の相克を終結させる至高の審級が必要であるという意味で、この理解は受け入れられるかもしれない。しかし、平和な自然状態を想定し、コミュニケーションの改善によって平和は実現可能だと信じる者にとっては受け入れられないだろう。教育の改善に取り組んだコメニウスが暴力の究極的な必要性を想定することなどありえない、という見方もあるかもしれない。

しかし、平和的なコミュニケーションが建前とされている民主主義的な議論が、議論のための議論と化し、意思決定が遅延したり、求められる成果を生み出せなかったりすることは多々ある。こうした場合、平和的という建前は、議論の場が担う責任を回避する論理と化してしまう。そのような状況は、結局のところ、ある種の強制力の介入によって打開されることがしばしばである。例えば、忍耐強く言って聞かせても態度が改まらない子供を親が叱責するとき、相互理解という親子間の暗黙の前提は突然打ち切られる。しかし、叱責の妥当性を事前に説明して了解をとる親などいないし、そうした力が常に否定的に行使されるわけでもない。例えば、何の根拠もないのに発せられる「絶対に大丈夫だから」という親の言葉によって、絶望に陥った子供が希望を見出すこともあるかもしれない。こうした言葉も、日常を成り立たせている規範や暗黙の前提を超えて贈られるかぎりは一種の強制力にほかならないが、だからといってその意義を否定することはできないだろう。

コメニウスは学問、政治、宗教という人間的事柄の改革において、「熟議」の理念に基づいた国際的な会議体を構想した。そこに近代的な民主主義のイメージを読み込むなら、彼が千年王国論を信奉したことは矛盾としか映らないだろう。すでに見たように、神から人間への作用は基本的に非暴力的になされる、とコメニウスは考える。それでもなお神という至高の審級が措定されること自体が人間の自由を規制する、という見方はありうる。しかし、彼は人間的事柄が事実として改善されるには、人間的事柄が神的事柄（神の業）のうちに包摂されなければならないと信じていた。あらゆる事象を理論、実践、応用への流れの中で捉えるコメニウスは、議論の結果として状況が変わらなくてもやむをえないという態度の根底に、神と共働すべき人間の責任からの逃避を見たことだろう。彼を千年王国論に駆り立てたのは、自らが生きる世界に対する当事者性だったはずである。

闇からの光

ヨーロッパが三十年戦争の荒廃から復興し始めた一六六〇年代には、フランスのルイ一四世が「太陽王」と称されたように、富と権力が集まる君主の宮廷は時代の光の源とみなされていた。しかし、コメニウスは宗教的熱狂が去って注目されなくなった暗がりに、なおも光を見出そうとした。

もはや「闇の中の光」ではなく「闇からの光」と宣言していただこうと、あなたに向ける表題を変えたのだ。というのも、光は神のかくも偉大な秘密を表しているが、もはや闇に抑圧されることなく、光の中に公開される時だからである。（LE, 39）

『闇からの光』の長い序文には、読者を説得しようとするコメニウスの苦心が見て取られる。彼自身が三人の予言者の証人だったが、「予言された事柄を何一つ見て取ることができず、予言に逆行する事柄を直視しなければならず」、「この四〇年以上にわたって何度も何度も疑ったばかりでなく、絶望を繰り返した」とコメニウスは記している（LE, 33）。それでも彼は予言を信じる意義について論じた。予言とは「人間の声ではなく、人間の過ちを叱責し、世界の救済のために新たな提案を差し出す神の声」（LE, 14）である、と彼は言う。「神は人間的事柄に関わっており、必要な時には言葉を遮《さえぎ》り、（多くの場合）自分の秘密を僕《しもべ》である予言者によって民のもとであらわにしないではおかない」（LE, 38）。そうしてコメニウスはイタリアの修道士で一時期フィレンツェの実権を握ったジローラモ・サヴォナローラ（一四五二―九八年）やフランスの予言者ミシェル・ノストラダムス（一五〇三―六六年）らと比べて、三人の予言は聞くに値するものか、という異論を想定し、神は常に人間に提案を発しており、「地上の人々についには迷宮から堂々と脱出することを明示されるのだから、いかなる者の目も闇が盲目にさせられないのはこの点にある」（LE, 10）として、予見をはさまずに耳を傾けるべきだと説く。

予言を無視すべきでない理由として、他に挙げられるのが「諸民族の恐るべき激動、ヨーロッパの諸王国全体にわたる神の打撃の洪水」の現れである（LE, 33）。プロテスタント同盟の再構築が予言が説くのとは異なる方向に推移したことをコメニウスは認める。しかし、ドイツで半世紀のあいだに多くの予兆が現れ、おびただしい書籍が出版されたのは、神がからかおうとしているのではなく、神の「摂理のさらに大きな業を見て取るように刺激されている」（LE, 36）のだと言う。また、コメニウスは千年王国の歴史解釈には論理的な根拠があると信じており、「銘記すべき最大の終局」は「すでに目の前にあり」、「一六六五年にすでに眺められ、一六六六年にはまさしく間近に迫り、一六七〇年にはもはや生じているだろう」と記している（LE, 33）。

神の人間への作用と地上の切迫した状況を示した上で、コメニウスは人間がそれにいかに応答すべきかを論じた。まず「われわれがあらゆることを認めるなら、本書を読むための最初の鱗がわれわれの目から取り除かれることになる」（LE, 21）と言う。ここで『地上の迷宮』の旅人に惑わしの眼鏡がかけられ、『光の道』では目の相関的な働きが強調されていたことが想起される。闇から光が到来するのを見るには、それに先行して闇のうちに光が見出されることが期待され、信じられていなければならない。信じることが見えることを可能にするのなら、予言の成就は人間の問題となる。

コメニウスは、チェコでフリードリヒの体制が瓦解したことや、トランシルヴァニア公がハンガリーの王位に就けなかったことなどをどう理解できるか、という問いを立て、「たとえあらゆる感覚が逆のことを証言しているようにみなされようと、神が仰せになったことだとわれわれに対して実証されるなら、どんな時もそれを信じなければならない」（LI, 22）と答える。こうした信仰至上主義的な主張は、経験主義や合理主義の立場からは受け入れられない。しかし、例えばイエズス会の創始者ロヨラの『霊操』（一五四八年）にも「すべてにおいて正しくあるために、私が白と見るものでも、もし位階制度の教会が黒であると決定するなら、黒であると信じるように常に心掛けなければならない」（ロヨラ 一九九五、二九二頁）という記述が見られるように、信仰は感覚的認識や合理的推論の限界を克服することに向けられていた。

コメニウスが信仰を重視するもう一つの要因として「神人協力説」がある。予言は人為と無関係ではなく、予言の成就には条件がある、と彼は考える。それゆえ、「われわれが条件を満たしていないにもかかわらず、自身のあらゆる約束を実現してほしいと神に求めるのは、あまりにも恐れ多いことだ」(LI, 23) と言う。予言の実現が人間の行為に左右される、という見方は、結局は人間にすべてを帰するものであり、それならば神の恩寵の存在意義などないではないかと批判することもできるだろう。しかし、この見方のもとでは、予言は単なる超自然的な出来事ではない。人間が予言に関与する余地が認められるなら、それは人間の行動を動機づける目標ともなる。「神は信じる者に自分の約束されたことを果たされるということを、事実そのものが語っている」(LI, 36)。

こうして、コメニウスが多くの論争や疑念にもかかわらず予言の普及に努力したことの意味が見えてくる。予言は、人間の関与と無関係に生じる出来事ではなく、それを信じる人間の実践によって現実化する神の約束とみなされていた。だから、「ラッパであるわれわれの声を高鳴らせ」、「まだ聞いたことのない者たちがそれを聞き、まだ信じていない者たちがそれを信じ」、「間近にいる者も、離れている者も、すべての者がまさしくその声を聞く必要がある」(LE, 8)。そこでは、「目の見えない者が闇と暗黒から見ることができる日が来る、という約束」の実現が期待されている (LE, 45)。予言は人間に状況から距離をとることを許さず、人間を状況に巻き込むものとみなされていたのである。

コメニウスは、信仰、慈愛、希望の三項が人間を過去、現在、未来に結びつけると言う (CC 2, 517)。信仰は精神を明るくし、慈愛は心を従わせ、希望は魂を醇化する (CC 2, 517)。これら三項が人間的事柄としての学問 (哲学)、政治、狭義の宗教に対応させられていることからすると、信仰は知的判断と両立する局面を、慈愛は寛容の実践が必要な社会的局面を、そして希望は永遠性の局面を指していると考えられるが、未来が「運命的な時」に向けられていることを思えば、その永遠性は現世外的な世界にとどまらない。予言を人間の実践によって初めて現実化する神の約束と考えるコメニウスにとって、時間は過去から未来へと無機的に流れる物理的時間としてのクロノスではない。ドイツの神学者パウル・ティリヒ（一八八六—一九六五年）に倣って言えば、コメニウスが問題にしたのは「深い意味における時の充満」としてのカイロスだったと言えるだろう（ティリッヒ 一九七九、一〇一頁）。

神の約束の虚構性を問題にするかぎり、時間の主観的・身体的把握は錯覚にすぎないとされる。実際、コメニウスが信じた予言は実現せず、彼はその挫折のたびに人間の側の条件を見つめ直さなければならなかった。しかし、たび重なる逆境にあってもコメニウスが希望を抱き続けることができた背景に、時間を主観的に捉える構えがあったことは無視できない。コメニウスにとっての時とは、空間的に類比すれば、地平線のようなものだったのだろう。地平線を目指して歩むほど、地平線は遠ざかる。そんなものに何の意味があるのかと思われるかもしれないが、人間を歩みにかき立てる何かが地平線にあるのなら、それは人間を歩ませるためにあると言うことができるだろう。

最晩年、ローマ教皇を反キリストとして批判してきたコメニウスの内面には、ある変化が生じた。『闇からの光』を皇帝レオポルド一世（一六四〇—一七〇五年）、フランス王ルイ、さらには教皇アレクサンデルに献呈しようとしたのである。彼は、教皇が歴史的経緯を考慮し、ドイツやイギリスの教会と同様に兄弟教団の自立を認めるべきことを望んだ。さらに最晩年の手稿『エリアの叫び』には、カトリックを含むキリスト教統一の希望が記された。

私は教皇に対して何一つ敵対的に書くのではなく、キリストの真のイデアから、キリストの真の代理人の姿（目に見えるどんな代理人の姿でもあるのなら、それ）だけを書き出そうと心がけた。〔…〕イエズス会士にも友人としてのみ対処しよう。また、彼らは世界中のすべての人々に対面しているのだから――彼らを味方に引き入れようと心がけた。――われわれが彼らを味方に引き入れれば、世界を味方に引き入れることになる。さもなければ、われわれはどこで自分だけで人々を取り込めるだろうか。われわれは誰も教団に入れないことになる。ルター派や改革派の人々には、激しい党派主義のせいで、それに適する者はわずかしかいない。彼らをどのようにして協力させられるだろうか。（DK 23, 49-50）

コメニウスは時代の闇に目を凝らし、そこから発する光を見ようとした。彼はプロテスタント同盟の再構築によって闇の勢力とみなしたハプスブルク家やローマ教皇が打倒される正当性を読み取ろうとした。そして、その試みが挫折を繰り返す中で人間の側の条件を見つめ直し、依然としてキリスト教という枠内ではあったが、普遍的な和解に光を見出すに至った。挫折のたびに運命的な時の到来への希望を更新する信仰なくして、コメニウスの最晩年の変容は導かれなかったはずだ。この事実は、彼の信仰が個別的・主観的なものでありながら、教条主義を免れ、さらに変容する可能性をもつものだったことを示している。

人生を終えようとするコメニウスを描いたアルフォンス・ムハによる《スラヴ叙事詩》の一作（第一章の扉絵）には、「希望の光」を象徴するカンテラの淡い光が描かれている。

第七章

歴史への贈与

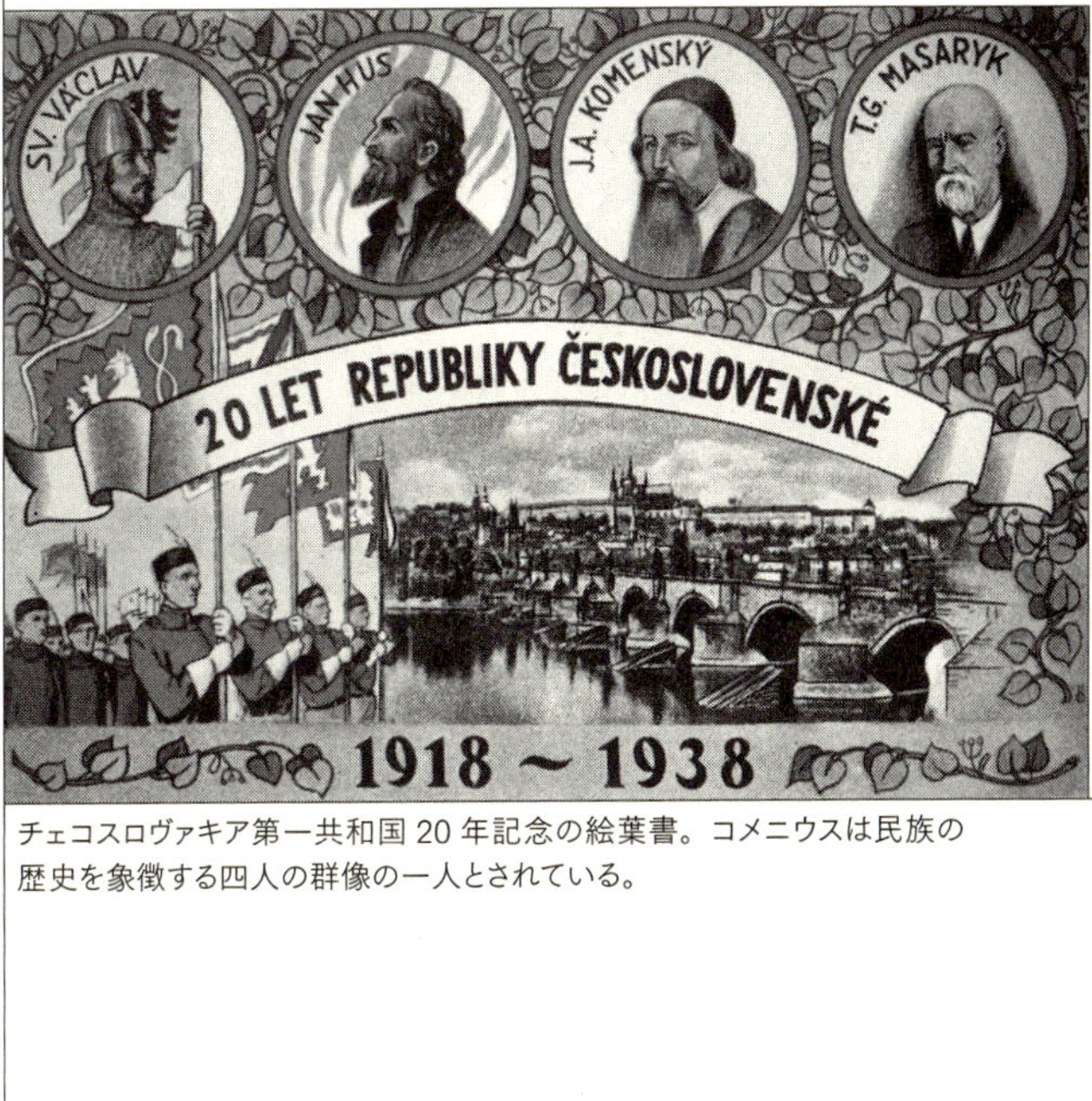

チェコスロヴァキア第一共和国 20 年記念の絵葉書。コメニウスは民族の歴史を象徴する四人の群像の一人とされている。

「どこまでが作曲家の意図なんだろう」。コンサートでそんな思いを抱いたことはないだろうか。同じ曲でも演奏者によってまったく違って聞こえることがある。そこには演奏者の解釈が入り込んでいる。

第三章で論じたように、人間は「生ける印刷術」のプロセスを生きている、とコメニウスは考えていた。贈られた何かを受けとめるとき、私たちは同時にその受けとめを周囲に返し、相互に変容し続けている。

相互作用によって多様な解釈が生じるのは、よいことのように思えるかもしれない。しかし、すべてを吟味することはできないし、相対的な優位を占めた解釈が絶対化することも多い。その解釈に無批判に追随するなら、他の可能性は見失われる。

コメニウスは人間がテクストの世界に生きていることを見据えていた。その彼が歴史の中でどのように記述されたのかは「生ける印刷術」の生きた見本である。最終章では、コメニウス没後三世紀半にわたる言説の歴史を概観してみよう。

1　啓蒙主義と民族主義の中で

コメニウスをめぐる言説の戯れ

コメニウスは一六七〇年一一月に死去し、アムステルダム郊外の街ナールデンに埋葬された。ところが、一九世紀になると墓地は荒れ果て、墓石を特定することすら容易ではなくなっていた。人類学的な調査を経て遺骨が確定され、一九三七年にはチェコスロヴァキア政府がオランダ政府から土地の永代使用権を得て墓所を整備した。

　哲学者ライプニッツはコメニウスを知っており、コメニウスの孫ヤブロンスキーとも交流があった。コメニウスの業績を讃える詩を草し、その後もコメニウスの教授学著作を評価したり、キリスト教会間の和解提案に関心を寄せたりしている。哲学的な立場は異なるものの、その活動の幅広さからすれば、ライプニッツはコメニウスの衣鉢を継いだ人物だと言ってよい。周知のように、ライプニッツは現実を構成する最小の実体を「モナド」と名づけ、そこに鏡のような知覚・表象能力を認めた。モナドには窓のようなものはなく、それゆえ相互に厳密に独立していて関係し合うこともない。この着想は、視点によって変わる都市の眺望から得られたと言われている。

ゴットフリート・ヴィルヘルム・ライプニッツ

　同じ都市でも、異なった方角から眺めるとまったく別の都市に見え、眺望としては幾倍にもされたようになるが、それと同じように、単純実体が無限に多くあるので、その数だけの異なった宇宙が存在することになる。（ライプニッツ 一九八九、二三〇頁）

コメニウスの祖国チェコの首都プラハは「百塔の街」

と称される。意匠が凝らされた塔の姿やそれらの位置関係は、見る位置によって様相を変える。ある塔が他の塔を隠したり、逆に他の塔を引き立てたり、さまざまな見え方をする。眺望を広げようとしてある塔に登ると素晴らしい景色が眼前に広がるが、登ってきた塔は眼前の景色の中にはない。歴史や思想の評価に関しても、プラハの街の風景の動きと似たようなことが見られる。

コメニウスの思想をめぐっては、歴史の変転に巻き込まれてきたチェコという空間に生を享けたこともあって、その見え方を追うだけで一つの思想史が描けるほどのドラマがある。だが、重要なのは、彼が伝播ということに意を払った光の思想家だったことだろう。コメニウスの思想は学術レベルだけでなく社会一般でも広く取り上げられ、教育的・啓蒙的言説が逆に学術研究に影響を与えることもあった。

啓蒙主義の光の中で

フランス一七世紀の哲学者・神学者であるピエール・ベール（一六四七―一七〇六年）の大著に『歴史批評事典』（一六九六年）がある。その中で神学的な歴史観を懐疑的に分析したことで、ベールは啓蒙主義の先駆者とみなされている。

一六五七年、主たるパトロンに金を出してもらい、新教授法の各部をその町〔アムステルダム〕で活字にした。四部に分かれた二折り本で、著者には非常な労苦を、ほかの者には非常な大金を要したが、文芸共和国にとってはなんの足しにもならなかった。著者の着想の内には、実行可能で役に立つものが何かあるとすら思えない。コメニウスがとりわけ夢中だったのは学校の改革ではなかった。予言とか革命とか偽キリストの壊滅とか千年王国とか、その他これに類する危険な狂信の種々相にもっともっと熱を上げていた。危険というのは単に正統信仰にとってではなく、君主や国家に対してもだ。（ベール　一九八二、八〇六頁）

このように、ベールはコメニウスの予言信仰を痛烈に批判し、「もう少し生きていたら、千年王国の約束がでたらめだったことを自分の目ではっきり見られたにちがいない」（同書、八〇七頁）とまで記す。コメニウスが啓蒙主義の隆盛の中で注目されなくなった理由は、このベールの批判にあると言われてきた。しかし、私たちが多かれ少なかれ啓蒙主義の光のもとで思想や歴史を見てきたことも否めない。フランスでは、さすがにコメニウスの宗教思想が受容されることはなかったが、教育論には関心がもたれた。コメニウスの存命中から再カトリック化が進められたチェコ地域でも、イエズス会士の著述家ボフスラフ・バルビーン（一六二一―一六八八年）が『地上の迷宮』の文体を高く評価している（ZD, 14）。各地に散在していた兄弟教団のネットワークは次第に弱体化していったが、コメニウスの思想は敬虔派に継承されたと見ることもできる。

ピエール・ベール

啓蒙主義が優勢になると、周辺的とみなされた思想は啓蒙主義の言葉で語られることでしかアクチュアリティをもてなくなる。チェコ地域の啓蒙主義は、皇帝ヨーゼフ二世(一七四一—九〇年)による宗教寛容令、農奴解放令、出版・検閲制度の緩和、学校設置などの政策によって浸透していくが、逆説的なことに、ドイツ語化を進めようとする言語統一令への反発が民族再生運動のきっかけになる。そうした中で、ドイツ語によるものではあるが、コメニウスへの言及も見られるようになる。そこでは、コメニウスの知性、教授学著作、母語主義を評価する一方で、反ハプスブルク運動を進めた結果、ハンガリーとポーランドの戦乱が生じ、コメニウス自身も焼け出されたレシノの戦火の原因を作ったのではないかという疑問が呈されて、ベールと同じようにコメニウスの予言信仰や千年王国論が批判されている(ZD, 23)。

当時のチェコ地域では、三十年戦争期から始まった再カトリック化がある程度完成し、ヤン・フスやフス派戦争で勇名を馳せた軍人ヤン・ジシュカ(一三七四—一四二四年)らは背教者とみなされていた。そうした中でコメニウスを論じようとするとき、彼の宗教的側面を強調すれば、かつての宗教対立を想起させることになった。コメニウスの教育者や社会改革者としての側面を強調する近代的言説の原型は、すでにこのとき現れていたのである。

ヘルダーとパラツキー

一八世紀ドイツの指導的な文芸批評家ヨハン・ゴットフリート・ヘルダー(一七四四—一八〇三年)は、人間性という観点による歴史記述を構想し、『人間性促進のための書簡』(一七九三—九五年)を著した。ここでヘルダーは、コメニウスの教育上の営為だけでなく、普遍主義的な改革構想を評価し、カントに連なる平和構想を著したサン゠ピエールにも比されるものとした。

　われわれの民族（ボヘミアやモラヴァをドイツに数え入れていけないことがあろうか）の人間で、かの善きサン゠ピエールと比べられるのはコメニウスであろう。〔…〕われらのサン゠ピエールとも言うべきコメニウスは異なった姿をしている。なるほど、彼は予言を信じたせいで誤って迷宮に引き込まれてしまい、ついには悲嘆に暮れることになったし、その教育や生活環境からしてサン゠ピエールの政治的計算よりはるかに荒削りな姿をしているが、人類の福祉という目的において両者は出会うのだ。〔…〕彼は、病んでいる全身を治療しないで手足を治そうというのはまったく無意味であり、社会的善とは公共の平和であり、公共の危険によって社会的関心を強め、熟議のための手段が提案される、と考えた。（Herder 1991, 294, 297）

ヨハン・ゴットフリート・ヘルダー

　民族的個性の強調というヘルダーの視点は、さまざまな評価はあるにせよ、ドイツを超えて影響を与えることになった。チェコ地域の民族再生運動の中でコメニウス再評価に取り組んだのは、言語学者・歴史学者・政治家のフランティシェク・パラツキー（一七九八―一八七六年）である。彼は一八四八年の二月革命後にプラハで開催されたスラヴ会議の議長となり、ウィーンの立憲議会にも選出され

フランティシェク・パラツキー

た。彼はチェコの宗教改革にカトリックとプロテスタント双方の教義の相互的な浸透を見出して、フスやジシュカを再評価する。チェコ二〇世紀後半の代表的なコメニウス研究者ダグマル・チャプコヴァー（一九二五―二〇一六年）は、パラツキーとコメニウスには民衆教育への配慮、母語の重視、歴史著作の執筆、自由・寛容への希求など、多くの親和性が見出せると指摘している（ZD, 31）。

『チェコ問題』とコメニウス

ドイツとチェコ地域のあいだには長い民族対立がある。とりわけ再カトリック化とドイツ語化が進められた三十年戦争のあとは、チェコ人のアイデンティティが危機にさらされた。哲学者マサリクは『チェコ問題』（一八九五年）の中でドイツの影響という事実をいかに主体的に受けとめるかを問題にしている。ヘルダーをはじめとするドイツの哲学者が民族再生運動に影響を与えたという事実は、ドイツ人によるチェコ支配という罪を償うものだったとマサリクは考える。

われわれの再生者たちは、チェコの文化のためにドイツの哲学を用いなければならず、ただドイツ哲学を用いた。〔…〕チェコ、そしてドイツの宗教改革運動は新しい理念の大地を肥沃なものにし、抑圧された民族の中で最高の性格を有していたチェコからの出国者たちは幾千ものドイツ人の血と魂を改善した。——ドイツ哲学はチェコ民族にその負債を返済し、覚醒者たちが数世紀にわたる精神的死を克服するのを助けたのである。(SM 6, 15)

一九二三年にフランスを訪れた際、すでにチェコスロヴァキア共和国の大統領になっていたマサリクは「ライプニッツとヘルダーを通して、ドブロフスキーとコラールのもとでコメニウスがわれわれに語りかける」(SM 34, 468) という見方を引いている。チェコ地域ではほとんど忘れ去られていたコメニウスは、ドイツの代表的知識人であるライプニッツとヘルダーの評価を契機にして、チェコの啓蒙主義者ヨゼフ・ドブロフスキー(一七五三—一八二九年)、スロヴァキアの詩人・学者ヤン・コラール(一七九三—一八五二年)らによって語られるようになった。コメニウスの思想は支配民族だったドイツの知識人を経由してチェコに帰還したというのである。マサリクが採ったこうした見方は、ヨーロッパの中央に位置し、ゲルマン人とスラヴ人の懸け橋になるというチェコ人の民族的自覚へと昇華されていった。彼が国父になったこともあり、この視点は大きな影響力を及ぼすに至る(ただし、後述するように、その事実性をめぐっては議論がある)。

トマーシュ・マサリク

交錯するコメニウス言説

一九世紀半ば以降、チェコ地域では『母親学校の指針』、『教授学』、『世界図絵』といった著作が何度も再版されるようになる。ユダヤ系ポーランド人の言語学者で人工言語エスペラントの創案者であるルドヴィコ・ザメンホフ（一八五九―一九一七年）が、少年時代にコメニウスの著作でイギリスの言語思想家ロドウィックを知り、その名をとって名乗ったというエピソードは、コメニウス再受容がチェコ地域を越えて広がりつつあったことをうかがわせる。教育分野以外での学術的関心も高まり始め、ドイツの哲学者ヴィルヘルム・ディルタイ（一八三三―一九一一年）は、『精神科学序説』第一巻（一八八三年）で、コメニウスは「諸真理の相互依存という原理をとおして、諸科学の適切な分類を準備するに至った」（ディルタイ 二〇〇三―〇六、(1)三二頁）と記し、パンソフィアの方法論を精神科学の歴史に位置づけた。その後もドイツにおけるコメニウスへの関心は重要な影響を与え、近代的なコメニウス研究を確立したとされるスロヴァキア人の神学史家ヤン・クヴァチャラ（一八六二―一九三四年）もドイツに学び、コメニウスの自然哲学の研究で学位を得ている。

チェコ地域におけるコメニウス再受容は、学校教師などによる民間の活動とチェコ王立科学アカデミーなどの公的な取り組みが補い合う形で進んだ。チェコに数多く見られるコメニウスにまつわるモニュメントの最初のものは、『地上の迷宮』が著されたと伝えられるブランディーシュ・ナド・オルリツィーで一八六五年に造られた記念碑である（一八八八年には、コメニウスがラテン語を学び、のちにそこで教師になったプシェロフにコメニウス教育博物館が創設され、一八九二年にはプラハにもコメニウスの名を冠する博物館が、一八九八年にはコメニウスの生地とされる南モラヴァのウヘルスキー・ブロトにも博物館が開設されている)。そして、一八七一年に(コメニウスの没年がまだ一六七一年と考えられていたため)没後二〇〇年の記念行事が開催されたあとは、生誕三〇〇年にあたる一八九二年に向けた取り組みが始まり、一八九二年三月にプラハの国民劇場で行われた式典ではチェコ国民楽派の代表的な作曲家ズデニェク・フィビフ(一八五〇—一九〇〇年)による祝典序曲《コメニウス》が演奏されたほか、国立博物館での展覧会には五〇日あまりで一万二〇〇〇人以上が訪れた。

この時期からコメニウス研究の態勢も整えられていく。先述のクヴァチャラは、コメニウスの伝記的研究のほか、王立科学アカデミーによる『コメニウス選集』の編集にも関わった。また、モラヴァの教師たちの支援のもと、一九一〇年から『コメニウス全集』とコメニウス研究誌『コメニウスの生涯と著作についての研究のための記録』の編纂と出版を開始した。二〇世紀に入ると、『地上の迷宮』のようなチェコ語文学を著し、三十年戦争で故郷を追われながら、チェコ人による統治の回復を遺言にしたコメニウスは、民族のアイデンティティを象徴する存在とみなされ、文学や芸術をはじめ、紙幣や切手にも表象されるようになった。本章の扉に掲げた、一九三八年にチェコスロヴァキア共和国建国二〇年を記念して発行された絵葉書には、チェコの守護聖人とされるボヘミア公ヴァーツラフ(九〇七—九三五年)、宗教改革者フス、大統領マサリクと並んでコメニウスが描かれ、四人を並べることで民族の歴史的連続性やその独自性の物語が直観できるようになっている。

この時代からのコメニウスをめぐる言説の交錯は、ニーチェが言う「記念碑的歴史」、「骨董的歴史」、「批判的歴史」という三つの観点の絡み合いの様相を呈している。チェコスロヴァキア共和国という実験的な国民国家の形成の中で、コメニウスは民族のアイデンティティの構築という社会的課題と不可分な存在とみなされ、だからこそ――絵葉書に見られるように――「記念碑的歴史」の中で扱われた。しかし、記念碑的歴史は、情報が圧縮される中で単純化と誇張に陥りがちである。ゆえに、学術研究の制度化の中で生み出された「骨董的歴史」には独自の意義がある。実際、啓蒙主義が民族再生運動に適合的なイデオロギーだったこともあって、学術レベルでは実証主義的な研究が進められた。だが、骨董的歴史は研究者や好事家の世界に内閉してしまうという問題がある。そこに記念碑的歴史と骨董的歴史の双方を批判する視点が提示されることで、言説の交錯は新たな関係に組み替えられていく。チェコ語作家として著名なカレル・チャペック（一八九〇―一九三八年）は、マサリクとの対談の中で、コメニウスに代表されるチェコの哲学者は「思想のための思想という贅沢を許されない」小民族に属するため、「自分の思想を生の実際的な問題、民族の生活の問題に絶えず向けていた」と語っている（チャペック 一九九三、一七四頁）。チャペックはそこにチェコ的プラグマティズムという個性を見ようとしたが、マサリクはドイツ的教養をわがものにして一民族にとどまらない影響を及ぼしたコメニウスに、むしろ民族主義を相対化する一面を見ている。

彼〔コメニウス〕は人間性の使徒であり、あらゆる事柄における、至るところにおける、調和の宣言者であり、全世界のための仕事によって民族のために働き、世界を経巡《へめぐ》りました。諸民族に認められた教師であり、真の、そして最初の自覚的な汎ヨーロッパ人です。（同書、一七五頁）

2　「諸国民の教師」コメニウス

教育学的リアリストとしてのコメニウス

一九世紀になって欧米の大国にやや遅れて日本にも導入された公立学校制度は、徴兵制や出版業とともに「国民」を構成するための主要な手段だった。国民教育には組織的な教員養成が不可欠だが、教員養成教育の中で教職の使命を教授する役割を期待されたのが教育史だった。西洋教育を導入し始めてまもない一八八〇年代以降、日本では欧米で出版された教育史関係のテクストが続々と翻訳された。その一つを当時の訳文で見てみよう。

実学主義とは言語文学よりはむしろ自然の現象、実社会の制度をもって研究の主要題目とせる教育主義の名称なり。その思想変動が頂点に達して教育の思想と実行の上に多大の影響を及ぼしたるは、第一七世紀即ちおよそ一〇〇年の間にありとす。〔…〕感官実学なる語は、人知は主として五感より来るものなりとの根本的信念に基づけるものなるが故に、教育は単に記憶的活動の訓練にあらずして感覚の訓練に基かざるべからずとし、従って教材の上に多大の変更を生じたり。上述の特性より推考せば、この教育思想をもって「科学的運動の開始」と称するは最も適当なるが如し。〔…〕古来の実学者中教育法の改造をもって頭角を現したるものをフランシス・ベーコンとす。〔…〕その理論的著述より見るも、はたまた実地教育問題に関する直接の施設方法より観るも、コメニウスはただに感官実学運動中の驍将《ぎょうしょう》たるに止まらず、世界教育史上の大人

物なり。（モンロー 一九一〇、三二〇、三四一、三四三、三五九頁）

これはアメリカの教育史家ポール・モンロー（一八六九―一九四七年）の『世界教育史要』（一九〇七年、邦訳一九一〇年）の一節である。彼は近代的な教育の端緒を「実学的教育」とし、それを「人文的実学主義」、「社会的実学主義」、「感官実学主義」（「感官」は現代では「感覚」と訳すのが一般的だろう）に区分した。しかし、モンローの記述には問題もある。コメニウスの思想形成について「アルシュテット及びカンパネッラのコメニウスを動かしたるはベーコン以上なり」（同書、三六一頁）とする記述や、『大教授学』の「大主義は先天〔先験的〕のものなりと而して全巻中ベーコンに言及することなし」（同書、三六三頁）という記述は妥当な理解と言えるが、「ベーコンの徒コメニウス」という見方に基づいてコメニウスを感覚実学主義の代表者に位置づけてしまっているのである。ここには有力なテクストの影響が見て取れる。ドイツのカール・フォン・ラウマー（一七八三―一八六五年）による『教育学史』（一八四三―五一年）である。ラウマーは、哲学者ヨハン・ゴットリープ・フィヒテ（一七六二―一八一四年）の講演『ドイツ国民に告ぐ』（一八〇七―〇八年）で評価されたペスタロッチを訪ねて影響を受け、それ以降の講義がまとめられたのが『教育学史』である。これはアメリカ合衆国の初代教育局長を務めたヘンリー・バーナード（一八一一―一九〇〇年）が創刊した『アメリカ教育ジャーナル』に英語訳が掲載されるなど、広く普及した。

『教育学史』では、ルネサンスと宗教改革のあとに「言語的リアリズム（Verbaler Realismus）」という項目が設けられている。そして「革新者」という括りでラートケとコメニウスが取り上げられ、コメニウスについてはペスタロッチ、ルソーに次ぐ分量があてられている。第二章で見たように、コメニウスは『自然学綱要』の序文でビベス、カンパネッラ、ベーコンの影響を受けたことを記し、感覚を通した観察の重要性を強調した。それを受けて、ラウマーは「ベーコンと同様に、コメニウスが言語的リアリズムではなく、真のリアリズムを意図したのは明らかである。それは他者の説明や記述ではなく、感覚による事物の直接的な観察によって遂行される」（Raumer 1842-51, Bd. 2, 55）と言う。一七世紀思想の特徴を理解する際、哲学史でリアリズムという視点がとられることはあまりない。「リアリズム」という分類はラウマーが教育史の時代区分として採用したものであり、それに多くのテクストが追随したために一種の通説として定着していったと考えられる。第二章で見たように、コメニウスが言う“res”（事柄）は多様な意味をもつが、日本では「リアリズム」の訳語として「実学主義」が採用され、福沢諭吉（一八三四―一九〇一年）が『学問のすゝめ』（一八七二―七六年）で強調したようなニュアンスで受け取られることになった。

カール・フォン・ラウマー

日本における受容

コメニウスのテクストと日本人の接触は、実は江戸時代まで遡る。一七二八年、現在の鹿児島県に住んでいたゴンザとソウザら一七名が大阪（大坂）への航海の途中で難破し、カムチャツカ東岸に漂着した。二人はサンクトペテルブルクに移送され、ゴンザはその地で日本語教師となって、コメニウスの『世界図絵』を基にしたロシア語と日本語（当時の薩摩弁）の対訳教科書の編纂にあたっている（井ノ口二〇一六、一一一―一二三頁）。しかし、日本でコメニウスが本格的に知られるようになったのは、明治維新以後、西洋教育学の導入のもとで教育史上の主要な人物として取り上げられてからである。一八八一年にアメリカのライナス・ブロケット（一八二〇―九三年）による『教育の歴史と進歩』（一八六〇年）がヒロビブリアス著『教育史』と題して出版され（そこではコメニウスは「約翰亞摩哥米紐《ジョーンアモスコメニュース》」と表記されている。ヒロビブリアス 一八八一、三五頁）、以後続々と教育史テクストが翻訳されたが、そこではコメニウスは近代教育の先駆者として位置づけられた。例えば、フランスの教育理論家であり政治家でもあったガブリエル・コンペレ（一八四三―一九一三年）の『教育史』（一八八六年）は一八九二年に邦訳が出版されているが、コメニウスについては「当時の教育家中の領袖《りょうしゅう》と称して可なり。ペスタロッチの如きはその次に位するものなり」、「初等教育の何者なりやを判然と悟暁《ごぎょう》せるは氏をもって嚆矢《こうし》となす」という記述がある（コンペール 一八九二、二一三―二一四頁）。ここでコンペレが依拠しているのは、歴史家ジュール・ミシュレ（一七九八―一八七四年）である。

　この時代の教員養成テクストは、コメニウスの著作の位置づけに影響を与えたと思われる。コンペレは「著書中教育家の注意を惹くに足るべき者はせいぜいただ二、三に過ぎずして、自余の著書はおおむね哲理上の幻想に馳せ、奥妙高遠《おうみょうこうおん》にして、もっぱら宇宙万物の理を索《さぐ》るを主とせり」（同書、二一九頁）として、特に『大教授学』、『開かれた言語の扉』、『世界図絵』に焦点をあてた。『大教授学』については「教育上に関する主義理論及び学校の組織上に関する意見とを載せたるものなり。この書はロックの『ソート』〔『教育に関する考察』〕、ルソーの『エミール』と並び称すべきものなり。

ただ恨む仏語訳書のいまだ世に公にせる者なきを」（同書、二一九頁）と評している。

翻訳にやや遅れて、日本人によるコメニウスの紹介も行われるようになる。東京女子高等師範学校（現在のお茶の水女子大学）の校長などを務めた教育学者・教育行政官の能勢栄《のせさかえ》（一八五二―九五年）による『内外教育史』（一八九四年）は日本人による最初期の教育思想史テクストだが、その中でコメニウスは二七頁にわたって言及されている。これはルソーにあてられた頁数より多く、一八世紀の儒学者・貝原益軒（一六三〇―一七一四年）に費やされた頁数と同じである。また、東京文理科大学（現在の筑波大学）の学長を務めた大瀬甚太郎《おおせじんたろう》（一八六六―一九四四年）は『欧洲教育史』（一九〇六年）で「教育は、氏〔コメニウス〕により初めて科学的に取り扱われたりというもあえて失当の言にあらざるべし」（大瀬　一九〇六、二四九頁）と記している。これらの教育学者が依拠したのはラウマーらによるドイツのテクストだった。こうしてコメニウスを近代教育あるいは近代教授学の祖とみなす理解が日本でも定着していく。

敬遠されたコメニウス

この時期、コメニウスが示した教育方法の基本原則などは自然に受け入れられたと思われるが、その教育理論の実践や応用がなされたとは言えない。西洋教育が導入された時点で日本の教育界を風靡したのは、まずペスタロッチの影響によるオブジェクト・レッスン（実物教授）、次いでドイツの教育学者ヘルバルトとその支持者（ヘルバルト主義者）を中心とした教育理論だった。コメニウスは教育史の中に屹立する存在とされたものの、あくまで歴史的存在とみなされた。

その点で注目されるのが、東京音楽学校（現在の東京藝術大学）と東京女子高等師範学校で校長を務めた湯原元一《ゆはらもといち》（一八六三—一九三一年）の翻訳による『倫氏教育学』（一八九三年）と『倫氏教授学』（一八九六年）である。湯原は当時の代表的な教育学者である谷本富《たにもととめり》（一八六七—一九四六年）らとともに、お雇い外国人教師のエミール・ハウスクネヒト（一八五三—一九二七年）からヘルバルト派教育学を学んだ。教育学の基礎的な概念であるドイツ語の"Bildung"に「陶冶《とうや》」という訳語をあてたのは湯原である。その湯原が訳した書で「倫氏」として紹介されているのが、チェコ（当時はオーストリア＝ハンガリー帝国）の教育学者グスタフ・アドルフ・リンドネル（一八二八—八七年）だった。リンドネルはヘルバルト派教育学の理論家・実践家として多くの著書を残し、それはヨーロッパ各国のみならず日本でも翻訳されて、明治中期の日本の教育界に広く普及する。リンドネルには『J・A・コメニウス——その生涯と著作』（一八七六年）という著書もあり、『大教授学』のドイツ語訳も行っているが、彼が教育理論の構築にあたって主に参照したのは、第一にヘルバルト、次にフランス啓蒙主義の哲学者クロード＝アドリアン・エルヴェシウス（一七一五—七一年）、そしてイギリスの哲学者ハーバート・スペンサー（一八二〇—一九〇三年）だった。リンドネルがコメニウスに言及する箇所を引いてみよう。

ルソーの教義のコメニウスの教義といささか異なれる点は、ルソーは、内界の自然を主とし、コメニウスは、外界の自然を主とするにあり。（リンドネル 一八九三、二二六—二二七頁）

今日の小学教育を創建せる二大偉人をコメニウス及びペスタロッチの二氏とす。二氏につき、前者は主として教授の客観的側面、後者はおもにその主観的側面を代表す。詳言すれば、前者は人間を智識の方面に向って陶冶し、後者はこれを実力の方面に向って陶冶せんことを主張せり。したがってコメニウスが主として注目せしは、実質的諸学科にしてペスタロッチが主として注目せしは形式的諸学科なりき。（リンドネル 一八九六、一〇頁）

これらの記述は、自然観と陶冶観（形成観）に関わっている。まず自然観については、ルソーらが主観的自然主義者とされるのに対して、コメニウスは客観的自然主義者とされる。その根拠は、コメニウスが外的自然から類比的に教授の原則を導き出そうとした点に求められている。こうした自然観についての評価は、陶冶観の評価にも関わっており、人間の内的自然を重視したペスタロッチが知識の獲得よりも知識の獲得の過程で形成される心的能力を重視する形式陶冶論者として位置づけられるのに対して、コメニウスは知識の教え込みを重視した実質陶冶論者とみなされる。こうしたコメニウス評価は日本の教育学者にも見られ、戦前期の代表的な教育哲学者である篠原助市《しのはらすけいち》（一八七六—一九五七年）は主著『理論的教育学』（一九二九年）に次のように記している。

グスタフ・アドルフ・リンドネル

実質的陶冶の極端な主張は、おのずから、われわれの精神を受動的に、すなわち与えられたものをさながらに受容れる倉庫の如くに考え、その結果、記憶偏重主義に陥り、結局は認識論上、模写説の上に立たねばならぬこととなる。このことはコメニウスの汎智主義が彼の感覚主義及び模写説と必然の関係を有するによっても立証せられる。〔…〕しかし彼〔ペスタロッチ〕の直観はコメニウス及び汎愛派の直観が認識の方法であるに対し、教授の根本原理であり、コメニウスの「世界図解」〔『世界図絵』〕が認識論上、模写説に立てるに反し、彼の「直観のＡＢＣ」〔ペスタロッチの学習方法論「基礎陶冶」〕は、直観の論理的構成要素を見究め、この要素すなわち論理的礎石の上に構成せられる直観である。（篠原 一九四九、二八〇、二九一頁）

一九世紀末以降、教師や大人を中心とする旧来の教育を批判して、児童中心主義的な主張を掲げる新教育（改革教育運動、進歩主義教育）が欧米で高まりを見せ、日本でもやや遅れて大正自由教育が流行した。その中で、既存の学校教育の問題点の一つとされたのが、実質陶冶的（注入的）な性格だった。それゆえ、その自然観の主観的な傾向と教育観の形式陶冶的な性格が認められるとされたルソーとペスタロッチは、近代教育思想の画期と位置づけられる。他方でコメニウスは、自然観と教育観の評価において、当時の教育理論の要請からは隔たった存在とみなされた。右に引いたのは一九四九年の改訂版だが、篠原の見解はまったく変わっていない。

日本の教育学界におけるこうしたコメニウス理解の背景には、おそらくリンドネルの教科書の普及があった。リンドネルの邦訳書は、西洋思想の受容において「和魂洋才」という観念が一種の文化的フィルターとして機能したことを示す実例でもある。『倫氏教育学』では、「道徳の大本に至りては耶蘇教国ならざる我国の教育においては、いまだついに、西洋学者の議論を採用すべからざるなり」（訳例七則、三）として、原書中の聖書の引用が『教育勅語』の言葉に入れ替えられている（リンドネル 一八九三、七―八頁）。その旨が明記されているとはいえ、こうした受容の手法が西洋思想に必要以上に近代的な装いをまとわせたことは否定できない。

引き寄せられたコメニウス

一八九二年二月にコメニウス生誕三〇〇年を記念する全米教育協会（ＮＥＡ）の会合が開かれた際、アメリカの代表的な知識人でコロンビア大学学長を長く務めたニコラス・バトラー（一八六二―一九四七年）が「教育史におけるコメニウスの位置」と題して講演を行った。

> その生涯において、彼〔コメニウス〕は宗教的信念のために迫害された一方、その教育思想のために注目を集めた。その死によって、彼は友ばかりか敵からも見過ごされ、忘れられていた。〔…〕しかし、われわれの世紀、特にわれわれの世代における教育の偉大なる復活によって、どんな暗がりにも学術調査のまばゆい光があてられている。そして、彼の生誕から三〇〇年を記念する今日、モラヴァの卓越した老牧師は、教師が集い、教育が話題になるところでは、どこでも尊敬の的になっている。われわれはコメニウスのうちに、われわれの新教育を鼓舞して導く源泉と前触れを多く見出している。(Butler 1893, 723)

ここではコメニウスに「新教育」の「源泉」という格別な地位が認められている。ドイツの教育史ではコメニウスに高い歴史的位置が与えられた半面、その思想の近代性が留保されたことを考えれば、これはユニークな視点である。実は、こうした見解は第二次世界大戦前の日本にも見られた。戦前からコメニウス研究に取り組み、戦後は新教育運動にも携わった梅根悟《うめねさとる》（一九〇三―八〇年）が師である東京高等師範学校教授の佐佐木秀一（一八七四―一九四五年）の名で出版した『コメニウス』（一九三九年）は、この時期の日本におけるコメニウス研究の到達点であるが、彼は次のように記してコメニウスの教育史上の位置づけに問題提起を試みている。

今日、いわゆる新教育を説くものは、歴史的には、多くペスタロッチをその先駆者として挙げるのみで、いまだ我がコメニウスに及ばないのは、すこぶる公平を欠いているといっていい。〔…〕まず多くの人は、コメニウスの直観の概念を受動的であるという。それがペスタロッチに至って発動的であることをその特質とするようになったという。〔…〕けれども、コメニウスの思想は、決して単に受動的と評し去ることができない。（佐佐木 一九三九、一六五―一六六頁）

この理解は基本的にバトラーと同じであり、この時代にコメニウスと新教育を結びつけようとする歴史的視線があったことをうかがわせる。だが、バトラーや梅根の着想を検証しようとするなら、一七世紀と二〇世紀を直線で結ぶような単純な理解では済まない。新教育の思想的な背景は実験心理学から神秘主義にわたるほど多様だが、例えば人智学の提唱者ルドルフ・シュタイナー（一八六一―一九二五年）は新教育の有力な潮流の一つである。彼は薔薇十字思想やロマン派の自然哲学に強い関心を抱き、コメニウスについても論じている。二〇世紀前半の神秘主義思想に対する関心の高まりにはナチズムの興隆と通底する面も確かにあったが、イェイツによる薔薇十字思想の研究をはじめ、現在の私たちには神秘主義をめぐる新たな思想史的視界がもたらされている。

ここで梅根に話を戻すと、彼は『総合的熟議』の全貌がまだ知られていなかった時期に、コメニウスの政治思想や予言信仰についても論じている。それは教育学の一面的な光のあて方を問い直すものである。しかし、コメニウスの社会改革論が当時の社会状況の中でアクチュアルに読み込まれた結果、次のような微妙な記述が残されることにもなった。

〔第一次〕世界大戦後、民族意識――祖国意識が各国に熾烈に勃興してきた。今日その昂揚の潮がまさに絶頂に達している。さて、この意識この感情が、今後果たしていかなる方向に発展していくであろうか。またそもそもいかに発展させていくべきであろうか。これは実に各国の国策に重大関係を有するところで、為政家も教育家も深く深く考えなければならぬ大問題であろうと思われる。（同書、一六一頁）

3 コメニウスの近代化

冷戦とコメニウス研究

第二次世界大戦後にチェコスロヴァキアの教育文化大臣などを務めたズデニェク・ネイェドリー（一八七八―一九六二年）の著書『共産主義者――チェコ国民の偉大な伝統の継承者』（一九五四年）には、次のような一節がある。

いかにして人民が真に状況を認識するかをわれわれが考慮すべきなら、兄弟教団のうちにある者がフスやジシュカといったわが民族の伝統的な英雄たちの序列に属さないことに驚くべきではない。そう、偉大なコメニウスですらそうである。〔…〕兄弟教団はフスやジシュカのように革命的では決してなかった。〔…〕フスやジシュカは人民の記憶に生き続けたが、ヘルチツキーやコメニウスはそうではなかった。(Nejedlý 1954, 53-54)

ネイェドリーは「革命的か否か」という観点からチェコ史の群像を評価し、暴力的な手段を批判したヘルチツキーやコメニウスには革命的な性格が稀薄だと考えた。これ以降、チェコスロヴァキアでは、コメニウスの革命的・進歩的な性格の論証に取り組む研究が多く現れた。『教授学著作全集』出版から三〇〇年にあたり、旧ソ連が最初の人工衛星スプートニクを打ち上げた一九五七年には、チェコスロヴァキア科学アカデミーに「J・A・コメニウス教育学研究所」が開設される。その前年には、インドのニューデリーで行われたユネスコの会議で、一九五七年を「コメニウス年」とすることが決定されていた。英語とフランス語で出版された記念論集『コメニウスの教育論』の巻頭論文は、当時ユネスコの国際教育局長を務めていた心理学者ジャン・ピアジェ（一八九六―一九八〇年）が執筆している。そうして『教授学著作全集』が復刻出版されたほか、コメニウス研究誌も二〇年近い休刊を経て再開され、プラハの国際会議はチェコスロヴァキア科学アカデミーとユネスコの共催で二一ヵ国からの参加者を得て開催された。その後、一九六六年には『総合的熟議』全体が初めて出版され、一九六九年からは六〇冊に及ぶ『コメニウス著作集』の出版が開始される。このように国家的支援のもとでテクストの編纂が進められたことで、コメニウス研究は大きく進展した。

啓蒙主義的な近代化が進められたチェコスロヴァキアでは、近代化を完成させる思想として、戦前から共産主義に対する一定の期待があった。言論統制が厳しい共産主義政権下で、検閲をくぐり抜けるために手堅い実証主義的な研究が生み出されたとは言える。しかし、他方で、共産主義イデオロギーを下敷きにして結論を先取りする研究が現れたことも否定できない。共産主義下のチェコスロヴァキアではマサリクの著作は禁制に近い扱いを受けていたが、チェコ地域でのコメニウス再受容にとってドイツ文化が果たした役割を強調するマサリクの解釈も再検討されるようになった。チェプコヴァーは、対抗宗教改革が厳しくなかったスロヴァキアではコメニウスの著作が読み継がれ、一八世紀にはチェコ地域に劣らず啓蒙主義が興隆してコメニウスにも注目が注がれた、という事実を強調する。彼女の解釈にはマサリクの記述を修正した面もあるが、「コメニウスはチェコ人とスロヴァキア人を内面的につなぐ輪だった」（ZD, 61）と述べるとき、民族主義や東西対立、そしてチェコ人とスロヴアキア人の統合が意識されていなかったとは言えない。

共産主義下の研究を代表するのは、旧東ドイツの教育学者・政治家ローベルト・アルト（一九〇五―七八年）による『コメニウス教育学の進歩的性格』（一九五三年）である。この著作は階級、労働、科学性という観点から教育思想を分析するモデルとみなされ、一九五五年にはチェコ語訳が、五九年には日本語訳が出版されている（邦題は『コメニウスの教育学』江藤恭二訳、明治図書）。アルトは、コメニウスの実践は「封建制度にたいして闘った階級の関心と努力の中に深く根ざしていた」（アルト 一九五九、一一頁）として、兄弟教団の民主的・平等的な特性を評価する。その根拠として重視されたのが、コメニウスが当時の農奴制に起因する社会的不平等を批判した『天への手紙』である。アルトはコメニウスを労働と教育の結合という共産主義教育思想の流れのうちに位置づける。一七世紀のイギリスでは、古典派経済学の先駆者とされるペティらが手工業的訓練を行う教育施設を構想し、クエーカー教徒の教育家ジョン・ベラーズ（一六五四―一七二五年）がそれに続いた。コメニウスの盟友ハートリブとペティには交流があったが、コメニウスとペティに親近性を認めてよいかどうかは疑問が残る。しかし、アルトは一七世紀に端を発し、ロバート・オーウェン（一七七一―一八五八年）らの空想的社会主義を経て、科学的社会主義に至る歴史を展望する。

アルトが検証を試みた科学性とは、具体的には唯物論的傾向の有無である。彼は「事物は、理性や言語が適用されなくても、それ自体によって存在する」（DK 15-1, 194）というコメニウスの記述を、「人間の意識から独立に存在する物質的世界というこうした唯物論的見解が、コメニウスの全教授学の基礎である」（アルト 一九五九、八四頁）と解釈する。コメニウスが人生を来生への準備とみなしたことも、「新しい革命的なものを自己自身や社会の前に正当化してみせるための手段」（同書、五七頁）とされる。他方、アルトはコメニウスの「限界」も指摘しており、特に「コメニウスの努力は、それが意識の形成によってのみ社会状態の変化をもたらそうとしたり、あるいはさらに何れにしても意識の改造を人間活動の一切の領域との密接な触れあいや相互作用の中で捉えなかったかぎりにおいて、ユートピア的なものとしてとどまらざるをえなかった」（同書、四〇頁）という一節は、「ユートピアから科学へ」という唯物史観の発展系列の中でコメニウスが前者にとどまっていることを指摘したものである。

冷戦期のチェコスロヴァキアでアルトと同一歩調をとった研究者に、イジナ・ポペロヴァー（一九〇四―八五年）がいる。彼女は歴史と文化概念の弁証法というシェマに立ってコメニウスの社会観を解説した。この時代、コメニウスの思想は唯物史観に対する明るい期待に照らされることでアクチュアルな意味をもつと見られていた。

戦後日本の教育学の中で

一九五八年四月、コメニウスの『教授学著作全集』出版三〇〇年の記念祭が広島大学で開催された。広島大学学長を務めたペスタロッチ研究の大家である長田新《おさだあらた》（一八八七―一九六一年）による講演には、激しい言葉が刻まれている。

今日のわが国の教育学者や教育者が中立性という自衛旗を立てて、時の政権にみずから触れず、人にも触れさせまいとする企図によって、実はひそかに時の政権に媚び諂《へつ》らい、そうすることによってわが身を護り、わが身の立身出世の資にしようとたくらむ現代の日本に動めく無数の醜類にとって、コメニウスは全く一人の救世主といっていい。（長田（編）一九五九、一五九―一六〇頁）

長田は戦前は精神科学的立場から教育学研究を進めていたが、この時期には「われわれは教育学の発展を単に個々の偉大な思想家の仕事とし、従って彼等の知性や観念から説明してはならない」、「何よりもまず社会史・経済史の全過程と密接不離の関係にあるものとして教育を把握しなくてはならない」（同書、一二―一三頁）という主張のもと、唯物論的な方法論に強い期待を示していた。それとともに、彼は「コメニウスを今日の世界に生かすこと、それがコメニウス研究の目的であるということを忘れてはならない」（同書、二〇頁）として、思想の実践的意味を重視した。そこには、自らも被爆し、被爆した児童の作文集『原爆の子』（一九五一年）の編纂に携わった使命感と危機感が反映されている。

当時は一九六〇年の日米安全保障条約改定をめぐる国論を二分した対立の前夜にあたり、学習指導要領の改訂によって「道徳」が特設化されるなど、いわゆる民主的知識人の目には、文教政策が「逆コース」をとりつつあるように見えていた。政治の時代の潮流の中で、警世的なメッセージを含むコメニウスのテクストは、教育学を単なる理論や観照の学問とはみなさない研究者を突き動かさずにはおかなかった。この時代には、出版文化が隆盛を迎え、教員養成が大学の教育課程に位置づけられた結果、教育思想テクストが専門家を越えて広く読まれるようになる。講談社の『世界教育史大系』全四〇巻（一九七四―七八年）や明治図書の『世界教育学選集』全一〇〇巻（一九六〇―八三年）などは、この時期にしか実現できなかった企画だろう。戦後の代表的なコメニウス研究者である鈴木秀勇《ひでお》（のちに琇雄と改名）（一九二二―二〇一一年）がラテン語原典から邦訳した『大教授学』全二巻（一九六二年）も『世界教育学選集』に収められて版を重ねたものである。

この時期、教育政策について発言した教育学者は、教育を政治的支配から独立させ、教師が教育の内容や方法を選ぶ権利を最大化するとともに、国民が等しく教育を受ける権利を国家が保障することを求めた。そうした実践的な関心をもつ論者にとって、コメニウスの主張は教育権の確立を訴える際の歴史的根拠の一つとみなされた。戦後教育学を代表する堀尾輝久《てるひさ》（一九三三年生）の『現代教育の思想と構造――国民の教育権と教育の自由の確立のために』（一九七一年）は教科書裁判に理論的基礎を与えた著作として広く読まれたものだが、そこには次のような記述がある。

「すべてのものにすべてのことを教えねばならない」という普遍的理念をかかげたコメニウスの願いは、近代をつらぬく思想であった。そしてこの願いを各家庭にゆだねて安心するには、近代の現実、資本主義の展開のもたらす現実は、あまりにきびしい。家庭が正常適切な教育を十分おこないえないばあいには、教育の機能は、そのための機関に委託されなくてはならない。こうして学校はまず、家庭の延長、ないし、家庭の機能を委託された機関として成立する。（堀尾　一九七一、一一〇頁）

また、戦前からコメニウス研究を進めていた梅根は「民衆の解放のための民衆の組織的な知的啓蒙」（梅根 一九五六、一四九頁）に取り組んだ人物としてコメニウスを扱っている。梅根もまた他の論者と同様に「あらゆる者に、あらゆることを」の原則を「日本の〝小学校令〟が多年その第一条にかかげてきた〝生活に必須なる普通（共通普遍といってもいい）の知識、技能を授ける〟という普通教育の理念の、史上最初の宣言であると言っていい」（梅根 一九六八、二三一頁）と評した。他方で「カリキュラムと学習指導法論は近代的学校の組織論として古典的である」（同書、二四三頁）として戦前より後退した見方をとっている。

一九六〇年代の日本では、アルト的なコメニウス解釈の補強とさらなる徹底が試みられた。『大教授学』の訳者である鈴木は一九六三年にプラハに研究滞在し、先述のポペロヴァーと激しい議論を行っている。若き日のコメニウスにおける階級制度の矛盾に対する見解は当時の神学的な枠にとどまっていたと考えるポペロヴァーを批判する鈴木は、「〈科学性〉があれ《ママ》こそ、コメニウスは、例えば技術メカニズムの生産力に驚倒されて、国民的学校教育を〔…〕組織することを志向しえたのであり、また自然物と諸工作技術とへの精密な観察と分析とから彼固有の『自然』概念を創造しえたのである」（鈴木 一九六六、一八三―一八四頁）として、コメニウスの科学的態度は青年期から一貫していたと主張した。

現在から見ると、この時代の日本の教育思想研究がコメニウスの思想を必要以上に近代化してしまった面がないとは言えない。鈴木による『大教授学』の邦訳は原典に基づく権威あるものとされ、訳文には原語が多く挿入されているものの、コメニウスが使い分けた教育に関する多様な概念はかなり大胆に「教育」という訳語に集約されている（太田 二〇一五、八五―九一頁）。また、"officina"という語には、例えば「学校は人間性をつくる製作場である」（鈴木秀勇訳『大教授学』(1)一〇四頁）というように「製作場」という訳語があてられた。当時のチェコ地域は「工場制成立直前の段階」（鈴木 一九六五、二二八頁）にあったとも言われているが、せいぜい「工房」と訳すくらいが適切だったと思われる。

世界を教育の相のもとに

コメニウスの思想の近代的な解釈が試みられた冷戦時代に、その潮流から常に批判的な距離をとり続けた人物がいた。チェコ二〇世紀を代表する哲学者ヤン・パトチカである。彼は現象学の大家エトムント・フッサール（一八五九―一九三八年）の高弟として、『ヨーロッパ諸学の危機と超越論的現象学』全二部（一九三六年）の元となるプラハ講演に取り組んだ。しかし、そのアカデミックな経歴は不遇で、ナチス・ドイツの侵攻によってプラハ大学の職を失い、戦後は復職したものの、共産主義政権に与《くみ》しなかったために再び解職される。その後、科学アカデミー傘下の研究所に勤め、コメニウスの『教授学著作全集』出版三〇〇年を迎えた時には教育学研究所に所属していたこともあり、コメニウス研究で多くの業績を残した。

われわれのJ・A・コメニウスは、体系的な教授と教育に関する学説の創設者として、〔…〕

教授や教育の主要な概念に関する支柱や方向づけをもたらしたのである。

その際に非常に興味深いのは、近代的な教育学の体系的な基礎に、この時代の合理主義による偉大な革新と関係するところが何もないということばかりではない。〔…〕興味深いのは、近代的な教育学の体系的基礎が、合理主義による革新の対極にあるということである。この奇妙な事実は、あるいはコメニウスの思想を研究する多くの歴史家が、その学説のうちに近代的な自然法則などではなくとも、少なくとも教育の自然法則のようなものをとらえるというような仕方で、その学説を近代化することに力を注ぐことにつながっている。あるいは他方、そのほかの歴史家がまた、コメニウスの教育学が基礎をおく方法には事物における基礎を欠いた空虚なアナロジー化しかなく、ゆえに当然のことながら真に合理的な性格など持ちようがないと見なすことにつながっている。私の信ずるところでは、これら二つの見解は基本的に非歴史的であり、コメニウスが立てた本来の問題を見過ごしている。(パトチカ 二〇一四、六〇頁)

研究対象の安易な礼賛や近代化を戒《いまし》める言葉は、チェコ地域がナチス・ドイツの保護領となった当時に著された論文にすでに見られる。パトチカは「コメニウスの姿は一義的ではなく、一本調子の聖人伝を手本にして彼を描くことはできない」(同書、三八頁)と記している。ニーチェが言う「骨董的歴史」と「記念碑的歴史」をともに批判するパトチカは「批判的歴史」を目指したと言えるだろう。

パトチカは「コメニウスと一七世紀の主要な哲学思想」(一九五六年)で、ヨーロッパ一七世紀は数学的自然科学、国家学理論、歴史的方法論とともに、コメニウスらによって教育学が誕生した思想史上のエポックだったとしている。しかし、「これらの四つの概念の関係をひとつの論理的な連なりという意味で単刀直入に示してはならない」（同書、五九頁）と言う。では、これらの概念は無関係なのかといえば、パトチカは「四つの概念のいずれもが特徴づけられるのは」、「もっとも奥にあり基礎をなす概念の相のもとに（sub specie）世界という全体を見ている」（同頁）ことだと言う。こうした理解から、コメニウスの思想の特質は次のように把握される。

われわれが「総合的熟議」のうちに見出すのは、コメニウスがもうひとつの形式で全面的な教育に取り組んだということである。彼の努力の一方〔である汎知学研究〕は、宇宙全体を教育の相のもとに（sub specie educationis）解釈し、教育によって人間の生全体を合理化し照らし計画化するということである。（同書、七二頁）

コメニウスは世界を「教育の相」のもとに解釈した哲学者だった、という解釈は、ピアジェを通して国際的に発信された。『教授学著作全集』出版三〇〇年を記念するユネスコの論文集に収められたピアジェの論文「ヤン・アモス・コメニウスの現在的意義」には、「全体としての社会はコメニウスによって sub specie educationis〔教育の相のもとに〕把握されている」（ピアジェ 一九六三、一二四頁）という記述がある。ピアジェは一九五七年五月にはプラハを訪れてコメニウス研究者とも会談している。該博な哲学的知識の持ち主だったピアジェは、パトチカのコメニウス解釈を受け入れ、さらに発生的認識論者としての視点からユニークな論を展開した（ピアジェのコメニウス論は、右で見た明治図書の『世界教育学選集』に収められている)。しかし、その元となったパトチカのコメニウス解釈は、教育学の基本的な問題に触れるものだったにもかかわらず、冷戦期の日本の学界では十分に受容されなかった。

4 再考され続けるコメニウス

ポストモダンとコメニウス批判

一九世紀後半以降、コメニウスはまず教育方法の改革者として注目され、二〇世紀後半には「教育機会の均等」という理念の先駆者とされた。梅根は、教育印刷術について「今日ではこのようなマスプロ教育の弊害を痛感してその改革を要請している」が、コメニウスの時代には「集団的教授技術を創案して量産的・組織的な教育への可能性を開くことが時代の歴史的課題であった」と位置づけている(梅根 一九五六、一四九頁)。ところが、一九六〇年代末以降、学校教育制度の普及がむしろ子供たちから学びを奪うのではないかという疑問が提起され、近代社会が前提としてきた教育のありようが問い直されるようになる。その中で特に注目されたのが、フーコーの『監視と処罰』(邦題『監獄の誕生』)(一九七五年)である。そこでは一望監視体制と直観的な類似性が認められる一斉教授法を説いたコメニウスの思想は、「加工に向けて自らを自発的に整序する『従属する主体』を形成」しようとする近代学校の端緒とされた(田中 一九九九、一八七頁)。

「人間の制作場」である「学校／工場」では、無際限の教育可能性をもつ大量の子どもたちが、マニュアルに従う少数の教師によって、効率的に教授される。子どもたちは従順な素材であり、カリキュラムの順序にしたがってベルトコンベアの上を移動し、一律に加工される。コメニウスは、生徒も教師もまるでモノのように操作的に扱う。技術主義的・物象化的である。この根本特性は、個々の教育状況の独自性・固有性を無視する「普遍的技法」という彼の言葉や、大量生産の威力を見せつけた当時の最先端技術（印刷術）を比喩的に用いる「教育印刷術」という彼のグロテスクな造語などにも、端的に示されている。（同頁）

しかし、『大教授学』の一節に依拠してコメニウスの思想を位置づけるのが妥当でないことは、本書での考察から明らかである。第二章で見たように、彼の青年期の宗教的思索には、人間存在の開放性や他者性に取り組んだ二〇世紀哲学の問題関心との共鳴が見て取れる。また、第四章で論じたように、コメニウスは教育印刷術を再考し、知識の刻印ではなく自由意志の善用を可能にする思慮深さを身につけさせるのが「生ける印刷術」だと考えた。『大教授学』は学校教育制度の確立が国民国家形成の本質的な課題とみなされた時代において、普遍的で効率的な教育を構想したテクストとして注目され、欧米各国や日本で翻訳されて普及し、コメニウスの教育思想はもっぱら『大教授学』に基づいて捉えられるようになった。一七世紀のコメニウスがまるで二〇世紀のフォード・システムで学校教育を構想したかのように受け取られたという事実もまた、教育的・啓蒙的テクストの印刷力を物語るものだ。ドイツの哲学者クリストフ・ヴルフ（一九四四年生）は、「あらゆる者に、あらゆることを、あらゆる側面から」というコメニウスの構想を「失望を招くほかない教育者の全能幻想」（ヴルフ 二〇一五、一六頁）としているが、この解釈にしても主に『大教授学』に依拠して導かれている。

特定の解釈のカノン化を批判することで多様な解釈を生じさせたことは、ポストモダニズムの成果だろう。しかし、価値相対主義は規範の喪失と背中合わせでもあり、そこには厳密な考証を欠いた解釈が独り歩きする余地がある。コメニウス的に言えば、言語と言語、言語と事柄の照らし合いなくして、言語は洗練されないのである。

開けた魂

一九六七年九月、モラヴァの古都オロモウツで『総合的熟議』の出版を記念する国際会議が開催された。しかし、パトチカはその慶祝的な気分に水を差すような講演を行う。

> コメニウス的な世界は、われわれの世界にあって、依然として周縁的な世界であり、世界の限界であり、子供っぽく純真なメルヘンであり、われわれの冷めた世界の黄金時代であり、同時に彼が約束し、彼が望んだ世界なのである。（AC 25, 74）

パンソフィアを「メルヘン」とする発言は聴衆の反発を招いた。研究者のあいだでは、パトチカはコメニウスへの関心を失ってしまったのではないか、という見方さえ出た。しかし、そこには当時のコメニウス研究を批判するとともに、自らの解釈をも相対化しようとするパトチカの意図があったに違いない。同じ時期に彼は人文科学書としては異例の反響を呼んだフーコーの『言葉と物』の書評を執筆している。第二章で論じたように、一七世紀後半に「類比」による認識から「秩序」に基づく認識への転換が起こったというフーコーの解釈に従えば、パンソフィアは「歴史的には時代遅れで、もはや今日には妥当しない前提を基礎にして築かれた一つの異なる学問」(AC 25, 70) とみなされる。コメニウスを認識論的に過去のものとしてしまう解釈の登場を真摯に受けとめるなら、コメニウスをいかに理解できるかは新たな問題になる。一九六八年の「プラハの春」の訪れとともに、パトチカは三たびプラハ大学に復帰した。しかし、「プラハの春」はわずかな期間で挫折し、言論の自由を極度に制限する正常化政策が強化される中で、コメニウス没後三〇〇年にあたる一九七〇年がめぐってきた。パトチカがこの年に著した論文「コメニウスと開けた魂」には次のような一節がある。

コメニウスの著作は今日われわれに何を語りかけてくるのだろうか。技術の時代、また、技術と結びつき技術によって支配された科学の時代が、その根本的概念に基づいた成功をますます目の当たりにしているにもかかわらず、閉じた魂だけに支配されていては、ポスト・ヨーロッパ時代が突きつけてくるさまざまな要求に応えるにはもはや十分ではないという徴候が増大している。〔…〕――それゆえ新しい精神性がぜひとも必要である。〈精神的な〉回心が必要であり、夜明けを迎えようとしている日が問題をかかえていれば、その積極的な解決が試みられねばならない。科学と技術だけでそれをなし遂げることはできない。(パトチカ 二〇一四、一四四―一四六頁)

ここで言われる「閉じた魂」とは、理性を事象の上位に置き、世界を自身が自己展開したものとみなす、それ自体で完結した魂のことである。この論文は「閉鎖性の時代の始まりに生まれたコメニウスは、この時代を生き抜き、この時代の終焉において新たに姿を現している」(同書、一四八頁)という言葉で結ばれている。パトチカは一七世紀後半をエピステーメーの第一の転換期とするフーコーの歴史的展望に対して、それは「閉鎖性の時代の始まり」だったと主張する。「閉鎖性」はフーコーの用語に対応させるなら「人間学主義」である。『言葉と物』の眼目が人間学主義の終焉を宣言することにあったのを思えば、パトチカとフーコーはそれほど隔たってはいない。

しかし、パトチカはフーコーと平行した歴史的展望をとりながら、コメニウスの思想の意義を再検討しようとする。「コメニウスの根本的な目論見は繰り返し人間学的に読まれてきた」が、そのような解釈が可能であるにもかかわらず、コメニウスの教育論がもつ「普遍的性格は、単なる人間中心主義からはまったく基礎づけられ」ておらず、「コメニウスが企図したことは全体として神中心的なものを目標として」いる(同書、一四三、一四四頁)。この記述は一見するとコメニウスを前近代に遠ざけるだけのように思われるかもしれない。だが、ここにはもっぱら人間学主義的に読まれてきたコメニウスをそうした読みから隔てようとする積極的な意図がある。魂の外部を予感させる超越的なものが想定されるとき、自己完結した魂という観念は揺るがされ、魂が開ける端緒が生じるのである。

パトチカがオロモウツ講演の終わりで「メルヘン」を「人間についての解釈や、人間が望み、そこに向かって努力する人間の目標の解釈、あるいは人間がそうした目標に着手する際の批判を解釈する上でかけがえのないものだ」(AC 25, 74) と述べたのは、聴衆に対するリップサービスではなく、コメニウスへの新たなアプローチを示唆するものだった。パトチカはコメニウス解釈に基づいて、教育の本質的な問題は魂の転回にあると考え、「コメニウスと開けた魂」の末尾で「転回の教育学」の可能性を示唆している（パトチカ 二〇一四、一四七頁）。この観点からすると、学校が単に職業生活への準備の場として拡張されている現状は、コメニウスが示そうとした意図とは正反対だと言わざるをえない。パトチカは「コメニウスの根本思想を甦らせようとするならば、おそらくはまず〈脱学校化〉(Entschulung) から始めなければならないだろう」と記している（同書、二四三頁）。

正常化政策が強化される中、一九七二年に三たび大学を追われて講義や出版を禁じられたパトチカは、「地下大学」と称される私的な学習会を学者や学生とともに続けた。彼は開けた魂の概念や歴史的展望についての考察を深め、それは『歴史哲学についての異端的論考』（地下出版、一九七五年）に結実した。そこで展開された「贈与」、「犠牲」、「回心」といったテーマは、フランスのポストモダニズムの代表的哲学者ジャック・デリダ（一九三〇―二〇〇四年）にも影響を与えている。この時期にプラハに滞在した教育学者の堀内守（一九三二―二〇一三年）は、帰国後、コメニウスの実存主義的な解釈の可能性に論及しているが（堀内 一九八一、四四頁）、これはパトチカのコメニウス解釈に影響を受けたものと思われる。しかし、堀内が研究関心をコメニウス以外に広げていったこともあり、それ以上の解釈の展開は見られず、日本の学界で議論が深まることもなかった。

一九七七年、当時のチェコスロヴァキア政府も批准していた人権擁護に関するヘルシンキ宣言の条項遵守を求める「憲章77」の運動が始まる。政治的な活動とは無縁だったパトチカがこの運動のスポークスマンになったことは、大きな驚きをもって受けとめられた。そして、彼が国家保安庁（STB）から長時間の尋問を受ける中で他界したことは、あまりにも重い「死の贈与」の実践だったと言える。チェコにおけるパトチカ再評価が始まったのは、彼とともに「憲章77」に携わった劇作家のヴァーツラフ・ハヴェル（一九三六―二〇一一年）らによって体制転換が実現したあとのことである。

コメニウスは危機の世紀とみなされる一七世紀の闇のうちに光を見出した。一九六八年の「プラハの春」のあとの正常化の時代に秘密裏になされたパトチカの講義は、状況に応じていくつもの顔を使い分けなければ生きられなかった人々にとって、闇からの光だったに違いない。両者は、一見すると光として映る事実上の公共性のうちに闇を見出すと同時に、闇や暗がりに見える事柄のうちに光を見出そうとした。人間が自ら魂を向き変える可能性をめぐるコメニウスの考察は、実に三世紀の時を経て、彼の祖国に新たな装いで現れたのである。

「生ける印刷術」を生きること

コメニウスは「書物や本は地上の物質において灯《とも》された光に対応しており、かなりの時間持続して、あちこちに運ばれうる」（DK 14, 330）と記した。思想はテクストとして書かれることで時間や空間の隔たりを超えて伝達される。書物とは知の光、というのは、なるほど言いえて妙だ。しかし、時間を経る中で知の光は反射、散乱、屈折、隠蔽を繰り返し、私たちを戸惑わせる。そこに目を凝らし、何らかの認識に至っても、それが真理である保証はない。その認識をそのまま表現できる能力が私たちにあるのかどうかも疑わしい。しかし、別様の何かが書かれることで、眺望の固定や特定の言説のカノン化に歯止めをかけることはできるだろう。

『地上の迷宮』の旅人が世界への旅に出かける際、意地の悪い案内人にかけられた惑わしの眼鏡は、少しずれてかけられていた。レンズを通して得られる情報と、間隙から見えてくる景色との差異は、旅人を迷わせるものだっただろう。にもかかわらず、その差異は旅の中で迫られる判断が思慮深くなされるためには不可欠だったに違いない。むしろ、その差異こそが旅を可能にしたとさえ言えるかもしれない。そうだとすれば、複数の視点がもたらされ、それらを照らし合わせることは、私たちの思索と、それに基づいた発言と行動を、より思慮深いものにする助けになるはずだ。

私たちは、知の光が織りなされる「生ける印刷術」の過程を生きている。世界から贈られた光を返す私たちの営みがどれ一つとして同じでないのは、コメニウスに従えば、私たちに自由への意志も贈られているからである。私たちはただ受動的に光を返しているわけではない。コメニウスをめぐる言説の歴史は、人間が否応なくユニークな光の現れであることを物語っている。

文献一覧

略号で注を示した文献（主にコメニウスのテクスト）

AC: *Acta Comeniana*, Praha: Academia.（『アクタ・コメニアナ』） ＊一九一〇年創刊のチェコのコメニウス研究誌。誌名に変遷があるが、創刊以来の通巻番号で示した。

CC: *De rerum humanarum emendatione consultatio catholica*, Tomus I-II, Praha: Academia, 1966.（『人間的事柄の改善に関する総合的熟議』全二巻）

DK: *Dílo Jana Amose Komenského*, Praha: Academia, 1969-.（『コメニウス著作集』）

HP: *The Hartlib Papers*.（『ハートリブ文書』）

KJ: *Kšaft umírající matky Jednoty bratrské*（1650）, Praha: Karel Papik, 1928.（『死に逝く母なる兄弟教団の遺言』）

KK: *Korrespondence Jana Amose Komenského*, vyd. Jan Kvačala, díl 1, Praha: České akademie císaře Františka Josefa pro vědy, slovenost a umění, 1897-98; díl 2, 1902.（ヤン・クヴァチャラ編『コメニウス書簡集』全二巻）

LE: *Lux e Tenebris*, *novis radiis aucta*, Amsterdam, 1665.（『闇からの光』）

LI: *Lux in Tenebris*, Amsterdam, 1657.（『闇の中の光』）

OD: *J. A. Comenii Opera Didactica Omnia*, Tomus I-IV, Amsterdam, 1657-58.（『教授学著作全集』全四巻）

OP: *Orbis sensualium pictus*, Nürnberg, 1958.（『世界図絵』）

PK: *Jana Amosa Komenského Korrespondence, Sebral a k tisku připravil Adolf Patera*, Praha: České akademie císaře Františka Josefa pro vědy, slovenost a umění, 1892.（アドルフ・パテラ編『コメニウス書簡集』）

SM: *Spisy T. G. Masaryka*, Praha : Vydal Masarykův ústav AV ČR, 1993-.（『マサリク著作集』）

ZD: Marta Bečková, Dagmar Čapková, Tadeusz Bieńkowski, *Znaomość dziećł Jana Amosa Komeńskiego na ziemiach czeskich, słowackich i polskich od połowy XVII w. do czasów obecnych*, Warszwa: Polska Akademia Nauk, Instytut Historii Nauki, Oświaty i Techniki, 1991.（『一七世紀後半から現在に至るチェコ、スロヴァキアおよびポーランドにおけるコメニウスに関する文献』）

欧語文献

Atwood, Craig D. 2009, *The Theology of the Czech Brethren from Hus to Comenius*, Pennsylvania: Pennsylvania State University Press.

Butler, Nicholas Murray 1893, *The Place of Comenius in the History of Education*, in *Journal of Proceedings and Addresses*, New York: National Education Association of the United States.

Herder, Johann Gottfried 1991, *Briefe zu Beförderung der Humanität*, in *Johann Gottfried Herder Werke*, Bd. 7, Frankfurt am Main: Deutscher Klassiker Verlag.

Nejedlý, Zdeněk 1954, *Komunisté, dědici velikých tradic českého národa*, Praha: Práce.

Raumer, Karl von 1842-51, *Geschichte der Pädagogik: vom Wiederaufblühen klassischer Studien bis auf unsere Zeit*, 3. Bde., Stuttgart: S. G. Liesching.

邦訳文献

アイゼンステイン、エリザベス 一九八七『印刷革命』別宮貞徳監訳、みすず書房。

アリエス、フィリップ 一九八〇『〈子供〉の誕生――アンシァン・レジーム期の子供と家族生活』杉山光信・杉山恵美子訳、みすず書房。

アリストテレス 一九六八『自然学』出隆・岩崎允胤訳、『アリストテレス全集』第三巻、岩波書店。

アルト、ローベルト 一九五九『コメニウスの教育学』江藤恭二訳、明治図書。

アルパース、スヴェトラーナ 一九九五『描写の芸術――一七世紀のオランダ絵画』（第二版）、幸福輝訳、ありな書房。

イエイツ、フランセス・A 一九八六『薔薇十字の覚醒――隠されたヨーロッパ精神史』山下知夫訳、工作舎。

ウェーバー、マックス 一九八八「『世界宗教の経済倫理』序説」林武訳、『宗教・社会論集』（新装版）、河出書房新社。

ヴルフ、クリストフ 二〇一五『教育人間学へのいざない』今井康雄・高松みどり訳、東京大学出版会。

エーコ、ウンベルト 二〇一一『完全言語の探求』上村忠男・廣石正和訳、平凡社（平凡社ライブラリー）。

コンペール（コンペレ）、ガーブライエル（ガブリエル）一八九二『教育史』（全二冊）、松島剛・橋本武訳、普及舎。

サイード、エドワード・W 一九九八『知識人とは何か』大橋洋一訳、平凡社（平凡社ライブラリー）。

チャペック、カレル 一九九三『マサリクとの対話――哲人大統領の生涯と思想』石川達夫訳、成文社。

ティリッヒ、パウル 一九七九「カイロスとロゴス」大木英夫・清水正訳、『ティリッヒ著作集』第三巻、白水社。

ディルタイ、ヴィルヘルム 二〇〇三―〇六『精神科学序説』牧野英二・塚本正明編集校閲、『ディルタイ全集』第一―二巻、法政大学出版局。

デカルト、ルネ 二〇一二『デカルト全書簡集』第一巻、山田弘明・吉田健太郎・クレール・フォヴェルグ・小沢明也・久保田進一・稲垣惠一・曽我千亜紀・岩佐宣明・長谷川暁人訳、知泉書館。

――二〇一五『デカルト全書簡集』第三巻、武田裕紀・香川知晶・安西なつめ・小沢明也・曽我千亜紀・野々村梓・東慎一郎・三浦伸夫・山上浩嗣・クレール・フォヴェルグ訳、知泉書館。

ニーチェ、フリードリヒ・ヴィルヘルム 一九八〇「道徳以外の意味における真理と虚偽について」西尾幹二訳、『ニーチェ全集』第一期第二巻、白水社。

パトチカ、ヤン 二〇一四『ヤン・パトチカのコメニウス研究――世界を教育の相のもとに』相馬伸一編訳、宮坂和男・矢田部順二訳、九州大学出版会。

ハーバーマス、ユルゲン 一九九四『公共性の構造転換――市民社会の一カテゴリーについての探究』（第二版）、細谷貞雄・山田正行訳、未來社。

ピアジェ、ジャン 一九六三「ヤン・アモス・コメニウスの現在的意義」竹内良知訳、『ワロン・ピアジェ教育論』明治図書出版（世界教育学選集）。

ヒロビブリアス（ライナス・P・ブロケット）一八八一『教育史』下、西村茂樹訳、小笠原書房。

フーコー、ミシェル 一九七四『言葉と物――人文科学の考古学』渡辺一民・佐々木明訳、新潮社。

プラトン 一九七六『法律』森進一・池田美恵・加来彰俊訳、『プラトン全集』第一三巻、岩波書店。

――一九七九『国家』下、藤沢令夫訳、岩波書店（岩波文庫）。

ベーコン、フランシス 一九六六『ニュー・アトランチス』中橋一夫訳、『ベーコン』、河出書房新社（世界の大思想）。

――一九七八『ノヴム・オルガヌム（新機関）』桂寿一訳、岩波書店（岩波文庫）。

ベール、ピエール 一九八二『歴史批評辞典』I、野沢協訳、『ピエール・ベール著作集』第三巻、法政大学出版局。

ベンヤミン、ヴァルター 一九九四『暴力批判論』、『暴力批判論 他十篇』野村修編訳、岩波書店（岩波文庫）。

ホッケ、グスタフ・ルネ 二〇一〇『迷宮としての世界——マニエリスム美術』上、種村季弘・矢川澄子訳、岩波書店（岩波文庫）。

モンロー、ポール 一九一〇『世界教育史要』石田新太郎・菅野尋訳、大日本文明協会。

ライプニッツ、ゴットフリート・ヴィルヘルム 一九八九『モナドロジー』西谷裕作訳、『ライプニッツ著作集』第九巻、工作舎。

リンドネル、グスタフ・アドルフ 一八九三『倫氏教育学』湯原元一訳補、金港堂書籍株式会社。

—— 一八九六『倫氏教授学』湯原元一訳補、金港堂書籍株式会社。

ロヨラ、イグナチオ・デ 一九九五『霊操』門脇佳吉訳、岩波書店（岩波文庫）。

日本語文献

伊藤博明 二〇〇七「パトリッツィ」、伊藤博明責任編集『哲学の歴史』第四巻、中央公論新社。
井ノ口淳三 一九九八『コメニウス教育学の研究』ミネルヴァ書房。
—— 二〇〇六「『地上の迷宮と魂の楽園』における挿絵の意義」、平成一五年度〜平成一七年度科学研究費補助金（基盤研究（B-1））研究成果報告書『初期コメニウス思想の総合的研究——迷宮からの脱出』。
—— 二〇一六『コメニウス『世界図絵』の異版本』追手門学院大学出版会。
梅根悟 一九五六『コメニウス』牧書店（西洋教育史）。

——一九六八『西洋教育思想史』第一巻、誠文堂新光社。
榎本恵美子 二〇〇七「カルダーノ」、伊藤博明責任編集『哲学の歴史』第四巻、中央公論新社。
大瀬甚太郎 一九〇六『欧洲教育史』成美堂書店。
太田光一 二〇一五「エデュカチオ再考——コメニウスを中心に」、『日本の教育史学』第五八集、教育史学会。
長田新（編）一九五九『国際理解の教育——コメニウス三百年記念祭を迎えて』育英書店。
佐佐木秀一（梅根悟）一九三九『コメニウス』岩波書店（大教育家文庫）。
篠原助市 一九四九『理論的教育学』（改訂）、協同出版。
鈴木秀勇 一九六五「ヤン・フスおよびヤン・アモス・コメンスキー研究の問題点——チェコスロヴァキアにおける研究情況をめぐって」一、『一橋論叢』第五四巻第三号（一九六五年九月）。
——一九六六「ヤン・フスおよびヤン・アモス・コメンスキー研究の問題点——チェコスロヴァキアにおける研究情況をめぐって」二、『一橋大学研究年報 社会学研究』第八号（一九六六年三月）。
互盛央 二〇一四『言語起源論の系譜』講談社。
高山宏 一九九五「解説 コメニウス・リヴァイズド」、J・A・コメニウス『世界図絵』井ノ口淳三訳、平凡社（平凡社ライブラリー）。
田中毎実 一九九九「教育関係の歴史的生成と再構成」、原聰介・宮寺晃夫・森田尚人・今井康雄編『近代教育思想を読みなおす』新曜社。
玉木俊明 二〇〇九『近代ヨーロッパの誕生——オランダからイギリスへ』講談社（講談社選書メチエ）。
長尾十三二 一九七八『西洋教育史』（第二版）、東京大学出版会。
深沢克己 二〇一〇「フリーメイソンの社交空間と秘教思想——一八世紀末マルセイユ「三重団結」会所の事例から」、深沢克己・桜井万里子編『友愛と秘密のヨーロッパ社会文化史——古代秘儀宗教からフリーメイソン団まで』東京大学出版会。
堀内守　一九八一「コメニウス『大教授学』とその時代」、三枝孝弘編『学校と教育方法――どう教えるか』講談社（人間の教育を考える）。
堀尾輝久　一九七一『現代教育の思想と構造――国民の教育権と教育の自由の確立のために』岩波書店。
和辻哲郎　一九七九『風土――人間学的考察』岩波書店（岩波文庫）。

あとがき

私がコメニウスに取り組もうと心に決めてから、振り返れば四半世紀になる。二〇一四年夏にチェコ二〇世紀を代表する哲学者ヤン・パトチカの主要なコメニウス論の邦訳を出版したのち、チェコ共和国科学アカデミー哲学研究所で研究に従事する機会を得た。コメニウスの祖国で研究できる喜びがあった半面、それは知の迷宮を彷徨するような思いを抱く日々でもあった。しかし、肯定的であるにせよ、否定的であるにせよ、コメニウスの一般的なイメージと私のあいだにある差異の感覚は胸にしまっておけないレベルにまで高まっていった。

講談社の互盛央氏から本書執筆のオファーをいただいたのは、そんなプラハ滞在の一年が終わろうとする二〇一五年の夏の暑い日のことだった。コメニウスの一面をなでるようなことしかしてこなかった私にとっては光栄とはいえ大変なチャレンジで、帰国後は以前にもまして寝ても覚めてもコメニウスという日々になった。年が明けてスタートした勤務先の新学科の開設記念行事では、熱心さが昂じてコメニウスに変装して登壇してしまったほどである。そうして、その年の夏、モラヴァの古都オロモウツに滞在することができ、そこで全体の集約にこぎつけた。

本書は次に掲げるこの一五年ほどのあいだに著した論考を基にしているが、全面的に検討を加えた書き下ろしである。

『教育思想とデカルト哲学――ハートリブ・サークル　知の連関』ミネルヴァ書房（広島修道大学学術選書）、二〇〇一年。

「汎知学への期待と懸念――ハートリブの『日誌』における汎知学への言及をとおして」、平成一一年度～平成一三年度科学研究費補助金（基盤研究（C）（1））研究成果報告書『コメニウスのパンソフィアの総合的研究』二〇〇二年。

「一七世紀の教育思想――その再解釈のためのいくつかのアプローチ」、『近代教育フォーラム』第一二号、教育思想史学会、二〇〇三年。

「コメニウスの初期思想と教育――『地上の迷宮と心の楽園』再考」、平成一五年度～平成一七年度科学研究費補助金（基盤研究（B－1））研究成果報告書『初期コメニウス思想の総合的研究――迷宮からの脱出』二〇〇六年。

「デカルト書簡の新発見をめぐって――コメニウス研究へのインパクトを考える」、『日本のコメニウス』第一六号、日本コメニウス研究会、二〇〇六年。

「コメニウスにおける事物と方法の多面性」、『近代教育フォーラム』第一五号、二〇〇六年。

「パトチカとコメニウス――デカルト的自我論との距離」、『思想』第一〇〇四号、岩波書店、二〇〇七年。

「コメニウスにおける新プラトン主義的諸相」、『新プラトン主義研究』第八号、新プラトン主義協会、二〇〇八年。

"The Acceptance of Modern Education in Japan and J. A. Comenius", in *The Legacy of J. A. Comenius to the Culture of Education*, Prague: Academia, 2009.

「コメニウス教育思想の再読可能性」、『近代教育フォーラム』第二〇号、二〇一一年。

「教育と歴史の哲学に向けて」、『教育哲学研究』第一〇四号、教育哲学会、二〇一一年。

"Mutual Edification and Consultatio Catholica: The Public Sphere According to Komenský and His Colleagues", *Studia Comeniana et historica*, 42, č. 87-88, Uherský Brod, 2013.

「教育学の方法論の歴史的再検討のために――コメニウス研究の視点から」、『近代教育フォーラム』第二三号、二〇一四年。

「ヤン・パトチカのコメニウス批判?――オロモウツ講演（一九六七年）とその前後」、『広島修大論集』第五五巻第二号、二〇一五年。

「他なる景色に手を伸ばせ――旧市街より」、『教育哲学研究』第一一一号、二〇一五年。

「コメニウス研究史に関する試論」、『広島修大論集』第五六巻第一号、二〇一五年。

"Various Aspects of Openness and Its Possibility according to J. A. Comenius", in *Gewalt sei ferne den Dingen!: Contemporary Perspectives on the Works of John Amos Comenius*, herausgegeben von Wouter Goris, Meinert A. Meyer, Vladimír Urbánek, Wiesbaden: Springer VS, 2016.

「研究状況報告　光を教育哲学する――プラトン、コメニウスからフィンク、パトチカへ」（田端健人、武内大、井谷信彦との共著）、『教育哲学研究』第一一三号、二〇一六年。

「大学と教育と哲学――コメニウスとパトチカから考える」、『教育哲学研究』第一一三号、二〇一六年。

「コメニウスとシュタイナーの間――教育思想史のオルタナティブのための覚え書き」、『近代教育フォーラム』

第二五号、二〇一六年。

"The Possibility of Openness as a Shared Value of Contemporary Education", in: *The Search for Harmony in a World of Chaos: Jan Amos Comenius and Modern Philosophy of Education* (Proceedings of the International Scientific-Practical Conference), St. Petersburg: Peterschule, 2016.

チェコで目にするコメニウスの肖像画や銅像には悲壮な表情のものが多い。しかし、この仕事に取り組んだあとの私の印象は、確かに彼には「堅忍不抜」という言葉がぴったりだが、決して型にはまっておらず、機知に富み、明るく、かなりのロマンティストではないか、というものだ。彼が広範な事績を残せたのは、理論から実践へ、実践から応用へ展開させる、という哲学のゆえだろう。

私たちは、一日は二四時間だという物理的な見方にとらわれ、何かを優先すれば何かが蔑《ないがし》ろになると思い込みがちだ。だが、コメニウスの見方では、あらゆる物事は関連しており、何事も関連づけ次第である。そこで、このチャレンジングな仕事では意識して彼の構えを倣ってみることにした。そうすると、研究以外の出来事からも多くのヒントが得られ、また逆にこの仕事での着想を家庭や仕事に活かすことができて、生活の密度もぐっと高まったように感じられる。消耗感はまったくない。

本書が成るまでには、自身の非才とは不釣り合いなほどの数々の恩恵があった。コメニウス研究の先達である故藤田輝夫氏、井ノ口淳三氏、太田光一氏が提供してくださった研究情報や未公刊の御訳業は、本書が世に出るために不可欠だった。井ノ口、太田両氏は、第六章までの草稿に目を通していただき、貴重な助言を寄せてくださった。また、プラハの哲学研究所で初期近代思想史・コメニウス研究科長を務めるヴラディミール・ウルバーネク氏は、派遣研究受け入れの労をとってくださった上、滞在中は多くの示唆を与えてくださった。プラハを訪ねてこられた田端健人氏とは、「光」がコメニウス理解の重要なカギではないか、と語り合った。プラハ生活をともにした妻と子はすっかりコメニウス・ファンになり、この仕事の経過を見遣ってくれた。

そして、岩波書店『思想』編集部におられた際、私にパトチカのコメニウス研究に取り組む機会を与えてくださり、『エスの系譜』や『言語起源論の系譜』を物された思想史家でもある互氏は、常に明るく美しい言葉でこの仕事をリードされた。全体の集約後、各章の冒頭部分の加筆を求められ、そのリライトにほぼ二ヵ月を要したが、それは知を専門家の占有物にとどめずに流布させる、というコメニウスのとった道をわずかでも追体験できる貴重な時間だった。互氏は本書を捧げることを認めてくださるだろうか。

本書は、平成二四〜二八年度科学研究費・基盤研究（C）「コメニウス教育思想の再解釈に向けての基礎的研究」および二〇一四年度広島修道大学派遣研究の成果である。本書では概略的な記述にならざるをえなかったコメニウスの思想の伝播については、稿を改めて論ずることになるだろう。

二〇一七年一月二日

相馬伸一

刊行。ガリレイが地動説を唱えて、ローマで有罪判決を受ける。

1636年（44歳）　メルセンヌ『普遍的調和』刊行。

1637年（45歳）　ハートリブがコメニウスのパンソフィア構想を出版。『運命の建造者』執筆。デカルト『方法序説』刊行。

1638年（46歳）　『大教授学』完成。

1639年（47歳）　『パンソフィアの先駆け』刊行。カンパネッラ死去。

1641年（49歳）　イングランド訪問（～翌年）。『光の道』執筆。チャールズ1世を弾劾する「大抗告」。

1642年（50歳）　ハートリブ、デュアリ、コメニウスが「友愛の盟約状」を交わす。スウェーデンへの途上、ライデン（オランダ）郊外でデカルトと会談。ストックホルムで女王クリスティナ、宰相オクセンシャーナと会見。エルブロンク（現在のポーランド）へ（～1648年）。イギリス内戦（～1660年）。

1644年（52歳）　この頃、パンソフィア大系の執筆に着手。

1645年（53歳）　ポーランドの宗教会議に参加。

1646年（54歳）　『言語の最新の方法』刊行。

1648年（56歳）　兄弟教団の主席監督となり、レシノに戻る。妻と死別。三十年戦争が終結し、ウェストファリア講和が結ばれる。

1649年（57歳）　三度目の結婚。

1650年（58歳）　『死に逝く母なる兄弟教団の遺言』刊行。シャーロシュパタク（現在のハンガリー）へ（～1654年）。デカルト死去。

1654年（62歳）　『民族の幸福』執筆（1659年刊行）、『遊戯学校』執筆（1656年刊行）。レシノに戻る。

1655年（63歳）　スウェーデン－ポーランド戦争（～1660年）。

1656年（64歳）　レシノで戦火に遭い、アムステルダムへ。

1657年（65歳）　『教授学著作全集』（～1658年）、『闇の中の光』、『人間的事柄の改善についての総合的熟議』第1部、第2部刊行。

1658年（66歳）　『世界図絵』刊行。神学者ツヴィッカーとの論争（～1662年頃）。クロムウェル死去。

1660年（68歳）　イングランドで王政復古。トランシルヴァニアのジェルジ2世死去。

1661年（69歳）　フランスでルイ14世の親政開始。

1662年（70歳）　ロンドン王立協会が国王の公認を受ける。

1665年（73歳）　『闇からの光』刊行。手稿『エリアの叫び』を残し始める。

1667年（75歳）　ブレダ平和会議に宛てて『平和の天使』を提出。

1668年（76歳）　王立協会に『光の道』を献呈。『必須の一事』刊行。

1670年11月15日（78歳）　アムステルダムで死去。ナールデンに埋葬。

1681年　『開かれた事柄の扉』刊行。

年　譜

1592年3月28日　チェコ東部のモラヴァに誕生。

1596年（4歳）　デカルト誕生。

1602-04年（10-12歳）　父母を失う。

1605年（13歳）　身を寄せていたモラヴァのシュトラージュニツェがトランシルヴァニアとの戦火で壊滅する。ベーコン『学問の進歩』刊行。

1608年（16歳）　モラヴァのプシェロフで学校教育を受け始める。

1611年（19歳）　ヘルボルン（ドイツ）で学ぶ。

1613年（21歳）　オランダを旅行。ハイデルベルク大学で学ぶ。イギリスのジェームズ1世の王女エリザベスとファルツ選帝侯フリードリヒが結婚。

1614年（22歳）　プシェロフに戻って教師になる。『薔薇十字の名声』刊行。

1616年（24歳）　兄弟教団牧師となる。

1617年（25歳）　フェルディナントがボヘミア国王に即位。

1618年（26歳）　結婚。プラハで三十年戦争の引き金となる窓外放擲事件が起きる。

1619年（27歳）『天への手紙』刊行。フェルディナントが神聖ローマ皇帝に選任される。フリードリヒはボヘミア国王に。アンドレーエ『クリスティアノポリス』刊行。

1620年（28歳）　三十年戦争の緒戦であるビーラー・ホラの戦いでボヘミア軍が大敗。

1622年（30歳）　逃避行の渦中に妻子と死別。『孤児について』執筆（1634年刊行）。

1623年（31歳）『地上の迷宮と心の楽園』草稿執筆（1631年刊行、63年にこの表題で再刊）。

1624年（32歳）　二度目の結婚。

1625年（33歳）『平安の中心』執筆（1633年刊行）。

1626年（34歳）　ハーグに亡命したフリードリヒを見舞う。

1627年（35歳）　モラヴァの地図がオランダで発行。皇帝フェルディナントがボヘミアのプロテスタントに国外退去を求める改定領邦条例を発布。

1628年（36歳）　兄弟教団員とともにレシノ（ポーランド）へ。

1631年（39歳）『開かれた言語の扉』刊行。

1632年（40歳）　チェコ語による『教授学』執筆。スウェーデン国王グスタフ2世が戦死。

1633年（41歳）『神の光に向けて改革された自然学綱要』、『母親学校の指針』

相馬伸一（そうま・しんいち）

一九六三年、札幌生まれ。筑波大学大学院教育学研究科博士課程単位取得退学。博士（教育学）。現在、広島修道大学人文学部教授。主な著書に、『教育思想とデカルト哲学』（ミネルヴァ書房）、『教育的思考のトレーニング』（東信堂）ほか。主な訳書に、コメニウス『地上の迷宮と心の楽園』（監修、東信堂）、『ヤン・パトチカのコメニウス研究』（編訳、九州大学出版会）ほか。

ヨハネス・コメニウス
汎《はん》知《ち》学《がく》の光《ひかり》

二〇一七年四月一〇日第一刷発行

著者　相《そう》馬《ま》伸《しん》一《いち》

発行者　鈴木 哲

発行所　株式会社 講談社
東京都文京区音羽二丁目一二―二一　〒一一二―八〇〇一
電話（編集）〇三―三九四五―四九六三
（販売）〇三―五三九五―四四一五
（業務）〇三―五三九五―三六一五

装幀者　奥定泰之

本文データ制作　講談社デジタル製作

本文印刷　慶昌堂印刷株式会社

カバー・表紙　半七写真印刷工業株式会社

製本所　大口製本印刷株式会社

ISBN978-4-06-258649-8　Printed in Japan
N.D.C.133　317p　19cm

講談社選書メチエ　刊行の辞

書物からまったく離れて生きるのはむずかしいことです。百年ばかり昔、アンドレ・ジッドは自分にむかって「すべての書物を捨てるべし」と命じながら、パリからアフリカへ旅立ちました。旅の荷は軽くなかったようです。ひそかに書物をたずさえていたからでした。ジッドのように意地を張らず、書物とともに世界を旅して、いらなくなったら捨てていけばいいのではないでしょうか。

現代は、星の数ほどにも本の書き手が見あたります。読み手と書き手がこれほど近づきあっている時代はありません。きのうの読者が、一夜あければ著者となって、あらたな読者にめぐりあう。その読者のなかから、またあらたな著者が生まれるのです。この循環の過程で読書の質も変わっていきます。人は書き手になることで熟練の読み手になるものです。

選書メチエはこのような時代にふさわしい書物の刊行をめざしています。

フランス語でメチエは、経験によって身につく技術のことをいいます。道具を駆使しておこなう仕事のことでもあります。また、生活と直接に結びついた専門的な技能を指すこともあります。

いま地球の環境はますます複雑な変化を見せ、予測困難な状況が刻々あらわれています。

そのなかで、読者それぞれの「メチエ」を活かす一助として、本選書が役立つことを願っています。

一九九四年二月　　野間佐和子